들뢰즈의 미학

들뢰즈의 미학: 감각, 예술, 정치

발행일 초판1쇄 2019년 1월 15일   초판2쇄 2020년 9월 10일

지은이 성기현 | **펴낸곳** (주)그린비출판사 | **펴낸이** 유재건 | **주소** 서울시 마포구 와우산로 180, 4층

주간 임유진 | **편집** 신효섭, 홍민기 | **마케팅** 유하나

디자인 권희원 | **경영관리** 유수진 | **물류·유통** 유재영

전화 02-702-2717 | **팩스** 02-703-0272 | **이메일** editor@greenbee.co.kr | **신고번호** 제2017-000094호

ISBN 978-89-7682-469-1 93160

이 도서의 국립중앙도서관 출판예정도서목록(CIP)은 서지정보유통지원시스템 홈페이지(http://seoji.nl.go.kr)와
국가자료공동목록시스템(http://www.nl.go.kr/kolisnet)에서 이용하실 수 있습니다. (CIP제어번호: CIP2019000370)

철학과 예술이 있는 삶 **그린비출판사**

들뢰즈의 미학

감각, 예술, 정치

성기현 지음

그린비

서문

『잃어버린 시간을 찾아서』(1913~1927)의 주인공은 섬세하지만, 무언가를 쉽게 배우는 사람은 아니었던 모양이다. 사교계의 웃음에 담긴 미묘한 뉘앙스나 연인의 얼굴빛에 어른거리는 불길한 징조를 쉽게 해독하지 못한 채, 수년간 실패를 거듭했으니 말이다. 하지만 그는 끈기가 있는 사람이었다. 마들렌 과자가 옛 마을을, 편상화가 돌아가신 할머니를 우연찮게 되살려 줄 때, 그는 그 작은 진실의 실마리를 쉬이 놓지 않았다. 세월이 흘러, 청년 시절이 훌쩍 지나 버린 후에야 그는 비로소 자신의 소명을 깨닫는다. 자신이 예술가가 되어야 한다는 사실을, 그리고 돌아보면 그동안의 허망한 실패들이 그 소명을 위한 기나긴 배움의 과정이었다는 사실을 말이다.

마르셀 프루스트^{Marcel Proust}의 대작에 비할 바는 아니지만, 어쨌거나 이 책도 끈기 하나로 버텨 온 한 연구자가 10여 년의 고군분투 끝에 내놓는 '배움의 기록'이다. 프루스트의 주인공이 삶의 이러저러한 기호^{signe}들을 해독해야 했듯이, 필자는 한 철학자의 알 듯 모를 듯한 문장들을 해독해야 했다. 보고, 듣고, 만지는 일이란 과연 무엇인지, 우리를 가슴 치고 눈물짓게 하는 감정이란 또 무엇인지, 한 편의 소설은 어떻게 펼칠 때마다 인물이며 풍경을 되살려 낼 수 있는지. 질 들뢰즈$^{Gilles\ Deleuze(1925~1995)}$가 들려준 것은 이런 비밀스러운 이야기들이었고, 불빛을 줄이고 음악소리를 낮춘 채 필자는 밤마다 그에게 귀를 기울였다. 그리고 길고 복잡한 그의 이야기가 끝나 갈 즈음, 그걸 간추려 사람들에게 들려주기로 마음먹었다. 하나의 주제를 중심으로 나름의 질서를 부여하는 과정에서 거칠게 다듬어지거나 불가피하게 잘려 나간 대목들이 생겼지만, 부디 그의 진의가 왜곡되지 않았기를 바랄 뿐이다.

여기서 우리는 감각^{sensation}을 중심 주제로 들뢰즈의 미학을 살펴볼 것이다. 이 책은 그의 감각론 전반에 대한 개괄(1장)에서 출발하여 그것의 이론적 토대에 대한 설명(2장)으로 나아간다. 거기서부터는 구조적인 동시에 연대기적인 서술이 시작된다. 구조적인 측면에서 보자면, 이 책은 감각의 두 요소인 지각^{percept}(3장)과 정서^{affect}(4장), 그리고 지각과 정서의 구성물인 예술작품(5장)에 대한 논의로 나아간다. 이러한 구성은 들뢰즈 사상의 전개 과정을 연대순으로 따라가는 것이기도 하다. 이 책은 첫 번째 시기의『차이와 반복』(3장)에서 출발하여 두 번째 시기의『스피노자. 실천철학』(국역본『스피노자의 철학』)과『천 개의 고원』(4장)을 거쳐 세 번째 시기의『철학이란 무엇인가?』(5장)로 나아가기 때문이다.

이를 통해, 결론적으로 우리는 들뢰즈의 감각론이 다음과 같은 미학사적 의의를 갖고 있음을 확인하게 될 것이다. 첫째로, 그것은 칸트 이래 대두된 감성론과 예술론의 이중성 문제를 해소한다. 감각의 논리를 따르는 한에서, 들뢰즈의 감각론은 감성론인 동시에 예술론이기 때문이다. 둘째로, 그것은 행동학^{éthologie}을 매개로 예술과 윤리를 결부시키는 현대 미학의 새로운 방향성을 보여 준다. 이러한 방향성이 시사하는 바에 따르면, 예술이 윤리적인 것은 도덕적인 내용을 담고 있기 때문이 아니라 우리 신체에 행동학적 변용을 가하기 때문이다. 셋째로, 그것은 칸트 미학의 현대적 계승을 둘러싼 논쟁 속에서 다음의 위상을 갖는다. 자크 랑시에르Jacques Rancière는 '미의 분석학'의 유희 개념에 기반해서 미적 교육의 필요성을 주장하고, 장-프랑수아 리오타르Jean-François Lyotard는 '숭고sublime의 분석학'에서 타자에 대한 존중이라는 윤리적 함의를 이끌어 낸다. 들뢰즈는 이마누엘 칸트Immanuel Kant의 숭고를 감성의 초월적 실행exercice transcendant과 결부시켜 감성의 훈련(감각교육학)과 실험의 윤리(신체행동학)로 나아간다. 어떻게 새로운 방식으로 보고, 듣고, 행동할 것인가? 타자와의 관계 속에서 어떻게 삶과 사유의 새로운 가능성을 타진할 것인가? 들뢰즈의 감각론은 랑시에르와 리오타르가 제기한 이러한 물음들을 포괄하면서, 그에 대한 가장 정교하고 체계적인 답변을 제시한다.

* * *

이 책은 2017년 여름 서울대학교에 박사논문으로 제출했던 글을 일부 수정·보완한 것이다. 지도교수이신 서울대학교 미학과 신혜경 선생님을 비롯하여, 논문 심사를 맡아 주신 서울대학교 철학과 김상환 선생님, 홍익대학교 예술학과 하선규 선생님, 충북대학교 철학과 박기순 선생님, 이화여자대학교 이화인문과학원 이찬웅 선생님, 이렇게 다섯 분께 깊은 감사의 말씀을 드린다. 작으나마 이 책이 얻은 성과가 있다면, 그건 부족한 제자를 이끌어 주신 이분들의 몫이라고 말씀드리고 싶다. 아울러, 그동안 들뢰즈를 번역하고 해설해 오신 국내의 들뢰즈 연구자분들께도 감사 인사를 드린다. 그분들의 번역서와 논문이 있었기에 이 작업은 한결 속도를 낼 수 있었다. 달가워하실지는 모르겠으나, 필자는 진심으로 이 책을 그분들과의 공동작업으로 여기고 있다는 사실을 말씀드리고 싶다. 마지막으로, 쉽지 않은 원고를 흔쾌히 거두어 주신 그린비출판사에도 감사의 인사를 전한다. 박태하 편집장님을 비롯한 여러 분들의 노고가 없었다면, 이 책은 지금보다 훨씬 부족한 모습으로 세상에 나왔을 것이다.

들뢰즈는 우리가 매 순간 자신의 삶 전체를 반복하고 있다고 말한다. 운명이란 신이 결정해 둔 비극적인 최후를 가리키는 것이 아니라 '살아온 모든 순간들의 총체로서의 나'를 쉽게 벗어날 수는 없다는 사실을 가리킨다. 그런데 놀랍게도 이러한 운명은 결정론이 아니라 어떤 자유를 함축한다. 그것은 반복에서 완전히 벗어나는 자유가 아니라(이는 불가능하다) 반복의 수준을 선택하는 자유다. 다가올 한순간, 내 삶을 어떤 수준에서 반복할 것인가? 다시 말해, 어떻게 이러저러한 실패와 절망의 순간들이 아니라 그런 순간들 하나하나로 그려 온 내 삶의 거대한 화살표 자체를 반복할 것인가? 이 길 위에서, 반복이 언젠가는 눈부신 창조가 될 것을 믿는다.

2018년 봄 관악에서

성기현

차례

약어표

이 책에서 들뢰즈의 저작과 논문이 출처로 등장할 경우 아래의 줄임말을 사용하여 표기하며, 한국어판의 쪽수를 병기할 경우 원서의 쪽수와 한국어판의 쪽수를 빗금(/)으로 구분해 함께 표시해 두었다. 〈예〉 (QP 154), (SPP 164/181)

AO   *Capitalisme et schizophrénie t. 1: L'anti-œdipe* (avec Félix Guattari), Minuit, 1972(2005).
        『안티 오이디푸스』, 김재인 옮김, 민음사, 2014.

B   *Le Bergsonisme*, PUF, 1966(2007).

CC   *Critique et clinique*, Minuit, 1993(2006).

D   *Dialogues* (avec Claire Parnet), Flammarion, 1977(1996).

DR   *Différence et répétition*, PUF, 1968(1985).
        『차이와 반복』, 김상환 옮김, 민음사, 2004.

ES   *Empirisme et subjectivité: Essai sur la nature humaine selon Hume*, PUF, 1953(2007).

FB   *Francis Bacon. Logique de la sensation*, Seuil, 1981(2002).

ID   *L'île déserte. Textes et entretiens 1953-1974*, Minuit, 2002(2004, éd. David Lapoujade).

IM   *Cinéma 1: L'image-mouvement*, Minuit, 1983.

IT   *Cinéma 2: L'image-temps*, Minuit, 1985.

K   *Kafka. Pour une littérature mineure* (avec Félix Guattari), 1975(2005).

LS   *Logique du sens*, Minuit, 1969(2005).

MP   *Capitalisme et schizophrénie t. 2: Mille plateaux* (avec Félix Guattari), Minuit, 1980(2006).

NP   *Nietzsche et la philosophie*, PUF, 1962(1977).

PCK   *La philosophie critique de Kant*, PUF, 1963(2004).
       『칸트의 비판철학』, 서동욱 옮김, 민음사, 2006.

PLB   *Le Pli, Leibniz et le baroque*, Minuit, 1988(2005).
       『주름, 라이프니츠와 바로크』, 이찬웅 옮김, 문학과지성사, 2004.

PP   *Pourparlers 1972-1990*, Minuit, 1990(2005).

PS   *Proust et les signes*, PUF, 1976(2010).
       『프루스트와 기호들』, 서동욱·이충민 옮김, 민음사, 2004.

PSM *Présentation de Sacher-Masoch*, Minuit, 1967(2007).

QP   *Qu'est-ce que la philosophie?* (avec Félix Guattari), Minuit, 1991(2005).

RF   *Deux régimes de fous. Textes et entretiens 1975-1995*, Minuit, 2003(éd. David Lapoujade)

SPE   *Spinoza et le problème de l'expression*, Minuit, 1968(2005).

SPP   *Spinoza. philosophie pratique*, Minuit, 1981(2010).
       『스피노자의 철학』, 박기순 옮김, 민음사, 1999.

| 일러두기 |

1 다른 저작물을 인용한 부분 내에서 대괄호([ ])와 강조 표시는 따로 주체가 명기되지 않는 한 모두
  필자가 추가한 것이다.
2 단행본·정기간행물의 제목에는 겹낫표(『 』)를, 논문·단편·영화·회화의 제목에는 홑낫표(「 」)를 사
  용했다.
3 외국어 고유명사는 2002년에 국립국어원에서 펴낸 외래어표기법을 따라 표기하되, 관례와 현지 발
  음을 고려하여 표기를 정한 것도 있다.

들뢰즈의 미학

감각, 예술, 정치

———

<u>1장</u> 개괄 — 들뢰즈의 감각론

1. 왜 감각론인가?

"형이상학의 역사가 종말을 고하지 않았"[1]음을 증명한 우리 시대의 사상
가, 우리를 "비파시스트적인 삶"[2]으로 이끄는 정치철학자. 이 두 문장은
형이상학자 들뢰즈와 정치철학자 들뢰즈의 초상을 요약적으로 보여 준
다. 하지만 사후 20여 년이 지나면서 상당 부분 연구가 진행된 이 두 영역
에 비해, 미학자 들뢰즈의 초상은 아직 그 윤곽이 충분히 드러나지 않은
상태다. 단적으로 말해, 들뢰즈의 미학이란 과연 무엇인가? 이 물음에 답
하는 데 있어, 우리는 그의 옹호자들은 물론 비판자들도 부정할 수 없을
다음의 사실에서 출발하고자 한다. 즉 그의 미학은 현대 프랑스 미학, 특

---

1) Michael Hardt, *Gilles Deleuze: An Apprenticeship in Philosophy*, Minneapolis &
London: University of Minnesota Press, 1993(2002), p. 112.

2) Michel Foucault, "Preface", Gilles Deleuze and Félix Guattari, *Anti-Oedipus: Capitalism
and Schizophrenia 1*, trans. Robert Hurley, Mark Seem, and Helen R. Lane, Minneapolis:
University of Minnesota Press, 1983(2000), p. viii. 이 서문은 국역본에도 포함되어 있다. 질
들뢰즈·펠릭스 과타리, 『안티 오이디푸스』, 김재인 옮김, 민음사, 2014, 8쪽.

히 후기 구조주의자로 일컬어지는 여러 철학자들의 미학 가운데서도 전례를 찾아보기 힘들 만큼 심층적이고 다채로운 형태로 나타난다.

먼저, 감성론의 측면을 살펴보자. 들뢰즈는 『차이와 반복』(1968)에서 이른바 초월론적 경험론émpirisme transcendantal을 개진하면서 후기 구조주의가 도달한 새로운 사유의 지평에서 자신의 요소론(감성론과 논리학)과 변증론을 체계적으로 제시한다. 칸트의 『순수이성비판』(1781, 1787)에 비견되는[3] 이러한 작업 속에서, 들뢰즈는 (칸트와는 반대로) 감성론을 그 저작의 가장 후반부에 위치시킨다. 이를 통해 그는 감성을 거짓된 사유 이미지image de la pensée에 대한 비판(변증론)과 불충분한 기성 범주들에 대한 혁신(논리학)을 주도하는 능력으로 내세운다. 그에 따르면, 감성은 초월론적 경험에 직접 도달할 수 있는 능력이자 사유를 그 경험에 부응하는 새로운 개념들의 창조로 인도할 수 있는 능력이다.

다음으로, 예술론의 측면을 살펴보자. 들뢰즈는 전체 단행본의 3분의 1가량을 할애할 정도로 예술을 자기 철학의 중심 주제로 삼는다.[4] 예술은

---

3) 들뢰즈는 프리드리히 니체(Friedrich Nietzsche)가 『도덕의 계보』에서 "『순수이성비판』을 다시 쓰길 원했다"(NP 100)라고 말한다. 이는 『도덕의 계보』에 실린 세 논문의 주제인 원한, 가책, 금욕적 이상이 각각 『순수이성비판』 '초월적 변증론'의 세 주제인 오류추리, 이율배반, 이상을 겨냥하고 있기 때문이다. 『차이와 반복』의 구조도 이와 동일한 방식으로 이해될 수 있는데, 여기서 다시쓰기의 대상이 되는 것은 변증론만이 아니다. 이 저작은 재현적 이성에 대한 변증론은 물론 들뢰즈 고유의 요소론을 구성하는 초월론적 감성론과 초월론적 논리학까지 포괄하기 때문이다. Anne Sauvagnargues, "Le concept de modulation chez Gilles Deleuze et l'apport de Simondon à l'esthétique deleuzienne", *Concepts, hors série Gilles Deleuze*, Mons: Les Éditions Sils Maria, 2002, p. 169 참조.

4) 이에 해당하는 저작들을 연대순으로 나열하면 다음과 같다. 『프루스트와 기호들』(1964, 1970, 1976), 『자허-마조흐 소개』(1967, 레오폴트 폰 자허-마조흐Leopold von Sacher-Masoch의 『모피를 입은 비너스』와 합본), 『카프카: 소수문학을 위하여』(1975, 이하 『카프카』), 『중첩』(1979, 카르멜로 베네Carmelo Bene의 『리처드 3세』와 합본), 『프랜시스 베이컨: 감각의 논리』(1981, 이하 『감각

그의 철학을 예증하는 단순한 사례에 그치는 것이 아니라 저술활동의 전 시기에 걸쳐 그것을 자극하고 인도하는 핵심적인 역할을 수행한다. 그런 가운데 그의 예술론은 문학, 회화, 영화와 같은 이질적인 영역들을 가로질러 작품론, 작가론, 장르론 등의 다양한 형태로 나타난다. 여기에는 기호 개념을 중심으로『잃어버린 시간을 찾아서』를 독창적으로 재구성한 작품론『프루스트와 기호들』, 해석이 아니라 실험의 관점에서 문학적 창조의 양상들을 추적하는 작가론『카프카』, 미학적 관점에서는 물론 영화이론적 관점에서도 기념비적인 저작으로 평가되는 장르론『시네마 1·2』, 그리고 고트프리트 빌헬름 라이프니츠Gottfried Wilhelm Leibniz 철학과 다양한 바로크 예술을 교차시켜 서술한『주름』등이 포함된다.

그러나 이러한 풍요로움은 역설적으로 들뢰즈 미학을 연구하는 데 심각한 난점을 야기한다. 일찍이 들뢰즈는 프란츠 카프카Franz Kafka의 작품들을 리좀rhizome에 비유한 바 있다. 여러 개의 입구가 있어서 "어느 쪽으로든 들어갈 수 있지만 그중 어느 것도 다른 것보다 더 나은 것은 아니며, 심지어는 거의 막다른 골목이나 좁은 연락용 통로 혹은 배수구 등이라 할지라도 다른 입구에 비해 어떠한 특권도 갖고 있지"(K 7) 않다고 말이다. 이 표현을 들뢰즈에게 돌려주자면, 그의 미학 또한 리좀과 같아서 특권을 지닌 단 하나의 입구, 이를테면 전체를 포괄하는 원근법적 시선을 허용하지 않는 듯하다. 감각, 기호, 이미지, 정서 등 그의 미학의 주요 개념들

의 논리』, 『시네마 1: 운동-이미지』(1983, 이하『시네마 1』), 『시네마 2: 시간-이미지』(1985, 이하『시네마 2』), 『주름, 라이프니츠와 바로크』(1988, 이하『주름』), 『페리클레스와 베르디, 프랑수아 샤틀레의 철학』(1988), 『비평과 진단』(1993).

은 저마다 유의미한 입구로 간주될 수 있기 때문이다.

그럼에도 탐험에 나서려면 하나의 입구를 택해 발을 들여야 하는 법이다. 이를테면 미레유 뷔뎅Mireille Buydens은 형태(형식)forme 개념을 들뢰즈 미학에 접근하는 "특권적인 정박점"[5]으로 내세우면서, '힘force에 의한 형태의 변형'을 중심으로 들뢰즈의 음악론과 회화론을 해명한다. 하지만 이 경우 주된 논의는 그의 후기 예술론에 국한되어 있으며, 따라서 전기 감성론과 후기 예술론을 관통하는 일관된 문제의식을 제시하지는 못하고 있다. 다른 한편, 안 소바냐르그Anne Sauvagnargues는 들뢰즈의 사유가 예술과 맺는 지속적인 영향관계를 추적하면서, 그 속에서 빚어지는 "문제와 개념들[……]에 대한 역동적인 지도"[6]를 그려 낸다. 하지만 논의의 풍부함에도 불구하고, 이 저작은 사상의 변이를 뒤따르는 연대기적 구성으로 말미암아 들뢰즈 미학의 체계적인 면모를 충분히 드러내지는 못하고 있다.

우리가 보기에, 들뢰즈 미학의 일관성과 체계성을 해명하는 핵심적인 논점은 오히려 그의 비판자에게서 발견된다. 랑시에르는 들뢰즈의 미학을 아이스테시스Aisthesis, 즉 '감각에 대한 사유'로서의 미학으로 간주하는 한편, 그의 예술론을 감각과 재현(표상)représentation의 대립 속에서 고찰한다. 그가 시사하는 바에 따르면, 들뢰즈의 미학적 문제의식은 감각 개념으로 집약되며, 이 개념을 통해 우리는 들뢰즈의 미학을 미학사적 맥락(근대적 아이스테시스의 계승과 혁신, 재현에 대한 비판) 속에 적절히 위치시킬 수 있다.[7]

---

5) Mireille Buydens, *Sahara: l'esthétique de Gilles Deleuze*, Paris: Vrin, 1990, p. 10.
6) Anne Sauvagnargues, *Deleuze et l'art*, Paris: PUF, 2005, p. 9.

이러한 논점을 받아들여, 이 책에서 우리는 감각 개념을 입구로 삼아 들뢰즈의 미학이라는 리좀으로 진입하고자 한다. 이 개념의 중요성은 크게 다음의 세 지점에서 발견된다. 첫째, 감각 개념은 다양한 방식으로 분리·결합·변주되면서 그의 미학이 전개되는 전 시기에 걸쳐 나타난다. 감각이라는 입구는 나란히 놓인 두 통로와 이어져 있는데, 하나는 지각이라는 이름의 방으로, 다른 하나는 정서라는 이름의 방으로 향한다.[8] 나뉘었

---

7) "들뢰즈의 분석은 사유방식으로서의 미학의 운명 속에, 이 순수 감각적인 것에 연결되어 있을 뿐만 아니라 더 나아가 재현적 의견의 도식과 관련된 현대 예술작품의 운명 속에 포함된다"(Jacques Rancière, "Existe-t-il une esthétique deleuzienne?", éd. Eric Alliez, *Gilles Deleuze: une vie philosophique: Rencontres internationales Rio de Janeiro-São Paulo, 10-14 juin 1996*, Le-Plessis-Robinson: Institut Synthéabo, 1998, p. 535).

8) 이 용어들의 번역어는 통일되어 있지 않다. 『철학이란 무엇인가?』의 국역본(이정임·윤정임 옮김, 현대미학사, 1995(1999))에서는 번역어로 '지각'과 '정서'가 사용되었으나, 그동안 percept는 지각체(知覺體, 김재인), 지각소(知覺素, 이찬웅) 등으로, affect는 변용태(變容態, 김재인), 정감(情感, 김재인), 정동(情動, 서창현), 변용소(變容素, 이찬웅) 등으로 다양하게 번역되어 왔다. 번역어 선정과 관련하여 필자가 주목하는 점은 다음의 세 가지다. ① 우리말 어휘의 뉘앙스가 주는 오해를 피한다는 이유로 한자어 없이는 이해하기 힘든 신조어를 계속 만들어 내는 것보다는, 기존의 어휘를 새롭게 정의하여 그 어휘 자체의 뉘앙스를 변화시키는 것이 오히려 들뢰즈의 방법론에 부합한다. 주지하다시피, 들뢰즈는 많은 경우 차이, 생성, 신체 등의 개념을 그대로 사용하거나 때로는 다른 개념들과 조합한다. 이 과정에서 그는 주어진 개념을 새롭게 정의하여 해당 개념에 대한 기존의 이해방식과 대결하는 방식으로 독자적인 사유를 전개한다. ② 들뢰즈는 이전까지 perception으로 지칭되던 사태를 perception과 percept로, affection으로 지칭되던 사태를 affection과 affect로 분절하고 있다. 예컨대 이전까지 지각(perception)으로 지칭되던 사태는 사실 특정한 대상에 의해 변용된 신체의 상태와 그 상태를 의식적으로 파악하는 주체의 작용, 즉 지각상태이자 지각작용(perception)이며 그 기저에는 그것의 발생적 요소인 지각(percept)이 있다는 것이다. 주지하다시피, 우리말에서 지각은 '감각기관을 통해 외부의 자극을 받아들이는 것'을 의미한다. 들뢰즈 식으로 말하자면, 이러한 자극의 수용과 그에 따른 신체적 변용은 연속적·미시적·무의식적으로 진행되지만(지각) 우리는 흔히 그 일부만을 불연속적·거시적·의식적으로 파악한다(지각상태 혹은 지각작용). ③ 『철학이란 무엇인가?』의 용례에 주목하면(QP 145~146), 위의 두 개념쌍은 상호 조응하는 방식으로 작동한다. 예컨대 다른 신체에 의해 변용된 신체의 상태를 가리키는 지각상태(지각작용, perception)는 그에 준하는 신체 역량의 상태들 사이의 이행인 정서상태(정서작용, affection)를 갖는다. 그에 반해, 지각과 정서는 지각상태 및 정서상태와 구별되어 예술작품 속에서 표현되고 보존되

던 두 방은 그 너머의 보다 넓은 방에서 다시 만나는데, 그 방의 이름은 예술 혹은 지각과 정서의 구성물이다. 이제 원래의 입구로 돌아오면, 마르셀 프루스트, 프랜시스 베이컨Francis Bacon, 버지니아 울프Virginia Woolf 등의 예술가들, 지크문트 프로이트Sigmund Freud, 질베르 시몽동Gilbert Simondon 등의 사상가들에게로 향하는 크고 작은 통로들이 보인다. 그것들을 지나 반대편으로 향하면, 어둡고 깊은 또 하나의 통로가 발견된다. 그것은 들뢰즈가 자신의 감각 개념을 벼려 내기 위해 검토하고 전유했던 근대 철학자들에게로 향하는 통로다.

들뢰즈 미학에서 감각 개념이 갖는 두 번째 중요성은 바로 이 지점에서 발견된다. 즉 이 개념은 앞서 제기된 물음, '들뢰즈의 미학이란 과연 무엇인가?'보다 심층적인 다음의 물음에 답할 수 있게 해준다. '들뢰즈 미학의 문제의식은 어디서 출발했으며, 어디로 향하는가?' 들뢰즈는 칸트 미학에서 발견한 발생론적génétique 영감을 감각에 대한 탐구에 적용하면서, 라이프니츠와 스피노자를 각각 지각론과 정서론의 혁신을 위한 동반자로 삼는다. 들뢰즈는 이 세 철학자에게서 초월론적인 것과 강도intensité(칸트), 미세 지각과 미분법(라이프니츠), 가장 단순한 물체들[9]과 정서(스피노자)

는 사건적 요소로 이해된다. 다만 affection의 경우, 스피노자(Benedictus de Spinoza)와 관련해서 기본적으로는 변용으로 번역하되 affect와 구별되는 맥락에 한해 정서상태 혹은 정서작용으로 번역한다. 이상의 설명은 필자의 논문 「신체론으로서의 감각론: 스피노자의 물음 '신체는 무엇을 할 수 있는가'에 대한 들뢰즈의 답변」, 『탈경계인문학』, 6권 2호, 이화인문과학원, 2013, 175~176쪽을 수정·보완한 것이다. 아울러 미세 지각(petite perception)과 의식적 지각(perception consciente), 미시 지각(micro-perception)과 거시 지각(macro-perception), 비인간적 지각과 인간적 지각처럼 앞에 한정어가 붙어 그 의미가 분명히 구별되는 경우에는 굳이 '상태'나 '작용'이라는 표현을 덧붙이지 않았음을 일러 둔다.

등의 개념을 빌려 탈근대적 감각론의 구성요소로 변형시킨다. 여기서 '탈근대적'이란 감각을 표상의 틀 속에서 고찰하는 근대 미학의 감각 이해로부터 벗어나 있음을 의미하는데, 이런 관점에서 보자면 들뢰즈의 감각론은 근대 미학을 활용하여 근대 미학을 넘어서려는 기획인 셈이다.

마지막으로, 감각 개념은 들뢰즈의 사상 일반 및 미학에 대한 전형적인 오해들로부터 벗어날 수 있는 좋은 기회를 제공한다. 들뢰즈에 대한 비판은 주로 그의 사상을 형이상학적 이원론의 관점에서 독해하는 방식으로 이루어져 왔다. 예컨대 알랭 바디우Alain Badiou는 잠재적인 것le virtuel과 현실적인 것l'actuel의 대립을 강조하면서 들뢰즈의 존재론을 비판하고, 랑시에르는 감각과 재현의 대립을 강조하면서 들뢰즈의 미학을 비판한다. 특히, 이 책의 주제와 직접 연관된 랑시에르의 비판은 다음과 같이 요약된다. 그가 보기에, 들뢰즈는 재현을 전적으로 거부하면서 무제약적인 순수 감각으로 나아가고자 한다. 그러나 전적인 탈재현의 불가능성으로 말미암아, 들뢰즈는 탈재현의 예술적 작업을 알레고리화하는 상징주의로 불가피하게 후퇴하게 된다.[10] 하지만 필자가 보기에, 들뢰즈가 말하는 감각

---

9) 스피노자의 '자연학 소론'에 등장하는 개념이다. '자연학 소론'이란 『윤리학』 2부 정리 13의 뒤에 붙어 있는 일련의 자연학적 논의를 일컫는다. 이 대목은 5개의 공리, 1개의 정의, 7개의 보조정리, 그리고 6개의 요청으로 이루어져 있으며 가장 단순한 물체, 복합 물체, 인간 신체의 순서로 논의가 진행된다. 들뢰즈는 이 대목을 재해석하면서 자신의 신체론을 개진하는데, 이는 특히 두 번째 시기 예술론의 문제의식과 직접 연결된다. 자세한 논의는 이 책의 4장을 보라.

10) 여기서 재현이라는 표현은 주의를 요한다. 들뢰즈에게 재현이란 흔히 재현적 세계관, 즉 개념의 동일성, 판단의 유비, 상상의 대립, 지각의 유사성으로 이루어진 고전적인 사유 이미지를 뜻한다(DR 179~180/307~309). 들뢰즈는 이런 의미의 재현을 전적으로 거부하지만, 랑시에르가 주장하듯, 일체의 예술적 형상화를 거부하거나 상징주의적 예술론을 주장하는 것은 아니다. 이 책의 5장 4절을 보라.

은 랑시에르가 주장하듯 이원론의 두 항 중 하나에 불과한 것이 아니다. 이후 5장 4절에서 자세히 살펴보겠지만, 그것은 오히려 아플라aplat에서 형상Figure으로 가는 운동 자체를 가리킨다(이원론적 계기를 포괄하는 발생론적 일원론[11]). 뿐만 아니라, 들뢰즈에게 예술의 과제는 무제약적인 감각을 옹호하거나 탈재현의 알레고리를 제시하는 데 있는 것이 아니라 감각의 발생을 포착하는 데 있다.

2. 들뢰즈 감각론의 과제

앞서 언급했듯이, 들뢰즈 감각론의 근본적인 문제의식은 감각을 표상의 틀 속에서 고찰하는 근대 미학의 감각 이해를 넘어서는 데 있다. 이러한 감각 이해는 알렉산더 고틀리프 바움가르텐Alexander Gottlieb Baumgarten이 말하는 감성적 표상 및 표상의 완전성이 주는 감정에서, 그리고 칸트가 말하는 직관된 표상 및 표상에 결부된 감정에서 쉽게 확인된다. 그들에게 감각은 인식 혹은 인식의 일부로서 표상된 것이며, 경험적 의식 속에서 표상된 감각, 간단히 말해 지각 표상이다. 바움가르텐은 아이스테티카Aesthetica를 감성적인 것 전체에 대한 학문으로 구상했지만, 그가 실제로 연구한 것은 감성적 인식, 보다 정확하게 말하자면 그러한 인식의 대상인 명석clair하지만 혼잡한confus 표상이었다. 그러나 그의 기획대로 '감성적인 것 전

---

11) 이에 대한 보다 자세한 논의는 성기현, 「들뢰즈의 미학은 '어떤 의미에서' 존재하는가?: 랑시에르의 「들뢰즈의 미학은 존재하는가?」에 대한 반론」, 『미학』, 83권 3호, 한국미학회, 2017, 3장 1절을 보라.

체'를 연구하기 위해서는, 감성적 표상과 표상의 완전성이 주는 감정만이 아니라 그러한 표상과 감정을 낳는 것, 즉 발생하는 감각 자체까지 포괄해야 하는 것이 아닐까? 이러한 문제의식으로부터 들뢰즈 감각론의 첫 번째 과제가 나온다. 그것은 감각에 대한 발생론적 탐구로서, 감각 자체로부터 출발해서 표상과 감정의 발생을 설명하는 것이다. 이러한 탐구는 들뢰즈 미학의 첫 번째와 두 번째 시기에 걸쳐 발생론적 지각론과 행동학적 정서론의 형태로 나타난다.

먼저 발생론적 지각론은 『차이와 반복』(1968)에서 집중적으로 개진된다.[12] 여기서 들뢰즈는 미세 지각에서 의식적 지각으로의 이행이라는 라이프니츠의 통찰을 되살려 지각 발생의 과정을 재구성한다. 이러한 탐구를 통해 들뢰즈가 겨냥하는 것은 칸트의 감성론이다. 그러나 들뢰즈 미학과 칸트 미학의 관계는 결코 단순하지 않다. 들뢰즈의 철학을 '초월론적 경험론'이라고 할 때, 이 '초월론적' 영감을 제공한 이가 바로 칸트이기 때문이다. 따라서 중요한 것은 들뢰즈가 어떤 점에서 칸트를 계승하고 또 다른 어떤 점에서 칸트를 혁신하는지 그 구체적인 지점들을 확인하는 일이다. 한편으로, 들뢰즈는 칸트의 『판단력비판』(1790)에서, 특히 그의 숭고론에서 능력들의 선험적 일치를 설명해 주는 발생론적 원리를 발견한다. 그러나 다른 한편으로, 들뢰즈는 칸트를 염두에 두면서 "감성론이 표상[재현]될 수 있는 것 위에 근거를 둘 수 있었다는 것은 이상한 일"(DR

---

12) 조 휴스에 따르면, 『차이와 반복』은 "현상, 표상, 객체성의 발생에 관한 이야기"에 다름 아니다. Joe Hughes, *Deleuze and the Genesis of Representation*, London & New York: Continuum, 2008, p. 103.

79/145. 강조는 원문)이라고 말한다. 이는 칸트가 표상을 발생론적 관점에서 고찰하지 않은 채, 그릇되게도 그것을 감성론의 출발점으로 삼았다는 의미다. 들뢰즈는 칸트에게서 얻은 발생론적 영감을 (라이프니츠와 살로몬 마이몬Salomon Maimon의 도움을 얻어) 칸트 자신에게로 되돌려 그의 감성론을 혁신하는 도구로 활용한다. 그 결과 얻어진 들뢰즈의 지각론은 표상의 발생적 요소들(이념Idée)에서 그것의 발생조건(강도)으로, 그리고 그것의 실재적 발생(표상)으로 나아가면서 표상의 발생을 설명한다.

다음으로 행동학적 정서론은 『스피노자. 실천철학』(1970, 1981)과 『천 개의 고원』(1980)에서 주로 발견된다. 그런데 왜 발생론이 아니라 행동학인가? 행동학이라는 용어는 20세기 초에 시작된 동물행동학 연구에서 기인한다. 들뢰즈는 스피노자의 신체론을 야코프 폰 윅스퀼Jakob von Uexküll의 동물행동학과 결부시켜 신체의 합성과 변용에 대한 탐구로 이해하면서, 심판의 도덕과 구별되는 실험의 윤리학으로 내세운다.[13] 발생

13) 『스피노자. 실천철학』(특히 2장 「윤리학과 도덕의 차이에 관하여」)에서 들뢰즈는 심판의 체계로서의 도덕과 실험의 체계로서의 윤리를 대립시킨다. 선(bien)과 악(mal)이라는 초월적 가치에 따라 인식의 가능성을 제약하고 복종을 요구하는 도덕에 맞서, 들뢰즈는 윤리학이 곧 행동학이어야 함을 주장한다. 행동학은 신체의 합성과 변용에 대한 실험에서 성립하며, 이 실험을 통해 얻어지는 내재적 가치(좋음bon과 나쁨mauvais, 기쁨joyeux과 슬픔triste)만을 활용한다. 행동학의 목표는 이런 내재적 가치들의 관계망 속에서 자유와 예속의 조건을 인식하고, 이를 통해 삶의 새로운 가능성을 타진하는 데 있다. 다른 한편, 고쿠분 고이치로(國分功一郎)에 따르면, 들뢰즈 사상에 대한 평가는 정치를 둘러싸고 양분된다. 먼저, 들뢰즈의 존재론을 정치론으로 번역하면서 새로운 정치의 가능성을 주장하는 연구자들(마이클 하트Michael Hardt, 니컬러스 소번Nicholas Thoburn, 이언 뷰캐넌Ian Buchanan)이 있다. 다음으로, '비정치적 들뢰즈'를 주장하는 연구자들(바디우, 슬라보이 지제크Slavoj Žižek)이 있는데, 이들은 앞서 언급된 앵글로 색슨계 연구자들이 자신의 정치적 경향성을 들뢰즈의 존재론에 투영하고 있다고 비판한다(고쿠분 고이치로, 『고쿠분 고이치로의 들뢰즈 제대로 읽기』, 박철은 옮김, 동아시아, 2015, 9~15쪽 참조). 이상의 두 연구 경향과는 달리, 필자는 행동학 개념에 기반해서 들뢰즈

론과 행동학의 관계는 다음과 같이 요약된다. 행동학은 신체 역량의 발생론이며, 그것의 목표는 발생론적 관점에서 파악된 신체 역량을 실천적으로 활용하는 데 있다. 행동학의 입장에서 보자면, 감정이란 신체 역량(변용능력)의 지속적인 증가(기쁨)와 감소(슬픔)에 다름 아니다. 그런데 여기서 제기되는 난점은 우리가 흔히 그 증가와 감소의 잠정적 국면(정서상태)을 인식할 뿐, 그러한 변이 자체(정서)를 포착하지는 못한다는 데 있다. 따라서 행동학적 탐구는 정서상태를 넘어 정서에 도달할 것을 요구하는데, 『천 개의 고원』에서는 예술이 이를 위한 가장 강력한 수단으로 제시된다.[14] 앞서 『차이와 반복』에서 정식화된 들뢰즈의 발생론적 지각론은 표상 아래 그 발생적 요소에 도달할 수 있는 개념적 수단을 제공했다. 하지만 그와 상관적인 감정의 측면은 거기서 충분히 논의되지 못했는데, 행동학적 정서론은 들뢰즈 감각론의 이 잃어버린 반쪽을 제공한다.

이제 들뢰즈 감각론의 두 번째 과제를 살펴보자. 앞당겨 말하자면, 여기서 문제가 되는 것은 이른바 '미학의 이중성'이며, 그러한 이중성의 기원에 해당하는 칸트 미학이다. 칸트에게서 감성론, 그리고 미론과 예술론[15]은 별개의 영역으로 구별되는데, 그 배후에는 표상에 근거한 감각의

의 윤리적·정치적 기획을 이해하고자 한다. 이어지는 서론과 이 책의 4장을 보라.

14) "예술은 결코 목적이 아니며, 삶의 여러 선(線)을 그려 내기 위한 수단에 불과하다. 다시 말해, 단지 예술 안에서 이루어지는 것도 아니고 예술 안으로 도망치거나 피신하는 데서 성립하는 것도 아닌 이 모든 실재적 생성을, 예술에 재영토화되는 것이 아니라 오히려 예술을 데리고 탈기표적인 것(l'asignifiant), 탈주체적인 것(l'asubjectif), 얼굴 없는 것(le sans-visage)의 지대로 나아가는 이 실증적 탈영토화(déterritorialisation)를 그려 내기 위한 수단에 불과하다"(MP 230. 강조는 원문).

15) 『판단력비판』은 주로 미감적 경험에 초점을 맞추고 있지만, 예술론에 해당하는 논의도 일부 포함하고 있다. 이를테면 '순수 예술'의 규정(쾌적한 예술과 구별되는 미적 예술), 창작과 비평

분할, 즉 감각의 객관적 측면과 주관적 측면의 분할이 있다. 한편으로, 감각의 객관적 측면은 경험적 직관Anschauung(경험 대상과 직접 관계하는 표상)으로서 인식의 전 단계로 간주된다. 그에 따라, 칸트에게서 감성론은 경험적 직관의 선험적 조건('가능한 경험의 형식')에 대한 탐구로 규정된다. 다른 한편, 감각의 주관적 측면은 표상에 결부된 것이되 구체적인 대상인식과는 무관한 것으로 간주된다.[16] 그에 따라, 칸트에게서 미론과 예술론은 감각의 주관적 측면이 증거하는 합목적성에 기반한 탐구('실재적 경험에 대한 반성')로 규정된다.

> 미학은 고통스러운 이중성을 겪고 있다. 미학은 한편으로는 가능한 경험의 형식인 감성에 대한 이론을 가리키고, 다른 한편으로는 실재적 경험에 대한 반성인 예술에 대한 이론을 가리킨다. 두 의미가 합쳐지기 위해서는 경험 일반의 조건들이 그 자체로 실재적 경험의 조건들이 되어야 하며, 예술작품은 실제로 실험으로 나타나야 한다.[17] (LS 300)

의 원리(천재론) 등이 그러하다. 하선규, 「칸트」, 『미학대계 제1권: 미학의 역사』, 서울대학교 출판부, 2007, 321쪽 참조.

16) "쾌 또는 불쾌의 감정의 규정이 감각이라고 불릴 때", 그것은 "오로지 주관에만 관계하며, 전혀 어떠한 인식에도 기여하지" 않는다. 이마누엘 칸트, 『판단력비판』, 백종현 옮김, 아카넷, 2009, 196쪽(KU B9). 이하 이 책을 인용할 경우, KU로 약칭하고 B판의 쪽수와 함께 본문에 삽입한다.

17) 이 문장은 『의미의 논리』의 첫 번째 보론인 「시뮬라크르와 고대 철학」의 1장 '플라톤과 시뮬라크르'에 담겨 있다. 이 1장은 1966년 「플라톤주의를 전복하기(시뮬라크르)」라는 제목으로 출판되었던 논문을 수정·보완한 것인데, 최초의 논문에도 대동소이한 문장이 포함되어 있다. Gilles Deleuze, "Renverser le platonisme(Les simulacres)", *Revue de Métaphysique et de Morale*, vol. 71, no. 4, Paris: A. Colin, 1966, p. 434.

인용문에서 들뢰즈는 감성론을 한편으로, 미론과 예술론을 다른 한 편으로 하는 칸트 미학의 이중성을 진단하고 그 극복 방향을 제시한다. 문제는 감각의 객관적 측면과 주관적 측면, 즉 표상과 그에 결부된 감정이 '가능한 경험의 조건'에서 파악된 감각이라는 데 있다. 이를 극복하기 위해서는 '실재적 경험의 조건', 다시 말해 표상과 감정이 실제로 발생하는 조건으로부터 양자를 새롭게 이해해야 한다. 이것이 바로 앞서 제시되었던 들뢰즈 감각론의 첫 번째 과제다. 하지만 감성론과 예술론을 통일하기 위해서는 감성론만이 아니라 예술론도 이와 동일한 논리에 따라 새롭게 정초되어야 한다. 이로부터 들뢰즈 감각론의 두 번째 과제가 나온다. 그것은 구체적인 사례들 속에서 예술 역시 발생론적·행동학적 논리를 따르고 있음을 입증하는 것이다.

들뢰즈에 따르면, 예술작품은 감성의 초월적 실행[18]을 위한 실험으로서 감상자를 실재적 경험으로, 다시 말해 감각의 발생으로 인도한다. 그런데 '예술은 곧 실험'이라는 명제에서 실험이라는 용어는 들뢰즈 사상의 전개 과정 속에서 상당한 의미 변화를 겪는다. 들뢰즈는 기호·해석·사유에 대한 문학적 실험에서 감각·이미지·신체의 변용에 대한 문학적·회화적·영화적 실험으로 나아가는데, 이러한 전환은 68혁명의 여파, 펠릭스 과타리Félix Guattari와의 만남, 그리고 그(들)의 윤리적·정치적 기획이 전면화되는 데 따른 것이다. 말년의 들뢰즈가 예술작품을 지각과 정서의 구

---

18) 여기서 '초월적'이란 '어떤 인식능력을 그것의 한계를 넘어 사용하는 것, 다시 말해 이미 확립된 일상적인 경계나 법칙을 넘어 사용하는 것'을 일컫는다. James Williams, *Gilles Deleuze's Difference and Repetition: A Critical Introduction and Guide*, Edinburgh: Edinburgh University Press, 2013, p. 122 참조. 이에 대한 자세한 논의는 이 책의 3장 4절을 보라.

성물로 규정할 때, 여기서는 다음의 두 문제의식이 다시 발견된다. 하나는 지각에서 출발하여 지각상태의 발생을 설명하려는 발생론적 지각론의 문제의식이고, 다른 하나는 정서상태가 아니라 정서의 측면에서 신체의 변용능력을 이해하고 활용하려는 행동학적 정서론의 문제의식이다. 이상의 두 측면에서 예술이 감각의 논리에 부응할 때, 감성론과 예술론은 비로소 하나의 동일한 논리 속에서 통일되는 것으로 드러난다. 그러나 다른 한편, 『시네마 1·2』를 거치면서 정서 개념에 가해진 변화를 간과해서는 안 된다. 거기서 들뢰즈는 앙리 베르그손Henri Bergson 이미지론의 영향력 아래 찰스 샌더스 퍼스Charles Sanders Peirce의 일차성priméité과 미켈 뒤프렌Mikel Dufrenne의 정서적 선험l'a priori affectif 등을 정서 개념과 결부시킨다. 『철학이란 무엇인가?』(1991)에 이르면, 들뢰즈는 이러한 변화를 감각(즉 지각과 정서)으로 확대하면서 예술작품 고유의 존재방식을 설명하는 방향으로 나아간다. 여기서 지각과 정서는 예술작품을 통해 표현되는 '사건'événement으로서, 창조자 및 감상자에게서 독립되어 예술작품 속에 가능성의 방식으로 보존되는 것을 가리킨다. 들뢰즈가 예술작품을 기념비monument라고 부르는 것은 그것이 이 '사건으로서의 지각과 정서'를 가능성의 방식으로 보존하여 감상자에게 제공하기 때문이다.

3. 이 책의 목표, 구성, 방법론

이 책에서 우리는 들뢰즈의 감각론을 ① 칸트 미학의 계승과 혁신이라는 관점에서 미학사 속에 위치지우고, ② 그의 사상의 전개 과정 속에서 체계적으로 해명함으로써, ③ 그것의 미학사적 위상과 그것이 제시하는 현대 미학의 새로운 방향성을 밝히고자 한다.

첫 번째 목표와 관련해서, 들뢰즈 미학을 대표하는 핵심 개념인 감각, 지각, 정서, 이것임^{heccéité}, 되기^{devenir}, 이미지 등에 대한 국내외의 연구는 이미 적지 않다. 그런데 문제는 이러한 개념들이 칸트 미학과의 연관 속에서 통시적으로 연구되지는 못했다는 데 있다.[19] 그로 인해, 들뢰즈가 칸트 미학에서 어떤 영감을 얻는지, 그럼에도 어떤 구체적인 지점에서 그것을 비판하는지, 칸트 미학의 다른 현대적 계승자들과는 어떤 점에서 구별되는지 등의 물음에는 아직 만족스러운 답변이 주어지지 못했다. 우리의 첫 번째 목표는 감각 개념을 중심으로 이러한 물음들에 답하는 것이다.

두 번째 목표와 관련해서, 지금까지 들뢰즈 미학에 대한 연구는 주로 『차이와 반복』의 감성론, 『감각의 논리』의 회화론, 『철학이란 무엇인가?』의 예술론 등 개별 저작에 근거하여 진행되어 왔다.[20] 이에 따라 각 저작의 미학적 논점은 다소간 해명되었으나 그 저작들 간의 연결지점과 그것들을 관통하는 근본적인 문제의식은 아직 밝혀지지 못했다. 필자는 그 연결지점이 감각에 있으며, 그 문제의식이 감각에 대한 발생론적·행동학적

---

19) 부분적으로나마 이러한 관점을 취한 국내외의 연구로는 다음을 보라. 국외에서는 소바냐르그가 「질 들뢰즈의 변조 개념과 들뢰즈 미학에 대한 시몽동의 기여」(2002)를 통해 칸트 미학과의 대결이라는 미학사적 맥락에서 시몽동이 수행하는 결정적인 역할을 해명한 바 있다(해당 내용은 안 소바냐르그, 『들뢰즈, 초월론적 경험론』, 성기현 옮김, 그린비, 2016, 10~12장에서 보다 상세하게 설명된다). 국내에서는 안소현이 들뢰즈의 라이프니츠와 칸트 해석을 명료하게 정리한 바 있다. 안소현, 「질 들뢰즈의 초월적 감성론에 대한 연구: 실재적 경험의 조건인 강도 개념을 중심으로」, 서울대학교 미학과 석사학위 논문, 서울대학교 대학원, 2003.

20) 들뢰즈의 감성론, 회화론, 예술론 각각에 대한 국내의 대표적인 연구로는 다음을 보라. 이찬웅, 「들뢰즈의 감성론과 예술론: 내포적 강도와 이미지」, 『미학』, 66권, 한국미학회, 2011; 이찬웅, 「들뢰즈의 회화론: 감각의 논리란 무엇인가」, 『미학』, 71권, 한국미학회, 2012; 김재인, 「들뢰즈의 미학에서 "감각들의 블록으로서의 예술작품"」, 『미학』, 76권, 한국미학회, 2013.

이해에 있다고 주장한다. 감성의 초월적 실행을 야기하는 대상(감성론), 힘의 포착^{capteur de forces}이 겨냥하는 대상(회화론), 지각과 정서로 구성되는 대상(예술론), 그것은 바로 감각이다. 감성이 경험적 실행(공통감^{sens commun}과 재인^{récognition})에, 회화가 대상의 재현(모방적·유기적 구상화)에, 예술이 의견^{opinion}(지각상태와 정서상태)에 머물러서는 안 되는 이유는 그것들이 감각을 제대로 포착하지 못하기 때문이다. 감각 개념을 중심으로 이렇듯 다양한 논점들을 묶어 냄으로써, 들뢰즈 미학에 대한 체계적 독법을 제시하는 데 우리의 두 번째 목표가 있다.

마지막으로, 우리의 세 번째 목표는 다음과 같다. 앞서 지적했듯이, 들뢰즈는 칸트 이래 대두된 감성론과 예술론의 이중성 해소를 미학의 과제로 삼는다. 이러한 과제는 들뢰즈가 칸트 미학과 근본적으로 갈라서고 있음을 분명하게 보여 주지만, 이와 관련된 보다 심층적인 물음들, 즉 '왜, 어떻게, 어떤 점에서'라는 물음들은 아직 해결되지 않은 상태로 남아 있다. 감성론과 예술론의 이중성은 '왜' 해소되어야 하고, '어떻게' 해소될 수 있으며, 그것은 '어떤 점에서' 해소되기 이전보다 우월한가? 이 책에서 우리가 감각 개념을 통해 답하고자 하는 것은 앞의 두 물음이다. 첫째, 감성론과 예술론의 이중성이 해소되어야 하는 까닭은 그것이 표상의 틀 속에서 감각을 불완전하게 이해한 데 따른 귀결이기 때문이다.[21] 둘째, 이러한 이중성의 해소 혹은 감성론과 예술론의 통일은 감각을 발생론적·행동

---

21) 이 말이 들뢰즈가 표상을 전적으로 거부한다는 뜻은 아니다. 이와 관련하여, 휴스는 들뢰즈에게서 표상의 합법적 사용과 비합법적 사용을 구별한다. 그에 따르면, 표상은 "자신의 산출 과정에 결부되는 한에서" 합법적이다. Hughes, *Deleuze and the Genesis of Representation*, p. 120.

학적으로 이해함으로써, 그리하여 감성론과 예술론이 동일한 원리를 따르고 있음을 밝혀냄으로써 이루어진다. 그러나 마지막 물음, 즉 '어떤 점에서'라는 물음은 이후 칸트 미학과의 면밀한 비교연구를 통해 해결되어야 할 과제로 남아 있다. 이러한 비교연구를 위한 출발점이 감각 개념에 있음을 밝힘으로써, 후속연구를 위한 토대를 마련하는 데 우리의 세 번째 목표가 있다.

이상의 목표에 도달하기 위해서는 체계에 대한 사후적 재구성과 개념에 대한 연대기적·미시적 독해라는 이중의 방법론이 요구된다. 먼저, 사후적 재구성의 측면을 살펴보자. 들뢰즈는 이른바 철학사 연구의 시기[22]에 한 철학자의 사상을 하나의 개념이나 정식으로 축약시켜 그 원형적 구조를 추출해 내는 방식을 주로 활용했다. 이것은 스피노자 연구의 '표현' 개념이나 프루스트 연구의 '기호' 개념에서 쉽게 확인되는 특징적인 연구 방식이다. 이런 방식을 취한 여러 연구들 가운데 우리가 특히 주목하는 것은 『칸트의 비판철학』의 사후적 재구성이다. 거기서 들뢰즈는 『판단력비판』을 토대로 앞선 두 비판을 사후적으로 요약하면서 칸트 철학을 능력론으로 읽는다. 그에 따르면, 능력론은 각 비판의 주된 관심사에 따라 지성, 이성, 상상력이 차례로 주도권을 넘겨받는 "전환의 체계"(PCK 97/125)로서, "초월적 방법을 구성하는 진정한 얼개"(PCK 17/31)를 이룬다. 사실 칸트는 오랫동안 쾌와 불쾌의 감정이 자율적·자기입법적인 상위 형식에 도

---

22) 데이비드 흄(David Hume)을 다룬 『경험론과 주관성』(1953)에서 『니체와 철학』(1962), 『칸트의 비판철학』(1963), 『베르그손주의』(1966), 『스피노자와 표현의 문제』(1968)에 이르기까지 일련의 연구서를 출판하던 시기를 일컫는다. 이 시기는 1968년 박사학위 논문인 『차이와 반복』과 『스피노자와 표현의 문제』, 그리고 그 이듬해 『의미의 논리』를 출간하면서 끝이 난다.

달할 수 있다고 믿지 않았다. 『판단력비판』의 출간은 이러한 입장이 변화했음을 의미하며, 따라서 들뢰즈는 이 최종적인 입장으로부터 삼 비판서의 체계적 통일성을 사후적으로 재구성하려는 것이다. 이러한 연구방법은 들뢰즈의 감각론을 탐구하는 데에도 적절히 활용될 수 있는데, 이 경우 사후적 재구성의 근거가 되는 것은 말년의 대작 『철학이란 무엇인가?』다. 우리는 이 저작의 논의 구도에서 출발하여 앞선 『차이와 반복』의 발생론적 지각론, 『스피노자. 실천철학』과 『천 개의 고원』의 행동학적 정서론을 감각론의 체계 안에 사후적으로 재구성할 것이다.

다음으로, 연대기적·미시적 독해의 측면을 살펴보자. 들뢰즈 연구의 난점들 중 하나는 그가 사용하는 개념적 분절이 저작마다 미묘하게 달라져 일견 일관성이 없다는 데 있다. 이런 현상은 한 저작에서 다른 저작으로 나아가면서 새로운 논의 대상에 부합하는 방식으로 들뢰즈가 매번 자신의 개념적 분절을 갱신하기 때문에 생기는 것이다.[23] 따라서 문제는 들뢰즈의 사유를 연대기적으로 뒤따르는 한편, "텍스트를 미시적으로 독해"[24]하여 개념적 분절의 변화를 찾아내는 데 있다. 이렇듯 연대기적인 동시에 미시적인 독해를 통해, 우리는 그의 감각론을 관통하는 일관된 문제의식을 찾아낼 것이다.

이러한 방법론에 따라 이 책은 다음과 같이 구성된다. 먼저, 2장은 들

---

23) 예컨대, 『차이와 반복』에서 라이프니츠를 현대적으로 재해석하는 가운데 등장했던 미세 지각과 의식적 지각은 『철학이란 무엇인가?』에 이르러 지각과 지각상태(지각작용)로 변주되며, 『감각의 논리』에서 베이컨의 회화작품과 앙토냉 아르토(Antonin Artaud)의 기관 없는 신체(corps sans organes)를 중첩시키는 가운데 힘이 기관 없는 신체에 가하는 변형으로 이해되었던 감각은 이후 지각과 정서의 결합으로 변주된다.
24) 소바냐르그, 『들뢰즈, 초월론적 경험론』, 21쪽.

뢰즈가 칸트 미학을 계승하고 혁신하는 지점을 밝힌다. 1절에서는 들뢰즈의 발생론적인 칸트 미학 독해, 그 독해에 있어 숭고 개념이 갖는 중요성, 칸트 미학의 계승을 둘러싼 현대 프랑스 미학의 논쟁을 살펴본다. 2절은 들뢰즈의 감각론에 대한 본격적인 논의를 예비하는 데 할애된다. 여기서는 칸트의 감성 개념(감성의 수동성 및 형상질료 도식)에 대한 들뢰즈의 비판과 혁신(감성의 수동적 종합synthèse passive 및 힘-재료 도식)을 살펴볼 것이다.

3장은 발생론적 지각론을 다룬다. 1절에서는 들뢰즈 사상의 전개 과정 전반을 개괄하고 그중 첫 시기에 감각론이 어떤 형태로 나타나는지 살펴본다. 2절에서 들뢰즈의 초월론적 감성론을 검토한 뒤, 3절에서는 발생론적 지각론의 구조와 논리를 재구성한다. 이와 관련해서 들뢰즈는 신칸트주의자 마이몬을 주로 참조하고 있는데, 여기서는 들뢰즈가 그에게서 얻은 영감과 그에게 가한 변형을 함께 살펴볼 것이다. 4절에서는 이러한 지각론의 귀결로서 발생론적 사유의 가능성을 타진한다. 이러한 논의는 기호 개념을 중심으로 들뢰즈의 프루스트 독해와 『차이와 반복』의 배움 이론을 결합하는 방식으로 이루어진다.

4장은 행동학적 정서론을 다룬다. 1절에서는 들뢰즈 사상의 중반기에 감각론에서 나타나는 변화를 개괄한다. 2절에서는 들뢰즈의 스피노자 해석이 갖는 윤리적·정치적 문제의식을 밝히고, 그것이 이 시기의 저작들 속에서 어떻게 구체화되는지 살펴본다. 3절과 4절에서는 들뢰즈의 스피노자 해석을 통해 합성과 변용의 두 측면에서 신체를 규정하고, 그에 따른 행동학적 과제를 기술할 것이다. 들뢰즈 행동학의 문제의식은 결국 신체 역량을 어떻게 이해하고 활용할 것인가의 문제로 집약된다. 이것이 바로

5절의 주제로서, 여기서는 되기가 그 방법론으로 제시된다.

5장은 예술작품의 존재론을 다룬다. 1절에서는 『시네마 1·2』를 거치면서 지각과 정서 개념이 어떤 변화를 겪는지 확인한다. 2절에서는 의견과 감각을 대조하면서 들뢰즈의 후기 예술론이 겨냥하고 있는 대상을 분명히 한다. 3절의 전반부에서는 지각과 정서 개념을 그 예술적 사례들과 더불어 살펴보고, 후반부에서는 지각과 정서의 '보존' 문제를 고찰한다. 특히 여기서는 들뢰즈가 '보존'의 관점에서 예술작품을 일컫는 명칭인 기념비의 의미를 구체화하는 한편, 그와 관련된 해석상의 문제를 함께 검토할 것이다. 4절에서는 랑시에르의 비판을 경유하여 들뢰즈 예술론의 미학적 귀결을 살펴본다. 여기서 쟁점이 되는 것은 들뢰즈 예술론에 대한 성격 규정 문제, 그리고 들뢰즈에게서 예술과 철학과의 관계 문제다. 이를 통해 들뢰즈의 사상 일반 및 미학에 대한 몇몇 오해를 불식시키는 데 이 절의 목표가 있다.

결론에서는 칸트 미학의 현대적 계승을 둘러싼 논쟁 속에서, 특히 예술과 정치의 관계 문제와 관련하여 들뢰즈의 감각론이 차지하는 독특한 위상을 살펴볼 것이다.

2장 들뢰즈 감각론의 이론적 토대

2장에서 우리는 들뢰즈의 칸트 해석을 검토하면서, 양자 사이의 계승과 혁신의 관계를 밝히고자 한다. 『차이와 반복』에서 들뢰즈는 칸트를 "모든 철학자들 중에서도 그토록 놀라운 초월론적 영역을 발견한 [……] 위대한 탐험가"(DR 176/302)로 내세운다. 들뢰즈가 칸트에게서 배운 것은 "사유는 [……] 그것의 초월론적 조건들 속에서 파악되어야 한다"[1]는 사실로서, 그는 이러한 영감을 자신의 학문적 여정이 끝나는 순간까지 결코 포기하지 않는다. 들뢰즈의 이러한 입장은 『차이와 반복』에 앞서 칸트에게 헌정한 다음 두 텍스트에서 분명하게 드러난다. 먼저, 『칸트의 비판철학』에서 그는 삼 비판서의 체계적 통일성을 추구하는 가운데 『판단력비판』이 수행하는 결정적인 역할을 해명한다. 다음으로, 「칸트 미학에서 발생의 개념」[2]

---

1) 소바냐르그, 『들뢰즈, 초월론적 경험론』, 29쪽. 이하의 논의는 앞의 책, 29쪽 참조. 이러한 초월론적 문제의식은 들뢰즈가 출판한 마지막 텍스트 「내재성: 생명……」의 '초월론적 장'(champ transcendantal) 개념까지 이어진다. Gilles Deleuze, "L'immanence: une vie...", *Philosophie*, no. 47, Paris: Les Éditions de Minuit, 1995, pp. 3~7(RF 359~363).

2) Gilles Deleuze, "L'idée de genèse dans l'esthétique de Kant", *Revue d'esthétique*, vol. 16, no. 2, Paris: PUF, 1963, pp. 113~136(ID 79~101).

에서 그는 『판단력비판』 1부의 복합적인 구조를 해명하는 열쇠 개념으로 숭고를 내세운다. 그런데 삼 비판서 중 『판단력비판』이, 『판단력비판』 1부의 세 영역('미의 분석학', '숭고의 분석학', '취미판단의 연역') 중 숭고의 분석학이 차지하는 이 핵심적인 위상은 어디서 기인하는 것일까? 앞당겨 말하자면, 그것은 『판단력비판』이 삼 비판서 전체를 관통하는 발생의 모델을, '숭고의 분석학'이 『판단력비판』 1부 전체를 관통하는 발생의 모델을 제공하기 때문이다. 우리의 첫 번째 목표는 들뢰즈가 칸트에게서 어떻게 이러한 발생의 모델을 이끌어 내는지, 그리고 어떻게 이 모델을 감각에 대한 탐구에 적용하는지 확인하는 데 있다(1장).

다른 한편, 들뢰즈는 초월론의 전적인 실현을 가로막는 장애물, 즉 칸트 철학의 몇몇 전제들에 대한 변형을 주저하지 않는다. 들뢰즈의 감각론에 대한 본격적인 논의에 앞서, 우리가 특히 주목하는 것은 그가 칸트의 감성 개념에 가한 변화다. 들뢰즈가 보기에, 칸트의 감성 개념은 표상에 대한 발생론적 이해를 감당하기에 충분하지 못하다. 이는 한편으로는 칸트가 감성을 지성과 대비시켜 단순한 수용성으로 이해하기 때문이고, 다른 한편으로는 이러한 대비가 형상질료 도식에 따라 이루어진 것이기 때문이다. 이로부터 우리의 두 번째 목표가 나온다. 즉 그것은 들뢰즈가 어떻게 칸트의 감성 개념을 혁신하는지, 이를 통해 어떻게 발생론에 부합하는 새로운 감성 개념을 구축하는지를 밝히는 것이다(2장). 이를 위해 들뢰즈는 에드문트 후설Edmund Husserl에게서 수동적 종합 개념을, 시몽동에게서 변조modulation 및 불균등화disparation 개념을 빌려 온다. 이후 살펴볼 들뢰즈의 발생론적 지각론(3장)과 행동학적 정서론(4장)은 이렇게 구축된 새로운 감성 개념을 토대로 개진된다.

1. 칸트 미학에 대한 발생론적 독해

1) 칸트 미학에서 발생의 문제

앞서 언급했듯이, 『칸트의 비판철학』에서 들뢰즈는 능력론을 "초월적 방법을 구성하는 진정한 얼개"(PCK 17/31)로 간주하면서 각각의 비판서에서 능력들이 어떻게 체계적으로 작동하고 있는지를 해명한다. 이를 위해 그는 ① 칸트에게서 능력이라는 말의 두 의미를 규정하고, ② 삼 비판서의 서로 다른 관심사에 따라 능력들이 맺는 관계를 제시한다.

들뢰즈에 따르면, 칸트가 수행하는 비판 일반의 본질적인 논제는 "본성상 서로 다른 이성의 여러 관심"(PCK 13/26. 강조는 원문, 번역 일부 수정)이 존재한다는 데 있다. 그런데 이 관심들은 저마다 자신에게 상응하는 서로 다른 능력을 갖는다. 능력이라는 말의 첫 번째 의미는 그 능력들이 "표상 일반과 맺는 다양한 관계"(PCK 13/27)에 따라 다음과 같이 규정된다. ① 표상과 대상의 일치에 따라 규정되는 인식능력, ② 표상과 대상의 인과관계에 따라 규정되는 욕구능력, ③ 표상이 주체에게 미치는 효과에 따라 규정되는 쾌와 불쾌의 감정. 다른 한편, 능력이라는 말의 두 번째 의미는 (표상과 능력의 관계가 아니라) "표상의 고유한 원천"(PCK 13/27)에 따라, 즉 표상이 어디서 기인하는지에 따라 다음과 같이 규정된다. ① 경험 대상과 직접 관계하는 직관[3]이 있는데, 그 원천은 감성이다. ② 직관의 매개를

---

3) 들뢰즈가 지적하고 있듯이(PCK 14~15/27~29), 감성의 직관은 사실 표상이 아니라 현상이다. 현상은 직관의 경험적 질료인 감각적 잡다가 직관의 선험적 형식인 시간과 공간 속에 정돈될 때 주어진다. 그와는 달리, 표상은 이러한 나타남(présentation)을 다시 거머쥐는(re-) 활동성을 함축하며, 따라서 감성의 수용력은 물론 상상력의 도식, 지성의 통일, 이성의 전체성이 함

통해 경험 대상과 간접적으로 관계하는 개념이 있는데, 그 원천은 지성이다. ③ 그 자체로 가능한 경험을 넘어서는 이념이 있는데, 그 원천은 이성이다. 요컨대 칸트에게는 하나의 수용능력(감성)과 세 개의 활동능력(지성, 이성, 그리고 도식작용을 통해 양자를 이어 주는 상상력)이 있는 셈이다.

그런데 이 서로 다른 능력들은 삼 비판서 각각에서 어떻게 체계적으로 작동하는 것일까? 들뢰즈의 일반적인 답변은 다음과 같다(PCK 97/125). 이성의 서로 다른 관심에 따라 첫 번째 의미의 능력(인식능력, 욕구능력, 쾌와 불쾌의 감정) 중 하나에서 두 번째 의미의 능력(감성, 지성, 이성) 중 하나가 대상에 입법하며, 입법한 능력은 자신의 필요에 따라 다른 능력들에 특정한 임무를 부여한다.[4] 『순수이성비판』의 경우, 이성의 인식적 관심을 실현하기 위해 인식능력(첫 번째 의미의 능력)에서 지성(두 번째 의미의 능력)이 대상에 입법하며, 이때 상상력과 이성은 "지성이 규정해 준 임무를 따른다"(PCK 17/31). 앞서 언급했듯이, 칸트의 능력론은 능력들이 이성의 관심들만큼이나 서로 다르다는 생각에서 출발한다. 하지만 이 지점에 이르면, 그 능력들은 한 능력의 주재 아래 서로 조화롭게 일치하는 것으로 드러난다. 들뢰즈는 공통감을 "능력들의 선험적 일치 혹은 더 분명하게는 그런 일치의 '결과'"(PCK 33/50)로 규정하면서, 칸트에게는 여러 종류의 일치, 여러 종류의 공통감이 존재한다고 말한다. 즉 지성이 주재하는 능력들 간의 일치로서 논리적 공통감, 이성이 주재하는 능력

께 작용하고 있음을 시사한다.
4) "각각의 비판에 따라 지성, [좁은 의미의] 이성, 상상력은 이 능력들 가운데 하나의 주재 아래 서로 다양한 관계를 맺는다. 그러므로 [넓은 의미의] 이성이 갖는 이러저러한 관심에 맞추어 능력들의 관계는 체계적으로 변형된다"(PCK 17/31. 번역 일부 수정).

들 간의 일치로서 도덕적 공통감, 그리고 주재하는 능력이 부재하는 가운데 얻어지는 자유로운 일치로서 미감적 공통감이 존재한다는 것이다.[5]

들뢰즈의 칸트 독해에서 가장 흥미로운 주장은 바로 이 지점에서 발견된다. 그는 칸트가 이러한 일치를 단순히 전제하고 있다고, 따라서 "주체와 대상 사이의 예정조화"를 "주체가 가진 본성상 다른 능력들의 차원"으로 옮겨 왔을 뿐이라고 생각하지 않는다(PCK 34~35/53). 칸트는 이러한 일치를 단순히 전제하는 것이 아니라 그것이 어디서 기인하는지 혹은 어떻게 생겨나는지도 설명하고 있다는 것이다. 들뢰즈에 따르면, 그 설명은 『판단력비판』에서 발견된다. 다시 말해, 『판단력비판』은 능력들 간의 일치의 발생 문제 혹은 공통감의 발생 문제에 대한 답변을 제공한다. 들뢰즈가 보기에, 앞선 두 비판은 "미리 규정되고 이미 특정화된 일치의 관점"을 취하고 있었으며, 따라서 공통감을 "그 근거를 더 이상 문제 삼을 수 없는 일종의 선험적 사실"(PCK 36/56. 강조는 원문, 번역 일부 수정)로 간주하고 있었다. 그리고 바로 그런 이유 때문에, 앞선 두 비판은 공통감의 발생 문제를 해결할 수 없었다. 그 문제는 『판단력비판』에 이르러서야, 그것이 제시하는 "규정되지 않은 자유로운 일치(미감적 공통감)"(PCK 36/56. 강조는 원문, 번역 일부 수정)와 더불어 비로소 해결된다.

---

5) 이러한 용례는 칸트가 아니라 들뢰즈의 것이다. "논리적 공통감은 이성의 사변적 관심 속에서의, 다시 말해 지성의 주재 아래서의 능력들의 조화를 표현한다. [……] 이성의 다른 관심의 관점에서는 [사변적 관심에서와는] 다른 공통감을 형성하기 위해, [지성과는] 다른 능력의 규정 아래서 능력들이 다른 관계를 형성한다는 것을 염두에 두어야 한다. 가령 이성 자신의 주재 아래서 형성되는 도덕적 공통감 말이다"(PCK 35~36/55. 번역 일부 수정).

만일 모든 능력들이 함께 이 자유로운 주관적 조화를 먼저 이룰 수 없다면, 그 가운데 어떤 한 능력이 입법적이고 규정적인 역할을 수행하는 일은 결코 있을 수 없을 것이다. (PCK 72/97)

들뢰즈 식으로 말하자면, 능력들 간의 자유로운 일치(조화)는 한 능력의 주재 아래서 능력들 간의 규제된 일치가 생겨나기 위한 조건, 즉 그것의 발생 조건에 해당한다. 따라서 들뢰즈는 『판단력비판』의 미감적 공통감이 다른 두 공통감에 대해 갖는 결정적인 중요성을 다음과 같이 정식화한다. 미감적 공통감은 "다른 두 공통감을 보완하는 게 아니라 오히려 그것들을 근거 짓거나 가능하게 한다"(PCK 72/97. 강조는 원문).

2) 발생의 모델로서의 숭고

앞서 살펴보았듯이, 삼 비판서를 가로지르는 공통감의 발생 문제를 해결하는 것은 미감적 공통감 혹은 능력들의 자유로운 일치다. 그러나 여기에는 보다 심층적인 또 하나의 문제가 있는데, 그것은 미감적 공통감 자체의 발생 문제다. 능력들의 자유로운 일치는 한 능력의 주재 아래서 나타나는 능력들 간의 규제된 일치를 발생론적으로 설명해 준다. 하지만 이 자유로운 일치가 단순히 전제되고 있을 뿐이라면, 그 문제가 충분히 해결되었다고는 말할 수 없을 것이다. 따라서 들뢰즈는 다음과 같이 묻는다. "이 [자유로운] 일치가 우리 안에서 산출되어서는 안 되는가? 다시 말해 미감적 공통감이 발생, 정확하게는 초월적 발생의 대상이어서는 안 되는가?"(PCK 73/97. 강조는 원문, 번역 일부 수정)

들뢰즈는 삼 비판서의 체계적 통일성을 보장하려는 노력 끝에 이 물음에 도달했다. 그런데 이제 그것은 『판단력비판』 1부의 복합적인 구조와 다양한 미학적 논점들을 일관되게 해명하기 위한 출발점으로 나타난다. 「칸트 미학에서 발생의 개념」에서, 들뢰즈는 이 점을 다음의 두 물음으로 요약한다(ID 99). 첫째, '미의 분석학'과 '취미판단의 연역' 사이에 (일견 이질적인) '숭고의 분석학'이 위치하는 이유를 어떻게 설명할 것인가? 둘째, '취미판단의 연역'이 외견상 서로 구별되는 이론들, 즉 자연미 이론, 천재론, 예술론으로 확장되는 이유를 어떻게 설명할 것인가? 이상의 두 물음을 하나씩 좀 더 구체화해 보자. 첫째, '미의 분석학'이 주장하는 주관적 보편성이 '숭고의 분석학'을 경유한 이후에야 그것을 정당화하는 근거('취미판단의 연역')를 제시하는 이유는 무엇인가? 둘째, '취미판단의 연역'에서 이성적 관심에 대한 이론은 예술을 배제한 상태에서 자연미의 산출 문제를 다룬다. 그런데 그것을 천재론 및 예술론과 묶어 주는 연결고리는 어디에 있는가? 결론을 앞당겨 말하자면, 이 두 가지 물음은 '숭고의 분석학'이 제공하는 발생의 모델을 통해 해소된다. 이제 이 물음들에 대한 들뢰즈의 답변을 차례대로 살펴보자.

첫 번째 물음과 관련해서, '숭고의 분석학'은 '미의 분석학'(지성과 상상력의 자유로운, 하지만 전제된 일치)과 '취미판단의 연역'(이성적 관심에 의해 지성과 상상력 사이에서 발생하는 일치) 사이에서 후자가 전자의 발생을 설명할 수 있는 모델(숭고에 의해 이성과 상상력 사이에서 발생하는 일치)을 제공한다. 잠시 미감적 판단과 숭고판단을 비교해 보자(ID 79~80, 89~90). 전자는 지성이 개념적 규정이라는 과제에서 벗어날 때, 그와 동시에 상상력이 도식작용이라는 과제에서 벗어날 때, 양자 사이에 자유로운 일치가 존재함을 보여 준다. 그것은 형식에 기반한 일치이지만, 그 일치의 발생 근거가 밝혀지지 않았다는 의미에서 '전제된 일치'다. 그에 반해, 후자가 보여 주는 것은 이성과 상상력 사이에서 나타나는 기묘한 일치, 다시 말해 불일치의 일치$^{accord\ discordant}$다. 그것은 (형식이 아니라) 무형이나 기형에 기반한 일치로서, 자신의 발생을 스스로 정당화할 뿐만 아니라 앞서의 '전제된 일치'를 정당화하기 위한 모델을 제공한다. 숭고판단은 자연에서 극도로 거대하거나(수학적 숭고) 강력한(역학적 숭고) 대상과 마주칠 때, 그로 인해 상상력이 대상의 형식을 반성할 수 없을 때 생겨난다. 예컨대 수학적 숭고에서 상상력은 대상의 부분들을 연속적으로 결합하는 포착^{appréhension}을 계속해 나가는 가운데, 포착된 부분들을 한순간에 총괄^{compréhension}할 수 없는 최대치에 도달한다. 그러나 이성은 전체성에 대한 요구를 타협 없이 전달하면서 상상력이 어떤 초월적 실행에 도달하도록 강요한다.

이 관계는 우선 일치보다는 오히려 불일치, 즉 이성의 요구와 상상력의 역량 사이에서 체험되는 모순이다. 이 때문에 상상력은 자유를 잃어버린 것처럼 보이고 숭고의 감정은 쾌라기보다는 고통처럼 생각된다. 그러나 불일치의 심층에서 일치가 나타난다. 고통은 쾌를 가능하게 해준다. 모든 면에서 자신을 넘어서는 어떤 것에 의해 자신의 한계에 직면할 때, 상상력 자체는 자기 고유의 한계를 넘어선다. (PCK 74/99. 강조는 원문, 번역 일부 수정)

숭고란 불일치에 의한 일치의 발생이며, 이러한 발생은 상상력이 자기 고유의 한계를 넘어설 때, 우리의 감성이 확장되는 가운데 이성에 고유한 초감성적 영역에서 이루어진다.[6] 들뢰즈에 따르면, 이때 나타나는 이성과 상상력의 일치는 "더 이상 전제된 것이 아니라 진정으로 산출된 것, 불일치 속에서 산출된 것이다"(PCK 75/100. 강조는 원문, 번역 일부 수정).

두 번째 물음과 관련해서, '숭고의 분석학'은 '취미판단의 연역'이 자연미에 대한 이론을 넘어 천재론과 예술론으로 확장될 수 있는 토대를 제공한다. 이 점을 본격적으로 검토하기에 앞서, '취미판단의 연역'에서 칸트가 활용하는 이성적 관심intérêt rationnel 개념을 잠시 살펴보자. 그것은 지성과 상상력의 자유로운 일치를 직접 주재하지 않으면서도, 그 일치의 발생을 이끄는 원리로 기능한다. 그런데 이성적 관심이 미감적 판단과 관계한다는 것은 일견 이해하기 어렵다. 주지하다시피, '미의 분석학'에서 칸트는 미를 욕구능력인 이성과 분리시켜 무관심적인déintéressé[7] 것으로 간주하기 때문이다. 하지만 이러한 외견상의 모순은 이성적 관심이 "아름다운 형식, 다시 말해 상상력 속에서 반성될 수 있는 형식"과 관계하는 것이 아니라 "형식적으로 반성될 수 있는 대상을 산출하기 위해 자연이 사용하

---

6) "숭고한 것의 감정에 대한 마음의 정조는 이념들에 대한 마음의 감수성을 필요로 한다. [……] 이 겁먹게 하는 것이 동시에 마음을 끌어당기는 것은, 그것이, 오직 감성을 이성에 고유한 구역(즉 실천적인 구역)에 알맞도록 확장하고, 감성으로 하여금 감성에게는 심연인 무한자를 전망하도록 하기 위해서, 이성이 감성에게 행사하는 하나의 강제력이기 때문이다"(KU B110~111). 이처럼 숭고는 우리가 능력들의 초감성적 용도를 확인하고, 간접적으로나마 보다 높은 합목적성의 존재를 느끼며, 도덕법칙의 출현을 준비할 수 있게 해준다(PCK 75/100 참조).

7) 미적 무관심성은 흔히 ① "어떤 대상을 특정 목적을 위한 수단으로 사용하거나 소유하려는 욕망"으로부터 자유롭다는 의미로 이해되지만, 그 외에도 다음 두 측면을 함께 고려해야 한다. ② "미감적 경험 대상에 대한 독특한 존재론적 태도, 대상에 대한 독특한 거리 두기." ③ 미감적 판단의 주체가 자신의 전망을 "상호주관적 공감의 지평으로 끌어올리고 있는 사태"(하선규, 「미감적 경험의 본질적 계기에 대한 분석: 칸트 미학의 현재성에 대한 시론」, 『미학』, 44권, 한국미학회, 2005, 122~123쪽).

는 질료[8]"와 관계한다는 점에서 해소된다(PCK 77/102. 강조는 원문). 다시 말해, 여기서 문제가 되는 것은 "아름다운 형식"이 아니라 "그 형식을 산출하는 자연의 질료적 소질"(PCK 78/103)이다.[9] 자연의 질료적 소질은 미감적 판단을 가능하게 해주는 토대, 즉 능력들의 자유로운 일치를 위한 토대가 이미 자연 속에 함축되어 있음을 시사한다. 한편으로, 자연은 자신의 질료적 소질에 따라 자유롭게 아름다운 형식을 끝없이 산출한다. 다른 한편으로, 우리는 자연이 산출한 형식들과 관련해서 능력들의 자유로운 일치를, 그리고 그 일치가 가져다주는 무관심적인 쾌를 경험한다. 그런데 이때 후자의 일치, 즉 쾌를 가져다주는 "우리 능력들 상호 간의 내적 일치"는 이미 전자의 일치, 즉 "이 능력들 자체와 자연 간의 외적 일치"를 함축하고 있다"(ID 90).

이제 이러한 발생의 논리가 자연미와 예술미의 두 영역에서 각각 어떻게 나타나는지 확인해 보자. 먼저, 자연 산물과 관련해서 이성적 관심은 어떻게 지성과 상상력의 일치가 발생할 수 있게 해주는가? 이성적 관심은 자연의 질료, 가령 하얀색을 지성 개념(인식판단, 이를테면 백합)이 아니

---

8) 들뢰즈는 이것을 유동적 질료(matière fluide)라고 부른다. 이와 관련하여 칸트가 제시하고(KU B250~251) 들뢰즈가 인용한(PCK 77/103) 중요한 사례가 있는데, 그것은 결정(結晶)의 형성 과정이다. 결정은 그 일부가 분리되거나 증발되는 과정을 거쳐 나머지 부분이 갑작스럽게 고체화될 때 생겨난다. 이후 살펴보겠지만, 이 사례는 시몽동의 개체화 이론에서도 활용된다. 질베르 시몽동, 『형태와 정보 개념에 비추어 본 개체화』, 황수영 옮김, 그린비, 2017, 58~59쪽 참조.

9) "풀꽃들, 새털들, 조개들의 형태와 색채의 미에 관해 말할 것 같으면, 이 미는 자연과 자연의 소질에 돌릴 수 있으며, 이 자연의 능력은 그러한 미를 지향하는 특수한 목적 없이 자유롭게, 화학적인 법칙들에 따라서, 유기조직에 필요한 물질의 침전에 의해서 또한 미감적-합목적적으로 자신을 형성하는 능력인 것이다"(KU B251~252. 강조는 원문, 번역 일부 수정).

라 이성 이념(반성적 유비 혹은 상징, 이를테면 순수 순결)과 결부시킨다. 이러한 유비 속에서 한편으로는 "지성의 개념이 제한되지 않은 방식으로 무한히 확장"되며, 다른 한편으로는 "상상력이 규정된 지성 개념의 구속에서 벗어나" 대상의 형식을 반성한다(ID 93). 이처럼 이성적 관심은 지성과 상상력의 자유로운 일치가 단순히 전제된 것이 아니라 실제로 발생하는 것임을 보여 준다. 들뢰즈는 '미의 분석학'과 '취미판단의 연역' 사이에서 '숭고의 분석학'이 수행하는 결정적인 역할을 다음과 같이 요약한다. "미의 분석론은 이성[이성적 관심]에서 초월론적인 발생의 원리를 발견한다. 하지만 이러한 발견을 위해서는 우선 숭고라는 발생의 모델을 경유해야 했다"(ID 93).

다음으로, 예술에서 자연미의 산출 원리인 이성적 관심에 해당하는 것은 무엇인가? 그것은 바로 천재다. 칸트에 따르면, 천재는 미감적 이념 Idée esthétique의 능력으로 정의된다.[10] 이성 이념이 '직관 없는 개념'인 데 반해, 미감적 이념은 '개념 없는 직관'이다. 여기서 전자는 경험을 넘어선 것, 따라서 표현될 수 없는 것이다. 하지만 후자는 "우리에게 주어진 것과는 다른 자연의 직관"을 상상적으로 창조함으로써 "이성 이념에서 표현될 수 없는 것을 표현한다"[11](PCK 82/108). 이를 통해 천재 혹은 천재가 표

---

10) "이념들은 인식능력들(상상력과 지성) 상호 간의 합치의 한낱 주관적 원리에 따라 직관과 관계 맺어지고, 미감적 이념들이라고 일컬어지거나, 또는 객관적 원리에 따라 한 개념과 관계 맺어지되, 결코 대상의 인식을 제공할 수는 없어 이성 이념들이라고 일컬어진다"(KU B239. 강조는 원문). "사람들은 천재를 또한 미감적 이념들의 능력이라고 설명할 수도 있다. 이렇게 함으로써, 천재의 산물들에서는 왜 숙고된 목적이 아니라 (주관의) 자연본성이 예술(아름다운 것을 만들어 냄)에게 규칙을 수립하는 것인가 하는 근거가 밝혀진다"(KU B242).
11) 이러한 이념의 이차적·간접적 표현이 바로 상징이다. 칸트는 "미적인 것은 윤리적으로-좋은

현하는 미감적 이념은 숭고에서 이성 이념이 했던 것과 유사한 결과를 낳는데, 그것은 다시 한 번 지성과 상상력의 자유로운 일치다. 즉 천재는 "예술작품과 관련해서 능력들에 발생론적 원리를 제공한다"(ID 95).

3) 칸트 미학의 복합성과 그 현대적 계승

『판단력비판』 1부에서 드러나는 칸트 미학의 난점은 다음과 같은 다양한 관점들과 관련된다. 칸트는 우리에게 취미판단론에서와 같은 감상자 미학을 제안하는가 하면, 천재론에서와 같은 미학, 말하자면 상위의 창조자 미학을 제안하기도 한다. 그는 자연미에 대한 미학을 제안하는가 하면, 예술미에 대한 미학을 제안하기도 한다. 그는 '고전주의적' 영감에 따른 형식 미학을 제안하는가 하면, 낭만주의에 가까운 상위의 질료 및 이념 미학을 제안하기도 한다. 이러한 다양한 관점에 대한 이해만이, 그리고 이 관점들 중 하나에서 다른 하나로 가는 필연적인 이행에 대한 이해만이 『판단력비판』의 체계적인 통일성을 규정한다. (ID 79)

들뢰즈는 『판단력비판』이 삼 비판서 전체를 근거 짓는 발생론적 원리('자유로운 일치')를 제공한다고 주장한다. 여기서 한발 더 나아가, 그는

[선한] 것의 상징"(KU B258. [ ]는 한국어판 옮긴이)이라고 말한다. 이 점은 다음과 같이 설명된다. "취미는 자유롭게 유희하는 상상력도 지성에 대해서 합목적적으로 규정될 수 있는 것으로 표상하고, 심지어는 감관의 자극 없이도 감관들의 대상들에서 자유로운 흡족을 발견하는 일"을 가르쳐 준다. 이를 통해 취미는 "감관의 자극으로부터 [……] 도덕적 관심으로의 이행을 너무 억지스러운 비약 없이 가능하게 하는 것이다"(KU B260).

『판단력비판』 1부 자체가 보다 심층적인 발생론적 원리('자유로운 일치의 발생')에 따라 체계적으로 조직되어 있음을 발견한다. 앞서 살펴보았듯이, 이 심층적인 발생론적 원리가 바로 숭고다. 말하자면 숭고는 칸트 미학, 더 나아가 칸트 철학 전체를 발생론적으로 독해할 수 있는 열쇠 개념으로서, 들뢰즈가 칸트에게서 발견한 발생론적 영감의 원천에 해당한다.

여기서 잠시 인용문의 후반부에서 제시된 논의 순서를 되짚어 들뢰즈의 칸트 해석을 다시 검토해 보자. 즉『판단력비판』 1부의 체계적 통일성에서 출발해서 역으로 그것이 담고 있는 '다양한 관점들에 대한 이해'로, 그리고 '이 관점들 중 하나에서 다른 하나로 가는 필연적인 이해'로 나아가는 것이다. 이러한 논의는 한편으로는 칸트 미학의 풍요로운 복합성을 이해할 수 있게 해주고, 다른 한편으로는 들뢰즈의 칸트 이해가 얼마나 체계적이고 포괄적인지를 확인할 수 있게 해준다. 그런데 여기서 한 가지 지적해 둘 것은 (숭고 개념에 대한 뚜렷한 강조에도 불구하고) 들뢰즈의 칸트 이해가 결코 '숭고의 분석학'에 국한되지 않는다는 사실이다. 이후 자세히 살펴보겠지만, 이 점은 칸트 미학의 다른 현대적 계승자들, 특히 '미의 분석학'과 '숭고의 분석학' 중 한 영역을 특권적으로 활용하는 랑시에르나 리오타르와 분명한 대조를 이룬다.

본격적인 논의에 앞서, 해명^{exposition}과 연역^{déduction}이라는 칸트의 두 용어를 분명히 해두는 게 좋겠다.[12] 이 용어들은 칸트 당시 법률 소송에서 활용되던 사실문제$^{quid\ facti}$와 권리문제$^{quid\ juris}$의 구별에서 기인한

---

12) 이하 두 용어에 대한 설명은 사카베 메구미·아리후쿠 고가쿠 엮음, 『칸트사전』, 이신철 옮김, 도서출판 b, 2009, 267~270쪽 참조.

다. 전자는 '어떤 사물이 점유되기에 이른 사실적인 경과'를 가리키며, 이를테면 칸트에게서 인식상의 사실문제는 "우리가 선험적 표상들을 지니고"(PCK 20/34. 번역 일부 수정) 있음을 확인하는 데 있다. 그에 반해 후자는 '점유를 소유이게끔 하는 권리'에 관한 것으로서, 소유권의 정당성을 입증해 주는 증명을 가리킨다.[13] 따라서 인식상의 권리문제는 선험적 표상의 존재를 단순히 확인하는 것을 넘어 "경험에서 도출된 것도 아닌 이 선험적 표상들이 왜, 그리고 어떻게 경험에 필연적으로 적용될 수 있는지"(PCK 22/36. 번역 일부 수정)를 밝히는 데 있다. 「칸트 미학에서 발생의 개념」에서 들뢰즈는 해명을 '전제된 일치'와 관련해서, 연역을 '일치의 발생'과 관련해서 사용한다. 즉 여기서 연역은 미감적 판단에서 확인되는 일치가 단순히 전제되는 것이 아니라 실제로 발생하는 것임을 설명하고, 이를 통해 그 일치가 경험에 적용될 수 있는 정당성을 확보하는 일을 가리킨다.

들뢰즈는 『판단력비판』 1부의 다양한 관점들과 그 관점들 간의 이행을 위의 두 용어를 사용해서 다음과 같이 요약한다(ID 99~101). ① 해명으로서의 '미의 분석학'. 여기서는 "감상자의 관점에서 본, 미 일반에 대한 형식 미학[14]"(ID 99. 강조는 원문)이 발견된다. 이러한 미학은 지성과 상상력

---

13) 연역은 다시 다음의 두 종류로 나뉜다. "칸트는 ① 최고원리의 선험적인 기원과 소유를 밝히고, ② 그 원리로서의 기능(객관적 타당성)의 확립을 지향하고 철학적인 논의를 전개했던 것으로서, ①이 형이상학적 연역, ②가 초월론적 연역이다"(앞의 책, 268쪽). 예컨대, 『순수이성비판』에서 순수 지성 개념을 도출하는 작업은 형이상학적 연역에, 범주의 객관적 타당성을 증명하는 논의는 초월론적 연역에 해당한다. 초월론적 연역은 다시 둘로 나뉜다. 순수 직관, 선험적 종합, 선험적 자기의식의 통일 등 주관의 심적 능력들에 대한 탐구는 주관적 연역에 속하고, 범주의 객관적 타당성에 대한 탐구는 객관적 연역에 속한다.

의 자유로운 일치를 제시한다. 하지만 여기서 이 일치는 단순히 전제되고 있으며, 따라서 그것의 발생에 대한 설명(연역)을 요구한다. ② 해명이자 연역으로서의 '숭고의 분석학'. 여기서 발견되는 것은 "감상자의 관점에서 본, 숭고에 대한 비형식 미학"(ID 100. 강조는 원문)이다. 여기서 일치는 (지성이 아니라) 이성과 상상력 사이에서 산출된다. '숭고의 분석학'은 이러한 일치를 해명할 뿐만 아니라 그 일치의 발생을 위한 원리(불일치의 일치 혹은 이성의 강요에 의한 상상력의 초월적 실행)를 제시함으로써 스스로 그것을 연역한다. 뿐만 아니라, '숭고의 분석학'은 이후 '취미판단의 연역'이 활용할 수 있는 연역의 모델을 제공한다. ③ 취미판단의 연역. 여기서는 "감상자의 관점에서 본, 자연미에 대한 상위의 질료 미학"(ID 100. 강조는 원문)이 발견된다. 숭고에 대한 논의에서 그러했듯이, 여기서도 지성과 상상력의 일치를 이끄는 원리는 이성(이성적 관심)이다. 이성적 관심은 한편으로는 자연의 질료적 소질에 따른 자연미의 산출을, 다른 한편으로는 지성의 확장과 상상력의 해방 속에서 이 능력들 간의 일치의 발생을 제시한다. 이를 통해, 그것은 자연에 대한 객관적 연역과 능력들 간의 일치에 대한 주관적 연역을 결합하기에 이른다. ④ 천재론에서의 일련의 연역. 여기서 발견되는 것은 "창조적 예술가의 관점에서 본, 예술미에 대한 상위의 이념 미학"(ID 101. 강조는 원문)이다. 예술에서 일치의 원리로 나타나는 것

---

14) 주의해야 할 것은 칸트 미학에서 말하는 '형식'이 특정한 대상의 가시적 형태라는 좁은 의미로 이해되어서는 안 된다는 사실이다. 그것은 취미판단의 원리인 합목적성의 형식을 가리키며, 따라서 주관이 "대상의 주제적 통일성, 대상 전체를 이루는 부분들 사이의 의미 있는 조응"을 반성하는 작용을 함축한다. 따라서 칸트 미학이 형식 미학이라고 말할 때, 그것은 "개별 작품의 주제, 모티브, 내용, 구성, 표현 등을 포괄적으로, 그들 사이의 관계와 통일성을 능동적으로 성찰"한다는 의미로 이해되어야 한다(하선규, 「칸트」, 316~317쪽).

은 천재다. 예술의 창조라는 관점에서 천재는 이성적 관심에 상응하는 이중의 역할을 수행한다. 한편으로, 그는 질료를 취해 거기에 미감적 이념을 구현한다. 다른 한편으로, 그는 이념을 일깨우고, 지성을 확장시키며, 상상력을 해방시킨다. 들뢰즈는 앞선 네 영역 중 ③과 ④만을 '상위의$^{méta-}$' 것이라고 일컫는데, 이는 그것들이 아름다운 형식 자체가 아니라 그런 형식의 산출을 위한 원리를 다루고 있기 때문이다.

칸트 미학의 이러한 복합성은 들뢰즈를 포함한 현대 프랑스 미학의 많은 논자들에게 풍요로운 이론적 토양을 제공한다. 앞서 언급했다시피, 그들은 대부분 『판단력비판』 1부의 특정 영역을 집중적으로 재해석하면서 자신의 이론을 이끌어 낸다. 들뢰즈의 칸트 해석이 지닌 가치를 확인하기 위해, 여기서 리오타르와 랑시에르의 대립을 잠시 살펴보기로 하자. 요약하자면, 그것은 '불일치 속에서 도래하는 사건'과 '자유로운 일치가 제공하는 미적 교육'의 대립, '타자성^{altérité}의 윤리'와 '감성의 분할$^{partage\ du}$ ^{sensible}로서의 정치'의 대립이다.

사실 칸트에게서 숭고는 예술적 실천이나 그 실천의 산물인 예술작품이 아니라 주로 자연 산물과 관련해서 논의된다. 하지만 엄밀히 말하자면 자연 산물도 숭고의 대상은 아닌데, 궁극적으로 볼 때 진정한 숭고의 대상은 그 어떤 자연 산물보다 우월한 인간의 이성이기 때문이다. 그런데 리오타르는 숭고한 예술의 가능성을 주장하면서, 이미 "1세기 전부터 예술의 주된 과제는 아름다움이 아니라 숭고에 속하는 어떤 것"[15]이라고 말

---

15) Jean-François Lyotard, *L'inhumain: Causeries sur le temps*, Paris: Klincksieck, 2014, p. 133.

한다. 이렇듯 예술을 숭고의 범주 안에 포섭하는 과정에서 그는 칸트의 숭고론에 크게 두 가지 변형을 가한다.[16]

리오타르에 따르면, 숭고의 예술이란 "재현의 수단에 의존하지 않으면서 현존에 다가가는 것"[17]이다. 그런데 흥미로운 것은 여기서 리오타르가 말하는 현존의 대상이 칸트 식의 거대함이나 강력함이 아니라 물질이라는 사실이다(첫 번째 변형).

> 이 '있음'을 가리키고자 나는 물질이라는 말을 사용한다. 그 이유는 이러한 현존이 능동적 정신이 부재하는 가운데 존재하기 때문이며, 또 그것이 음, 색, 뉘앙스일 뿐이기 때문이다. 그것들은 이러저러한 감성의 기관들, 이러저러한 감각판sensoria 속에서, 이러저러한 감수성passibilité 속에서 주어지며, 이를 통해 정신은 물질적 사건에 도달하고 그 사건에 의해 '만져질' 수 있다.[18]

리오타르가 말하는 '물질적 사건'은 감성에 어떤 현존이, 즉 "피부나 나무의 입자, 향료가 풍기는 향, 분비물이나 살의 맛"[19]과 같은 물질의 독

---

16) 이 두 논점에 대해서는 Jacques Rancière, *Malaise dans l'esthétique*, Paris: Les Éditions Galilée, 2004, pp. 122~126 참조. 랑시에르는 두 번째 논점으로 '물질적 현존을 규정하지 못하는 이성의 무능력'을 제시하고 있지만(*Ibid.*, p. 125), 이 대목의 용어와 논리는 정확하지 않다. 리오타르는 '이성'이 아니라 '정신'이라는 용어를 쓰고 있을 뿐만 아니라, 정신의 무능력이 물질적 현존을 증언하는 데 그치는 것이 아니라 '질문하기'를 통해 창조적 사유로 나아갈 수 있음을 시사한다. 이하의 논의를 보라.

17) Lyotard, *L'inhumain*, p. 133.

18) *Ibid.*, p. 138. 강조는 원문.

19) *Ibid.*

특한 질이 주어지는 사태다. 그런데 이것은 정념적인 사태이기도 하다. 정신은 "그 사건에 대해 준비되어 있지 않을 것이고, 그 사건은 정신을 당혹케 할 것이며, 정신은 그 사건에 대해 불안과 환희라는 모호한 채무의 감정만을 간직"[20]할 것이기 때문이다. 요컨대 리오타르가 말하는 물질은 ① 정신이 끝내 규명할 수 없는 질적 독특성과 ② 그 질적 독특성이 야기하는 정념이라는 두 측면에서 규정된다. 들뢰즈의 칸트 해석에 비추어 말하자면, 여기서 리오타르는 '숭고의 분석학'(발생의 모델)에다 '취미판단의 연역'의 전반부(자연미의 질료)를 결합시켜 그 후반부(예술적 창조)로 데려가고 있는 셈이다.

다음으로, 리오타르에게서 물질적 사건에 의해 자신의 한계에 도달하는 것은 칸트 식의 상상력이 아니라 놀랍게도 정신이다(두 번째 변형). 여기서 정신은 상상력에 명령을 내리기는커녕, 감성에 의존해서 물질적 사건에 의해 '만져지는' 수동적인 것으로 나타난다. 리오타르는 정신의 이러한 무능력이야말로 숭고의 예술을 위한 조건이라고 말한다. 즉 숭고의 "미적 조건은 아이스테톤^{aistheton}에 대한 복종"[21]이다. 칸트의 숭고에서 이성의 무한한 힘은 상상력의 무능력을 깨뜨리면서 능력들의 초감성적 용도를 상기시킨다(숭고의 윤리적 계기). 그에 반해 리오타르는 숭고를 물질적 현존의 독특성과 결부시키면서, 그것을 규명하지 못하는 정신의 무능력을 강조한다.

그런데 이 과정에서 리오타르는 (앞서 들뢰즈가 그러했듯이) 칸트 미

---

20) *Ibid.*
21) Jean-François Lyotard, *Moralités postmodernes*, Paris: Les Éditions Galilée, 1993, p. 206.

학에 숨겨진 어떤 불안정한 균형을 읽어 낸다. 한편으로, '미의 분석학'에는 예술적 창조의 과정이 형상(형식)과 질료(물질)의 관계에 따라 이해되어야 한다는 그리스 이래 서양 미학의 오랜 전제가 여전히 남아 있다. 그 전제에 따라, 거기서 미는 "형식만을 고려"하는 것, "감성적이거나 심지어는 상상적인 소여의 질 혹은 그것 고유의 질료적 역량에 대해서는 무관심"한 것으로 간주된다.[22] 그러나 다른 한편, '숭고의 분석학'에서는 "미에 고유한" 자연과 정신의 일치, 그리고 정신의 능력들 간의 일치가 "숭고에 의해 산산이 깨어진다".[23] 리오타르가 보기에, 거기서 깨어지는 것은 이러저러한 개별적 일치만이 아니다. 그것은 목적성의 원리에 따라 물질적 변화를 어떤 최종적인 형식을 향한 운동(미규정된 역량(질료)에 일련의 규정(형상)을 부여하는 운동)으로 이해하는 "광범위한 형이상학적 장치"[24] 자체다. 리오타르가 보기에, 이러한 깨어짐은 "감성이 포착할 수 있는 소여와 지성이 파악할 수 있는 것을 미리 결정하는pro-duire"[25] 기성의 형식들 및 개념들의 한계를 적나라하게 보여 준다. 그리고 자신의 무능력을 절감케 하는 이 한계 앞에서, 정신은 가장 절박한 과제를 발견한다. 그것은 기성의 형식들 및 개념들에 부합하지 않는, 따라서 "항상 정신의 영향력에서 벗어나는"[26] 물질적 현존에 대해 질문하고 또 질문하는 일이다.

랑시에르는 리오타르의 숭고에서 (칸트와 구별되는) 나름의 윤리적

22) Lyotard, *L'inhumain*, p. 136.
23) *Ibid.*, p. 135.
24) *Ibid.*
25) *Ibid.*, p. 138.
26) *Ibid.*, p. 139.

계기를 발견하는데, 그것은 정신의 이러한 무능력과 관련된다. 리오타르의 숭고는 물질적 현존, 즉 이질적이며 이해할 수 없는 어떤 타자 앞에 정신을 멈춰 세운다. 랑시에르가 보기에, 이러한 멈춰 섬은 "아이스테톤에 대한 [정신의] 예속"이자 "타자성의 법에 대한 복종"[27]에 다름 아니다. 그리고 이 지점에서 숭고의 예술은 "타자의 역량에 대한 증언이자 타자의 망각이 쉼없이 야기하는 파국에 대한 증언"[28]이라는 윤리적 함의를 갖게된다. 요컨대 리오타르가 말하는 숭고는 타자성의 윤리를 위한 원리인 동시에 예술적 아방가르드를 위한 원리가 된다. 그런데 랑시에르가 보기에, 리오타르 숭고론의 문제는 바로 여기에 있다. 즉 그는 "예술의 작업을 증언이라는 윤리적 과제와 동일시"[29]함으로써, 예술 고유의 영역을 빼앗아 예술과 정치를 동시에 무력화시킨다는 것이다. 따라서 랑시에르는 이와 다른 방향으로 나아가고자 하는데, 그것은 (예술을 정치화하거나 정치를 심미화하는 것이 아니라) 예술과 정치를 보다 심층적인 차원에서 다시 관계 짓는 것이다.

예술과 정치는 서로 관계를 맺어야 하는지가 문제시되는 두 실재, 서로 분리된 항구적인 두 실재가 아니다. 예술과 정치는 감성의 분할의 잠정적인 두 형태로서 저마다 특수한 식별 체제에 속한다.[30]

---

27) Rancière, *Malaise dans l'esthétique*, p. 126. 강조는 원문.
28) *Ibid.*, p. 62.
29) *Ibid.*
30) *Ibid.*, pp. 39~40.

랑시에르는 예술과 정치의 관계를 '미학의 정치'와 '정치의 미학'의 관계로 새롭게 규정한다. 여기서 미학은 단순히 미와 예술에 대한 담론이라는 의미가 아니다. 그것은 보고 듣고 행동하는 방식 자체를 결정하는 감성의 분할과 관련해서, 다시 말해 가장 근본적인 차원의 감성학이라는 의미로 이해되어야 한다. 한편으로, '정치의 미학'은 정치가 감성의 분할이라는 의미에서 미학/감성학임을 뜻한다. 주인과 노예, 귀족과 농노, 고용주와 노동자와 같은 "위치와 신분의 분배와 재분배"는 "공간과 시간, 보이는 것과 보이지 않는 것, 소음과 말의 이러한 절단과 재절단"을 통해 수행되기 때문이다.[31] 노예가 민회에 '참석하지 못하게', 농노의 고통이 '보이지 않게', 노동자의 호소가 '들리지 않게' 하는 것, 그것이 바로 '정치의 미학/감성학'으로서의 감성의 분할이다.

다른 한편, 미학의 정치는 정치적 주장을 앞세우는 예술작품을 가리키는 것이 아니라 미와 예술의 영역에서 벌어지는 감성의 분할을 가리킨다. 랑시에르는 이러한 분할을 '식별 체제'의 형태로 탐구하는데, 그것은 "가시성可視性의 실천 및 형태와 그 산물을 예술에 혹은 어떤 [종류의] 예술에 속하게 해주는 가지성可知性"[32]으로서, 윤리적 이미지 체제, 재현적 예술 체제, 미학적 예술 체제로 구별된다. 예컨대 미학적 예술 체제는 "감성의 분할과 재배치에 개입"하여 "공간과 시간, 주체와 대상, 공동의 것과 독특한 것을 절단"하는 대상을 예술작품으로 식별한다.[33] 이러한 구별에

---

31) *Ibid.*, p. 38.
32) *Ibid.*, p. 42. 세 가지 식별 체제에 관한 보다 자세한 논의는 다음을 보라. Jacques Rancière, *Le partage du sensible*, Paris: La Fabrique-Édition, 2002, pp. 27~32.
33) Rancière, *Malaise dans l'esthétique*, p. 39.

그림 1
루도비시의 주노

따르면, 「루도비시의 주노」(그림 1)가 예술작품인 것은 그것이 도덕적 가치를 담고 있거나(윤리적 이미지 체제) 여신의 모습을 모방하기(재현적 예술 체제) 때문이 아니라 독특한 감각적 존재방식을 제시하기 때문이다. 도덕이나 정치와 구별되는 예술만의 감각 공간을 구성하는 것, 이를 통해 감상자의 지각방식과 사유방식에 변화를 야기하는 것, 그것이 바로 '미학/감성학의 정치'로서의 감성의 분할이다.

랑시에르는 이 미학의 정치를 위한 이론적 토대를 다름 아닌 칸트에게서, 특히 '미의 분석학'의 유희 개념에서 발견한다. 지성과 상상력이 자유롭게 유희하기 위해서는 '이중의 중지'라는 조건이 요구된다. 이중의 중지란 "자신의 범주에 따라 감각적 소여를 규정하는 지성능력의 중지와 욕망의 대상을 부과하는 감성능력의 상관적 중지"[34]를 뜻한다. 보다 구체적으로 말하자면, 여기서 전자는 ① 규정판단에서 반성판단으로 가는 이행을, 후자는 ② 욕구능력의 개입을 가로막는 무관심성의 계기를 가리킨다. 그런데 랑시에르는 이 이중의 중지를 미학의 정치로 향하는 두 계기, 예술이 수행하는 미적 교육의 두 계기로 간주한다.[35] 예술은 어떻게 미적 교육을 수행하는가? 그것은 ① 규정판단의 중지로 인한 지성의 수동성과 ② 무관심적 태도에서 기인하는 비소유를 감상자에게 부여함으로써 이루어진다. 주지하다시피, 일찍이 프리드리히 폰 실러Friedrich von Schiller는 「인간의 미적 교육에 관한 편지」에서 유희 개념에 대한 칸트의 철학적 분석을 정치의 영역으로 이전시킨 바 있다.[36] 이러한 방향성을 염두에 두면서, 랑시에르는 자신이 말하는 '미적 교육'이 정치적 혁명을 넘어서는 보다 심층적인 혁명의 원리가 될 것을 기대한다. 말하자면, 그것은 "더 이상 국가 형태의 혁명만이 아닌 감각적 실존 자체의 혁명"[37]이다.

이러한 미적 교육의 사례로, 랑시에르는 프랑스 혁명 시기 한 노동자의 경험을 즐겨 인용한다.[38] 대저택에 마루판을 까는 힘겨운 노동의 와중에, 루이-가브리엘 고니Louis-Gabriel Gauny는 자신이 그 방을 마치 자신의 것인 양 기꺼워하고 있으며, 창밖으로 펼쳐진 아름다운 전망을 감상하고

---

34) *Ibid.*, p. 45. 이하의 논의는 성기현, 「'미학의 정치'에 있어 유희의 역할: 랑시에르의 칸트 이해를 중심으로」, 『탈경계인문학』, 4권 3호, 이화인문과학원, 2011, 161~167쪽 참조.

35) Rancière, *Malaise dans l'esthétique*, p. 51.

36) 랑시에르가 보기에, 실러에게서 "'재료'에 대한 '형태'의 권력은 대중에 대한 국가의 권력이고, 감각 계급에 대한 지성 계급의 권력이며, 자연인에 대한 문화인의 권력이다"(*Ibid.*, p. 46).

37) *Ibid.*, p. 48.

38) "자기 집에 있는 듯한 생각에, 그는 마루판을 까는 일을 다 마치지 못했으면서도 어떤 방의 배치를 마음에 들어한다. 창문이 정원을 향해 열리거나 그림 같은 지평선을 내보이기라도 하면, 그는 한순간 일손을 멈추고 상상에 빠져 넓게 펼쳐진 풍경을 향한다. 이웃집 주인도 그보다 더 그 풍경을 즐길 수는 없을 것이다"(Louis-Gabriel Gauny, "Le travail à la tâche", Jacques Rancière, *The Nights of Labors: The Workers' Dream in Nineteenth-Century France*, trans. John Drury, Philadelphia: Temple University Press, 1989, p. 81에서 재인용).

있음을 깨닫는다.

이 텍스트에서 문제가 되는 것은 예술이 아닙니다. 그것은 시선의 문제이고, 노동과 소유의 공간에 대해 '무관심한' 시선을 획득하는 문제입니다. [……] 여기서 '무관심하다'는 말은 강요된 노동을 하는 팔과 해방된 시선의 분리를 뜻합니다. 그 시선은 전통적으로 집주인의 자리와 연관되어 왔던 감상의 시선을 빼앗습니다. [……] 이 텍스트는 예술에 대해서도, 정치에 대해서도 말하지 않습니다. [하지만] 그것은 예술과 정치를 그것들의 저편과 연결해 주는 것, 즉 내가 감성의 분할이라고 부르는 것에 대해 말해 줍니다.[39]

랑시에르에 따르면, 한편으로 고니는 (노동자가 아니라) '집주인에게만 감상의 시선을 허용하던' 감성의 낡은 분할을 넘어선다. 그런데 이러한 넘어섬은 어디서 기인하는 것일까? 그것은 물론 이중의 중지에서 나온다. 그렇다면 이 이중의 중지는 또 어디서 기인하는 것일까? 이 두 번째 물음은 아마도 랑시에르에게는 불필요할 것이다. 그가 보기에, 그것은 당연히 예술작품(혹은 고니의 경우처럼 '해방된 시선')에서 나오는 것이기 때문이다. 하지만 들뢰즈의 입장에서 보자면, 진정으로 중요한 것은 바로 이 두 번째 물음이다. 그것은 들뢰즈로 하여금 『판단력비판』 1부 전체를 가로지르게 만들었던 물음, 바로 발생에 관한 물음이기 때문이다. 그 물음은

---

39) Jacques Rancière, "La subversion esthétique", lecture at Hongik University(Seoul, Korea) on 3 December 2008, unpublished.

다음과 같이 요약된다. 이중의 중지를 확인하는 것으로 충분한가?(사실문제) 이중의 중지의 발생까지 설명해야 하는 것이 아닌가?(권리문제) 랑시에르는 '미의 분석학'에서 이미 충분한 불일치와 역동적인 유희를 발견할 수 있으며, 따라서 "사유와 감성의 불일치를 찾아, 혹은 예술의 현대적 급진성을 근거 짓는 인력과 척력의 유희를 찾아 [……] 숭고의 경험으로 가야 할 필요는 없다"[40]고 말한다. 하지만 과거의 견고한 분할을 깨뜨리기에, 그리고 ('해방된 시선'이 시사하는) 새로운 창조적 분할을 야기하기에 "미적인 일치와 휴식"[41]은 과연 충분한 것일까?

이 지점에서 리오타르는 들뢰즈와 합류한다. '숭고는 미가 전제하고 있는 일치를 깨뜨린다'라고 말할 때, 그 깨어진 일치 앞에 선 '정신의 무능력'을 기술할 때, 그럼에도 정신의 과제는 그 사태에 대해 끊임없이 '질문을 던지는' 데 있음을 강조할 때, 리오타르는 (들뢰즈와 마찬가지로) 앞서의 물음에 부정적으로 답하고 있기 때문이다. 그런데 들뢰즈는 여기서 한발 더 나아간다. 그는 정신의 무능력을 새로운 사유의 가능성으로 전환하기 위한 창조적 사유의 구체적인 프로그램을 제시한다. 뒤의 3장 4절에서 들뢰즈의 프루스트 독해와 관련하여 보다 자세히 살펴보겠지만, 이 프로그램은 '숭고의 분석학'에서 이끌어 낸 사유의 작동방식(능력의 초월적 실행을 야기하는 강요, 그 과정에서 감내해야 하는 폭력과 고통, 그 끝에서 얻게 되는 비할 데 없는 기쁨)을 감성적 기호 일반의 논리로 확대한 것이다.

---

40) Rancière, *Malaise dans l'esthétique*, p. 131.
41) *Ibid.*, p. 132.

우리가 보기에, 『판단력비판』에 대한 들뢰즈의 발생론적 독해는 일종의 '일그러진 원환'을 이룬다.[42] 그 독해는 '미의 분석학(형식)'에서 '숭고의 분석학(발생의 모델)'을 거쳐 '취미판단의 연역(질료에서 기인하는 형식의 발생)'으로 향하지만, 그 끝에서 다시금 '미의 분석학(새로운 형식)'으로 돌아오기 때문이다. 이를 통해 들뢰즈는 진정한 창조란 기존의 일치가 산산이 깨어진 이후에야 비로소 가능한 것임을 시사한다. 따라서 들뢰즈가 (리오타르와 더불어) 랑시에르에게 제기할 수 있는 최종적인 물음은 다음과 같을 것이다. '감성의 새로운 분할'은 유희가 제공하는 이러저러한 일치 속에서가 아니라 숭고와 더불어 그러한 일치 자체를 파괴할 때 비로소 가능한 것이 아닐까? 발생론적 관점은 칸트 미학에 대한 현대적 계승이 '미의 분석학'이나 '숭고의 분석학'에 국한되지 않게 해준다. 들뢰즈는 숭고를 특히 감성의 초월적 실행과 결부시켜 그 중요성을 강조하는 한편, 그러한 실행의 이전(기호의 배움, 감각의 교육)과 이후(신체의 윤리, 예술과 일상적 삶의 연관)를 체계적이고 포괄적으로 고려한다. 이 점은 이후의 논의를 통해 분명하게 드러날 것이다.

---

42) 이 표현은 들뢰즈의 것이다. "영원회귀(retour éternel)의 원환, (동일자와 모순적인 것의 원환을 무너뜨리는) 차이와 반복의 원환은 어떤 일그러진 원환이다. 이것은 차이 나는 것을 통해서만 같음을 언명한다"(DR 80/147).

2. 칸트 감성론에서 들뢰즈 감각론으로

신칸트주의자들, 특히 마이몬과 요한 고틀리프 피히테Johann Gottlieb
Fichte는 칸트에게 근본적인 반론을 제기했다. 즉 칸트는 발생론적 방법
에 대한 요구를 무시했다는 것이다. [……] 하지만 미학을 다룬『판단력
비판』에서 칸트는 능력들의 최초의 일치 속에서 그것들의 발생에 관한
문제를 제기한다. 이를 통해 그는 앞선 두 비판에 결여되어 있던 궁극적
인 근거를 발견한다. 비판 일반은 단순한 조건화이기를 그치고, [……] 선
험적인 발생이 된다. (ID 86)

들뢰즈가 보기에, 칸트가 '발생론적 방법에 대한 요구를 무시했다'는
신칸트주의자들의 반론은 정당하지 않다. 세 번째 비판을 통해 칸트는 조
건화의 관점에 머물렀던 앞선 두 비판을 발생론적 관점에서 근거 짓기 때
문이다. 그런데 놀라운 것은『차이와 반복』의 한 대목에서 들뢰즈가 (정
반대의 입장에서 다시 한 번 마이몬을 원용하면서) 칸트에게서 '발생론적 요
구가 포기되고 있다'고 말한다는 사실이다.[43] 이 외견상의 모순을 해소하

---

43) "마이몬은 개념과 직관을 대립시키는 칸트의 이분법을 넘어서고자 하고, 그런 가운데 비판
철학을 근본적으로 재편하고자 한다. 그와 같은 이분법에 매달렸기 때문에 우리는 외생적 기
준에 의존하여 규정 가능성을 생각했고, 규정 가능한 것(순수 소여로서의 칸트적 공간)과 규
정(사유로서의 개념) 사이에는 어떤 외면적 관계만을 설정하게 되었다. 개념과 직관이 도식
의 매개를 통해 상호 적응하게 된다는 생각은 어떤 역설을 심화시키고 있을 뿐이다. 그것은
곧 능력들에 관한 이론에서 나타나는 역설, 능력들 사이에는 단지 외면적 조화만이 성립한다
는 역설이다. 초월론적 심급이 단순한 조건화나 정당화의 문제로 환원되고, 모든 발생론적 요구
가 포기되는 것은 그런 역설에서 비롯된다"(DR 224~225/380. 번역 일부 수정). 여기서 중요한
논점은 칸트에게서 직관과 개념, 감성과 지성의 관계에 있다. 우리는 3장에서 양자의 이질성,

려면, 들뢰즈가 칸트 철학을 어떤 점에서는 발생론적이라고 평가하고, 다른 어떤 점에서는 그렇지 않다고 평가하는지를 설명해야 한다. 한편으로, 『칸트의 비판철학』과 「칸트 미학에서 발생의 개념」에서 발생의 대상은 무엇인가? 앞서 살펴보았듯이, 그것은 능력들 간의 일치다. 다른 한편, 『차이와 반복』에서 발생의 대상은 무엇인가? 칸트에게서 여전히 '조건화의 문제'로 남아 있는 대상, 그와 관련해서 '모든 발생론적 요구가 포기되고 있는' 대상, 그것은 "초월론적 심급" 혹은 "실재적 대상들이 산출되는 원천"(DR 225/380)이다.[44] 그런데 들뢰즈가 보기에,

우리는 감성적인 것 안에서도 오로지 감각밖에 할 수 없는 것, 곧 감성적인 것의 존재l'être *du* sensible 자체를 직접적으로 포착할 수 있다. 그때 감성론은 실로 초월론적 성격을 띠게 되고, 감성론은 절대적으로 확실한 분과학문이 된다. 여기서 감성적인 것의 존재는 차이, 누승적 잠재력을 띤 차이, 질적 잡다의 충족이유인 강도적 차이différence d'intensité 등을 뜻한다. (DR 79~80/145. 강조는 원문, 번역 일부 수정)

여기서 중요한 것은 '감성적인 것'과 '감성적인 것의 존재'의 구별인데,[45] 전자는 감성에 주어진 질적 잡다에 해당하며 후자는 앞서 언급되었

외면적 관계, 그 관계의 매개자인 도식 등에 관한 마이몬의 비판을 그의 라이프니츠적인 칸트 해석과 더불어 살펴볼 것이다.

44) 앞서의 칸트 해석을 염두에 둔다면, 이 점을 다음과 같이 말할 수도 있다. 칸트는 능력들의 관계 문제와 관련해서 '일치의 조건화'를 넘어 '일치의 발생'으로 나아갔다. 하지만 그는 이러한 문제의식을 실재적 대상의 발생에 적용하지는 않았다.

던 '초월론적 심급', '실재적 대상들이 산출되는 원천'에 해당한다. 먼저 '감성적인 것'은 ① 어떤 대상에 귀속될 수 있는 것으로서, ② 감성의 형식, 상상력의 도식, 지성의 범주 등 상이한 인식능력들의 협력과 조화를 통해 재인된다. 그에 반해, '감성적인 것의 존재'는 ① "주어진 소여[所與]가 아니며 오히려 그것을 통해 소여가 주어지는"(DR 182/312) 그 무엇이다. 따라서 그것은 '감성적인 것의 존재'라고, 보다 정확하게는 '질적 잡다의 충족이유'라고 불린다. 그런데 그것은 ② 우리가 마주치지만[rencontrer] 재인할 수는 없는 그 무엇, 따라서 감각밖에 할 수 없는 그 무엇이다. 들뢰즈는 그것을 강도적 차이 혹은 간단히 강도라고 부르면서, 그것을 포착하는 일을 감성론이 초월론적 성격을 갖추기 위한 과제로 내세운다. 3장에서 본격적으로 살펴보겠지만, 들뢰즈는 존재에서 존재자로 가는 이행을 (칸트 식의 가능한 경험의 조건이 아니라) 실재적 경험의 조건과 관련하여 탐구하고자 한다. 이를 통해 들뢰즈는 칸트의 발생론적 문제의식을 계승하는 한편, 그것을 실재적 대상의 발생에 적용하여 감성론을 '절대적으로 확실한 분과학문'으로 만들려는 것이다.

그런데 이러한 논의에 앞서, 여기서 검토해야 할 중요한 문제가 있다. 그것은 칸트의 감성론이 어떤 이유에서 '감성적인 것의 존재'를 포착할 수 없었는지, 그리고 이를 극복하기 위해서는 감성론이 어떤 방향으로 나아

---

45) 이러한 구별은 마르틴 하이데거(Martin Heidegger)의 존재와 존재자의 구별, 즉 이른바 존재론적 차이를 연상시킨다. 실제로 들뢰즈는 하이데거의 존재론적 차이를 일종의 주름으로, "'드러냄'과 '감춤'의 이중 운동 안에서 존재가 존재자를 형성하는 방식"(DR 90/160)으로 이해한다. 즉 그가 보기에, 존재론적 차이는 존재가 존재자를 개봉하고 또 봉인하는 주름 운동에 다름 아니다.

가야 하는지의 문제다. 이 문제는 다음의 두 측면과 관련된다. 첫 번째 측면은 칸트가 지성과 감성을 구별하면서 전자에 능동성을, 후자에 수동성을 할당하고 있다는 사실과 관련된다. 이러한 할당에 맞서, 들뢰즈는 지성의 표상적·의식적·자발적 종합의 기저에 감성의 비표상적·무의식적·비자발적 종합이 있음을 주장한다. 이러한 주장은 칸트가 수동적인 것으로 간주했던 감성이 어떤 역설적인 능동성을, 다시 말해 어떤 수동적 종합[46]의 능력을 지니고 있음을 함축한다. 이후 자세히 살펴보겠지만, 들뢰즈의 감성 개념과 관련해서 이는 다음을 시사한다. ① 감성의 영역은 인식을 위한 감각기관의 활용에 국한되는 것이 아니라 무의식의 조직화는 물론 유기체의 동화작용이나 호흡작용까지 아우른다. ② 감성의 활동은 표상의 단계에서 의식적·자발적으로 이루어질 뿐만 아니라 표상 아래의 단계에서 무의식적·비자발적으로도 이루어진다. 다른 한편, 두 번째 측면은 칸트 인식론의 기본구조에 해당하는 형상질료 도식과 관련된다(현상의 질료와 형식, 인식의 질료와 형식). 그런데 들뢰즈가 보기에, 이 도식은 감성이 포착해야 할 대상인 '감성적인 것의 존재'에 비해 지나치게 크고 일반적이다. 따라서 그는 시몽동의 형상질료 도식 비판을 활용하여 이 성긴 그물을 보다 촘촘하게 매듭짓고자 한다. 이제 이 두 측면을 차례대로 살펴보기로 하자.

---

46) 이 용어는 원래 후설의 것이다. 칸트와 마찬가지로, 후설에게서도 종합은 흘러가는 잡다를 통일하는 데서 성립한다. 하지만 후설이 지적하듯이, 주사위와 같은 대상을 볼 때 우리는 그것의 앞모습을 현실적으로 의식할 뿐만 아니라 보이지 않는 그것의 옆모습과 뒷모습도 잠재적으로 의식한다. 전자의 종합은 자아의 능동적인 작용이지만 후자의 종합은 자아의 관여 없이 저절로 생긴다는 점에서 수동적이며, 그런 점에서 무의식의 활동에 비길 만한 것이다. 기다 겐·노에 게이이치·무라타 준이치·와시다 기요카즈 엮음, 『현상학사전』, 이신철 옮김, 도서출판b, 2011, 191~192쪽 참조.

1) 감성의 수동적 종합

『차이와 반복』에서 들뢰즈는 칸트가 데카르트적 코기토에 가한 혁신을 높이 평가한다. 들뢰즈가 보기에, 르네 데카르트^{René Descartes}는 '나는 생각한다'와 '나는 존재한다' 사이에서 후자가 어떻게 전자에 의해 규정될 수 있는지를 설명하지 못했다. 하지만 칸트는 규정과 미규정, 사유와 실존을 연결해 주는 규정 가능성의 형식을 덧붙이는데, 그것이 바로 내감^{sens intime}의 형식인 시간이다(DR 116/202). 이 대목에서 들뢰즈는 규정하는 사유를 나^{Je}라고, "감성적이고 [나에 의해] 규정되는 것"[47]을 자아^{moi}라고 칭하면서 칸트에게서 자아가 수동적인 것으로 간주되고 있음을 지적한다. 자아는 나의 능동성을 "창출한다기보다 그 능동성의 효과를 느끼며, 능동성을 자신 안의 어떤 타자로 체험"(DR 117/203)하기 때문이다.

> 수동적 자아를 단순한 수용성을 통해 정의하는 칸트는 감각들을 오로지 표상의 선험적 형식에만 관계시키고, 이 형식은 공간과 시간으로 규정된다. 여기서 감각들은 이미 완료된 것으로 주어진다. 이런 이론을 통해 칸트는 공간을 점진적으로 구성하는 길을 차단하는 가운데 수동적 자아를 단일화했고, 이 수동적 자아에게서 모든 종합의 능력을 박탈했다(종합은

---

47) "'나는 생각한다'는 것은 나의 현존재를 규정하는 작용을 표현한다. 그러므로 이것을 통해 나의 현존재는 이미 주어지지만, 그러나 내가 나의 현존재를 규정하는 방식, 곧 내가 나의 현존재에 속하는 잡다를 내 안에 어떻게 세울 것인가 하는 방식은 이것을 통해 주어지지 않는다. 그것이 주어지기 위해서는 하나의 선험적으로 주어지는 형식, 곧 감성적이고 [나에 의해] 규정되는 것의 수용성에 속하는 것인 시간을 기초로 한 자기 직관이 필요하다"(이마누엘 칸트, 『순수이성비판』, 백종현 옮김, 아카넷, 2009, 364쪽(KrV B157). 번역 일부 수정, 이하 이 책을 인용할 경우, KrV로 약칭하고 A판 또는 B판의 쪽수와 함께 본문에 삽입한다).

능동성의 몫으로 돌아간다). (DR 130/224)

칸트에게서 자아의 역할은 시간과 공간이라는 선험적 형식을 통해 자신에게 주어진 감각적 잡다를 받아들이는 데 있다. 그런데 이 과정에서 칸트는 세 가지 종합, 즉 ① 주어진 잡다를 일별하여 한순간에 종합하는 직관의 포착, ② 일별한 잡다의 여러 표상을 흐르는 시간 속에서 종합하는 상상력의 재생reproduction, ③ 종합된 표상들을 하나의 개념 아래 복속시키는 재인을 모두 나의 능동성에 귀속시킨다. 이는 다음의 두 귀결을 낳는다. 먼저, 감각적 잡다의 종합에 전혀 관여할 수 없다는 점에서 자아는 수동적인 것으로, 즉 단순한 수용성으로 규정된다. 다음으로, 일체의 종합이 불가능한 자아의 입장에서 볼 때 감각적 잡다는 이미 완성되어 주어지는 것으로 간주된다.

하지만 이어지는 인용문 후반부의 논의를 뒤집어 읽어 보면, 감각을 다르게 이해할 수 있는 가능성, 보다 정확히 말하자면 감각을 발생론적으로 이해할 수 있는 가능성이 발견된다. 만약 신체적 공간을 '점진적으로 구성하는' 길을 열어 주는 가운데 수동적 자아를 '복수화'한다면, 그리고 그 복수의 자아들에게 어떤 종합의 능력을 부여한다면 말이다. 『차이와 반복』 2장에서 들뢰즈는 바로 이러한 가능성을 타진한다. 그 결과 그는 나에게 귀속된 세 가지 능동적 종합의 기저에 자아가 수행하는 세 가지 수동적 종합이 있음을 발견하는데, 그것들은 각각 습관habitude, 기억mémoire, 영원회귀와 관련해서 설명된다. 그중 우리가 특히 주목하는 것은 습관의 수동적 종합인데, 그것은 포착과 재생의 기저에서 그 능동적 종합들을 근거 짓는 것으로 나타난다. 수동적 종합이 중요한 까닭은 그것이 지성의 능동성과 감성의 수동성이라는 이원적인 틀을 넘어 보다 심층적인 감성론의 가능성을 보여 주기 때문이다.

습관의 수동적 종합에 관한 들뢰즈의 논의는 베르그손의 기억 이론으로 흄의 습관 이론을 재해석하는 방식으로 시간론의 차원에서 이루어지며, 프로이트가 말하는 이드^{ça}의 조직화 과정을 사례로 감성론의 차원으로 확대된다. 먼저 시간론의 차원에서 습관의 수동적 종합을 이해하기 위해 흄이 제시하고 베르그손이 원용했던 다음의 사례를 살펴보자. 회중시계의 추가 흔들리고 있다. 반복되고 있는 대상인 추, '순간적 정신'에 불과한 추 안에서는 아무런 변화도 일어나지 않는다. 하지만 그것의 반복을 응시하는 정신 안에서는 어떤 변화가 일어난다(DR 98/173).

아무것도 변화시키지도 발견하지도 산출하지도 않은 채 반복되는 대상과 관련하여 반복을 고찰하는 대신 반복을 응시하면서^{contempler} 자기 안에 어떤 새로운 인상을 산출하는 정신 안에서 반복을 고찰한다면, 반복은 어떤 진전이 되고 심지어는 어떤 생산이 된다. 이 새로운 인상이란 "우리의 사유를 한 대상에서 다른 대상으로 가져가는",[48] "과거를 미래로 이전시키는 규정",[49] 기대, 경향성이다. (ES 65)

추 운동의 두 계기인 틱-탁은 끊임없이 반복되지만 매번 반복과 동

---

48) David Hume, *Traité de la nature humaine*, vol. 1, trad. André Leroy, Paris: Les Éditions Aubier-Montaigne, 1946, p. 251(인용문의 원주).
49) *Ibid.*, p. 217(인용문의 원주).

시에 사라진다. 따라서 그것은 아무것도 '변화시키지도, 발견하지도, 산출하지도' 않는다. 하지만 그것을 '응시하는 정신'[50] 안에서는 어떤 변화가 일어나는데, 그것은 앞선 인상을 새로운 인상이 나타날 때까지 보존하면서 전자를 후자에게로 당겨와 수축하기^{contracter} 때문이다. 이러한 설명방식은 베르그손적이다. 그에 따르면, 기억에는 두 가지 형식이 있다. 하나는 직접적인 지각의 바닥을 기억의 천으로 덮는 기억이고, 다른 하나는 다양한 순간들을 수축시키는 기억이다(B 45~46). 후자의 경우 "뒤따르는 순간은 [……] 앞선 순간이 자신에게 남겨 준 기억을 항상 간직"[51]하면서 그 것을 현재로 수축한다. 여기서 수축은 "응시하는 영혼 안에서 계속 이어지는 틱-탁들의 융합"(DR 101/177)으로서, 일종의 수동적 종합이다. 그것은 구성적이지만(종합), 기억이나 지성의 의식적 활동이 수행하는 능동적인 것은 아니기(수동적) 때문이다. "기억이나 지성의 능동적 종합"이 수동적 종합이 제공하는 질적인 인상에서 시작된다는 점에서, 들뢰즈는 그것이 "수동적 종합과 중첩되고, 또 [……] 수동적 종합에 의존"한다고 말한다(DR 98/173).

다른 한편, 수동적 종합은 습관을 수축하는(습관을 들이는)^{contracter und habitude} 기제이기도 하다. 수동적 종합으로 인해 우리는 '틱'이 '탁'으로 이어지고 '탁'이 다시 '틱'으로 이어지리라는 비자발적인 기대를 갖게 되며, 그러한 기대에 기반해서 삶을 일정한 패턴으로 조직하기 때문이다.

---

50) '사유하는 정신'이 아님에 주의하라. 『차이와 반복』에서 들뢰즈는 '응시하는 영혼'이라는 표현을 사용한다(DR 101/177).

51) Henri Bergson, *La pensée et le mouvant, Œuvres*, Paris: PUF, 1959(2001), p. 1398.

심장, 근육, 신경, 세포 등에는 어떤 영혼이 있다고 해야 한다. 하지만 이 영혼은 응시하는 영혼이며, 이 영혼의 모든 역할은 습관을 수축하는[습관을 들이는] 데 있다. [……] 습관은 여기서 자신의 충만한 일반성을 드러낸다. 이 일반성은 우리가 (심리학적으로) 가지는 감각-운동의 습관들에만 관련되는 것이 아니다. 그것은 무엇보다 우리 자신의 존재인 원초적 습관들에 관련되어 있고, 우리를 유기적으로 형성하는 수천의 수동적 종합들에 관련되어 있다. (DR 101/178)

들뢰즈가 보기에, 자아는 칸트가 말하듯 "단순히 수동성에 의해, 다시 말해서 감각작용들을 받아들이는 능력에 의해"(DR 107/187) 규정되는 것이 아니다. 그것은 감각작용에 앞서 그것의 실행 가능성 자체를 제공하는 유기체의 수준에서 규정된다. 보다 정확하게 말하자면, 그것은 유기체 곳곳에 흩어져 있는 수많은 영혼들, 응시하고 수축하는 영혼들(국소적 자아 혹은 애벌레 주체sujet lavaire)에 의해 규정된다. 따라서 수동적 자아는 단일한 것이 아니며, 세포와 기관 등 유기체의 점증하는 복잡성을 구성하는 여러 수준에서 크고 작은 국소적 자아들로 하나의 체계를 이룬다.

습관의 일반성을 구축하는 이런 국소적 자아들의 체계는 무의식의 조직화에서도 발견된다. 들뢰즈에 따르면, 「쾌락원칙을 넘어서」(1920)에서 프로이트는 능동적 종합의 원리인 쾌락원칙principe de plaisir 너머에서 그 원칙 자체를 조건 짓는 수동적 종합을 발견한다. 들뢰즈는 여기서 발견되는 생리학적 혹은 생물학적 통찰에 기반해서 수동적 종합을 감성론으로 확대하는 한편, 그것이 칸트의 감성론보다 심층적인 것임을 시사한다.

본격적인 논의에 앞서, 지금부터 사용될 '넘어서'라는 표현을 잠시 설명해 두는 편이 좋겠다. 이 표현은 프랑스어 au-delà를 번역한 것이지만, 쾌락원칙을 중심에 두고 상이한 두 방향을 나타낸다. 프로이트가 이 책을 쓴 것은 쾌락원칙이나 현실원칙으로 설명되지 않는 불쾌의 반복, 즉 전쟁신경증(외상 후 스트레스 장애)에서 나타나는 반복강박을 설명하기 위해서였다. 이를 위해 프로이트는 과거의 상태, 여기서는 무기물의 상태로 회귀하려는 생명의 경향성을 도입하는데, 그것이 바로 죽음충동이다. 따라서 첫 번째 의미의 '넘어서'는 "쾌락원칙보다 더 원초적이고 그 원칙으로부터 독립되어 있는"[52] 죽음충동이 쾌락원칙을 거슬러 그것의 성립 이전으로 돌아가는 방향을 가리킨다. 다른 한편, 두 번째 의미의 '넘어서'는 쾌락이 하나의 원리로 성립되기 위해 요구되는 자극이나 흥분들의 조직화, 그리고 그 조직화의 과정에서 "쾌락이 실제적으로 원칙이 될 수 있는 조건들에 대한 규정"(DR 128/221)을 뜻한다. 따라서 그것은 쾌락원리 이전의 국소적인 흥분들이 쾌락원칙의 성립으로 나아가는 방향을 가리킨다.

「쾌락원칙을 넘어서」에서 프로이트는 쾌와 불쾌를 "마음속에 존재하나 어떤 방식으로도 '묶이지' 않은 흥분의 양"[53]과 연결시키면서 불쾌를 그 양의 증가로, 쾌를 그 양의 감소로 규정한다. 이 묶이지 않은 흥분들의 무정부적인 할당과 해소가 바로 이드의 첫 번째 층위에 해당한다. 그러나 쾌락이 원리의 반열에 오르기 위해서는 이 무정부적인 흥분들을 체계적으로 조직화하는 층위, 즉 이드의 두 번째 층위가 있어야 한다. 이러한 흥

---

52) Sigmund Freud, "Beyond the Pleasure Principle", *The Standard Edition of the Complete Psychological Works of Sigmund Freud*, trans. James Strachey, London: Hogarth Press and Institute of Psycho-Analysis, 1953~1974, p. 3722.
53) Ibid., p. 3716.

분들이 서로 묶여 특정한 신체 부위를 중심으로 고정되어야 하며, 이를 통해 의식적으로 해소될 수 있어야 하는 것이다.[54] 그럴 경우에만 우리는 이미 획득했던 쾌락을 다시 획득하고자 시도할 수 있으며, 그때 비로소 쾌락원칙이 삶을 조직하는 원리로 기능할 수 있기 때문이다.

> 차이로서의 흥분은 그 자체로 이미 어떤 요소적 반복의 수축이었다. 이번에는 흥분이 다시 반복의 요소가 되므로, 수축하는 종합은 어떤 이차적 역량으로 고양된다. 리비도 집중들, 묶기나 통합들, 이것들은 수동적 종합들이자 이차적 등급의 응시-수축들이다. 충동들은 묶인 흥분들 이외에 아무것도 아니다. (DR 129/222)

여기서 묶이지 않은 흥분과 묶인 흥분은 각각 이드의 두 층위 혹은 응시-수축의 두 등급에 상응한다. 그리고 이 양자 사이에서 벌어지는 "이드의 조직화, 그것은 바로 습관의 조직화"(DR 129/223)다. 이 조직화는 쾌락원칙의 저편에서 쾌락원칙의 성립을 향해 나아가는 동시에 그것의 적용 가능성 자체를 근거 짓는다.[55] 그런데,

---

54) "우리가 발견한 바에 따르면, 정신기관의 가장 근원적이고 가장 중요한 기능들 중 하나는 자신에게 영향을 미치는 본능적 충동들을 묶고 그 충동들 속에서 드러나는 1차적 과정을 2차적 과정으로 대체하여 그 충동들의 자유롭고 유동적이며 리비도 집중된(carthetic) 에너지를 주로 정지된(긴장성의) 리비도 집중으로 변환시키는 데 있다. [……] 그 변형 과정은 쾌락원칙을 위해서 일어난다. 그 묶기는 쾌락원칙의 영역을 도입하고 보증하는 예비적 행위다"(Ibid., p.3761).

55) 포크너는 쾌락원칙과 습관의 관계 문제와 관련하여 프로이트와 들뢰즈의 차이점을 지적한다. 그에 따르면, 프로이트는 들뢰즈 식으로 습관에서 쾌락원칙으로 나아가는 것이 아니라 오히려 습관을 쾌락원칙에 종속시킨다. 그러나 들뢰즈의 입장에서 보자면, "유기체의 욕구

이 최초의 '넘어서'는 이미 일종의 초월론적 감성론을 구성하고 있다. 만일 이 감성론이 우리에게 칸트의 감성론보다 심층적인 것으로 나타난다면, 이는 다음과 같은 이유들 때문이다. […] 우리는 수용성이 국소적 자아들의 형성을 통해, 응시나 수축의 수동적 종합을 통해 정의되어야 한다는 사실을 보여 주고자 했다. 이 수동적 종합들은 감각들을 경험할 수 있는 가능성은 물론 감각들을 재생하는 역량, 그리고 쾌락이 장악한 원리의 지위를 동시에 설명할 수 있는 출발점이다. (DR 130/224~225. 번역 일부 수정)

시간적으로 '최초의' 것에 해당하는 '넘어서', 즉 두 번째 의미의 '넘어서'는 어떤 점에서 칸트의 감성론보다 심층적인가? 이는 감성이 단순한 수용성이 아니며 그 수용성 자체를 근거 짓는 일련의 수동적 종합과 그 종합들의 체계적 조직화를 통해 규정되어야 한다는 사실을 그것이 보여 주기 때문이다. 수동적 종합이 칸트에게서 포착과 재생의 가능성을, 그리고 프로이트에게서 쾌락원칙의 성립을 설명해 준다고 들뢰즈가 말하는 것은 바로 그런 이유 때문이다.[56]

가 무엇이 쾌락을 가져다줄지를 결정하는 것이지, 쾌락이 유기체의 욕구를 결정하는 것은 아니다." 따라서 "수축의 '습관'은 쾌락원칙 이전에 오는 것이며 쾌락은 우리의 습관을 추동하는 것처럼 보일 뿐이다"(Keith W. Faulkner, *Deleuze and the Three Syntheses of Time*, New York: Peter Lang Publishing, 2006, p. 62).

56) 포크너는 프로이트의 『과학적 심리학 초고』(1895)를 원용하면서, 칸트가 말하는 세 가지 능동적 종합에 상응하는 세 가지 수동적 종합을 재구성하고 그에 대한 유기체적 설명을 시도한다. 그에 따르면, 포착의 종합을 근거 짓는 수동적 종합은 뉴런들 사이의 조직화를 규제하는 촉진(facilitation)과 관련해서, 재생의 종합을 근거 짓는 수동적 종합은 과거와 현재의 공명을 일으키는 사후작용(deferred action)과 관련해서, 재인의 종합을 근거 짓는 수동적 종합은 언

다른 한편, 들뢰즈는 프로이트가 무의식을 이해하는 방식 속에서 양자택일을 요하는 어떤 심층적인 동요를 발견한다. 그것은 다음과 같은 물음으로 정식화될 수 있다. 무의식은 대립적인 표상들로 이루어져 있는가, 아니면 미시적 요소들을 묶어 내는 계열들로 이루어져 있는가?[57] 수동적 종합 이론이 시사하는 바에 따르면, 이러한 양자택일과 관련해서 들뢰즈는 "라이프니츠의 이론이 이미 가리키고 있는"(DR 143/246) 방향을 따라 분명하게 후자의 입장을 취한다. 즉 무의식은 아직 의식되지 않은 미시적 흥분들과 그것들을 묶어 내는 계열들, 그 계열들에 상응하는 국소적 자아들로 이루어진 체계다. 그로부터 다음과 같은 이중의 발전 과정이 나타난다(DR 130~131/225). 한편으로, 묶인 흥분을 하나의 정립된 대상으로 표상하고 그것을 의식적으로 요구할 수 있게 해주는 능동적 종합이 생겨난다. 다른 한편으로, 국소적 자아들을 망라하면서 자신을 이드와 구별하는 큰 자아, 즉 현실원칙에 따른 판단을 가능하게 해주는 총괄적 자아가 생겨

어적 규정 자체를 가능케 하는 부정법(l'infinitif) 동사와 관련해서 설명될 수 있다(*Ibid.*, pp. 14~28).

57) "무의식은 서로 대립하는 커다란 표상들의 무의식인가 아니면 분화된 미세 지각들의 무의식인가? [······] 프로이트는 전적으로 헤겔적 성격을 띤 후기 칸트주의의 입장에, 다시 말해서 대립적 무의식의 편에 서 있다. 하지만 그런 프로이트가 왜 라이프니츠의 추종자인 페히너(Gustav Theodor Fechner)를 그토록 존경하고 왜 그가 '징후학자'로서 보여 준 세밀한 변별력에 그토록 커다란 경의를 표하는 것일까?"(DR 143/245~246) 실제로 프로이트는「쾌락원칙을 넘어서」의 서두에서 페히너의 발생론적 가설을 원용하는데, 그것은 라이프니츠 지각 이론(미세 지각에서 의식적 지각으로의 이행)의 영향을 분명하게 보여 준다. "의식의 문턱을 넘어 솟아오르는 모든 심리적-물리적 운동은 특정한 한계를 넘어 완전한 안정성에 접근하는 데 비례해서 쾌를 수반하게 되며, 특정한 한계를 넘어 완벽한 안정성에서 벗어나는 데 비례해서 불쾌를 수반하게 된다. 반면 쾌와 불쾌의 질적인 문턱으로 묘사될 수 있는 두 한계 사이에는 특정한 감성적 무관심의 여백이 존재한다"(Freud, "Beyond the Pleasure Principle", p. 3716).

난다. 그런데 흥미롭게도 이 대목에서 들뢰즈는 무의식이 "미분적이고 미세 지각들로 이루어져 있다"(DR 143/246)라고 말한다. 여기서 '미세 지각'은 국소적 자아가 응시하고 수축하는 대상이자 총괄적 자아의 수준에서는 의식되지 않는 대상을 가리키며, '미분적'이란 이러한 미세 지각들이 맺는 상호관계, 의식적 지각의 발생을 야기하는 관계를 가리킨다. 이후 확인하게 되겠지만, 이 두 용어는 지금까지 살펴본 들뢰즈의 감성론과 3장에서 살펴보게 될 그의 지각론을 이어 주는 핵심적인 연결고리에 해당한다.

결론적으로, 우리는 수동적 종합이 감성론에 가져다주는 변화를 다음과 같이 정리할 수 있다. 먼저 그것은 능동적인 지성과 수동적인 감성의 단순한 이분법에 문제를 제기하면서, 전자의 능동적 종합이 후자의 수동적 종합에 깊이 의존하고 있음을 보여 준다. 다음으로 그것은 감성이 균일한 시공간의 형식으로 이미 완성되어 주어지는 것이 아니라 (유기체와 무의식의 경우에서 보듯이) 이질적 요소들의 국지적 조직화를 통해 체계적으로 산출되는 것임을 보여 준다. 마지막으로 그것은 국소적 자아에서 총괄적 자아로 나아가는 발생론적 관계를 함축하는데, 이는 그의 감성론과 지각론 사이의 이론적 정합성을 보여 준다. 3장에서 자세히 다루게 되겠지만, 그의 지각론은 국소적 자아의 대상인 미세 지각에서 총괄적 자아의 대상인 의식적 지각으로 나아가기 때문이다.

2) 형상질료 도식 비판: 변조와 불균등화

형상질료 도식은 벽돌이나 의자와 같은 단순한 물건의 제작뿐만 아니라 생명체의 탄생과 성장, 개념적 인식의 성립을 설명하는 데까지 널리 활용된다. 시몽동이 지적하듯, 이는 그 도식이 "놀라운 일반화의 능력"[58]을 지니고 있기 때문이다. 형상질료 도식으로 사물과 생명체의 개체화를 설명하는 사례는 그 도식의 창안자인 아리스토텔레스에게서 이미 나타나며, 그것으로 개념적 인식을 설명하는 사례는 대표적으로 칸트에게서 나타난다.[59] 앞서 언급했듯이, 칸트가 말하는 개념적 인식은 감성에 주어진 감각 정보에다 두 차례에 걸쳐 형상질료 도식을 적용함으로써 성립된다. 앞서 2장 2절의 1)에서 우리는 칸트가 바로 이러한 도식에 기반해서 지성에 능동성을, 감성에 수동성을 할당했음을 지적한 바 있다. 여기서는 이러한 할당에서 한발 더 나아가, 그 할당이 이루어지는 형상질료 도식 자체를 검토할 것이다.

1978년 발표한 짧은 텍스트 「들리지 않는 힘들을 그 자체로 들리게 하기」에서 들뢰즈는 "우리는 더 이상 질료-형상의 용어로 사유하지 말 것을 사방에서 요구받고 있다"(RF 145)라고 말한다. 이러한 문제제기는 형상질료 도식이 그 텍스트의 주제인 피에르 불레즈Pierre Boulez의 음악을 다루기에 적합하지 않기 때문만은 아니다. 보다 정확히 말해, 이는 그 문제제기가 사유 일반의 패러다임 전환에 대한 요구로서, 감성론과 예술론 또

---

58) 시몽동, 『형태와 정보 개념에 비추어 본 개체화』, 68쪽.
59) 시몽동은 칸트 인식론을 형상질료 도식의 한 변형으로 간주하면서 다음과 같이 비판한다. 인식에는 선험적 형식도 후험적 질료도 존재하지 않으며, 양자는 일종의 가상(illusion)에 불과하다. 선험적 형식이라는 가상이 생겨나는 이유는 다음과 같다. 사실 선험적 형식은 인식의 개별화 작용 속에서 산출되지만, 사람들은 그것이 개별화 작용에다 전체성을 부여하는 조건으로서 그 작용에 앞서 미리 존재해야 한다고 생각한다. 후험적 질료라는 가상이 생겨나는 이유는 다음과 같다. 사람들은 감성의 개별화 작용(시공간적 변양)을 통해 주어지는 실재성이 그 작용 자체보다 열등하다고, 따라서 그 작용을 통해 개별화에 준하는 질서를 부여받아야 한다고 생각한다. 앞의 책, 54쪽 참조.

한 그 예외가 될 수 없기 때문이다. 요컨대 형상질료 도식은 사유 일반은 물론 감성론 및 예술론과 관련해서도 이미 그 유효성을 상실했다는 것이다. 이러한 요구에 부응하여, 이제 들뢰즈는 "형상-질료의 쌍"을 "힘-재료의 쌍으로 대체"(RF 145)하고자 한다.

들뢰즈가 이렇듯 사유 일반의 패러다임을 전환하는 데 있어 핵심적인 역할을 수행하는 것이 바로 시몽동의 변조 개념이다. 이 개념은 원래 형상질료 도식을 넘어서는 새로운 개체화 원리principe d'individuation를 탐구하는 과정에서 제시된 것이다. 시몽동이 보기에, 형상질료 도식의 문제점은 개체화를 이끄는 원리를 개체화 작용의 외부에서 찾는다는 데 있다. 여기서 개체화 원리로 상정되는 것은 형상인데, 그것은 개체의 외부에서 이미 완성되어 주어지는 것으로 간주된다. 그러나 시몽동에 따르면, 진정한 개체화 원리는 개체화가 이루어지는 작용 자체에 있으며 변조란 바로 그 작용을 가리키는 용어다. 굳이 형상과 질료라는 용어를 사용해서 설명해보자면, 변조는 힘의 교환을 통해 형상과 질료에 동시적인 변화가 일어나고 그로 인해 일련의 형태들이 연속적으로 산출되는 과정을 가리킨다. 들뢰즈 식으로 말하자면, 변조는 '힘에 의한 재료의 변형'이며 이 연속적인 변형의 일시적 산물이 바로 형태인 것이다.

앞서 언급한 사유 패러다임의 전환을 염두에 두면서, 이제 ① 아리스토텔레스의 형상과 질료 개념, ② 시몽동의 형상질료 도식 비판과 변조 개념, ③ 들뢰즈의 변조 개념 수용과 그로 인한 감성론과 예술론의 변화, 이상의 세 논점을 차례로 살펴보도록 하자.

생겨나는 것들 중 어떤 것들은 자연nature에 의해, 어떤 것들은 기술art에 의해, 그리고 어떤 것들은 저절로^{spontaneously} 생겨난다. 그런데 생겨나는 모든 것은 어떤 것의 작용에 의해 어떤 것으로부터 어떤 것이 된다.[60]

아리스토텔레스에 따르면, 생성은 그 원인에 따라 ① 자연적 생성, ② 기술적 생성, ③ 자발적 생성, 이렇게 세 종류로 구별된다. 하지만 『형이상학』 7장 전체의 논의를 염두에 둔다면, 이 구별은 다소 수정될 필요가 있다. 자발적 생성은 그 원인이 자연이나 기술이 아님에도, 자연적 생성이나 기술적 생성과 동일한 산물이 생겨나는 경우를 일컫는 것이기 때문이다.[61] 따라서 결국 생성은 ① 자연적 생성, ② 기술적 생성의 두 가지로 나누어지며, 이것들은 다시 각각 i) 자연 또는 기술의 규칙성에 따라 이루어지는 경우와 ii) 저절로 이루어지는 경우로 나누어진다. 이 두 종류의 생성은 생성 일반의 공통구조를 공유하는데, 위의 인용문에서 그것은 다음의 세 계기를 통해 제시된다. ① '어떤 것으로부터' ② '어떤 것의 작용에 의해' ③ '어떤 것이 된다'.

먼저, '어떤 것으로부터'라고 표현된 계기는 질료인이다. 질료인은 "어떤 것 안에 들어 있는 물질로서 그것으로부터 어떤 사물이 존재하게 될 수 있는 것"[62]을 뜻하며, 예컨대 의자를 만드는 데 쓰이는 나무가 여기에 해당한다. 다음으로, '어떤 것의 작용에 의해'라고 표현된 계기는 작용

---

60) Aristotle, *Metaphysica*, trans. W. D. Ross, New York: Random House, 19-, 1032a 13.

61) 예컨대 의사는 환자의 배를 손으로 문질러 열을 발생시킴으로써 환자의 건강을 회복시키지만(기술적 생성의 경우), 환자가 우연히 따뜻한 방에 누워 있거나 무심결에 뜨거운 음식을 먹었을 때에도 동일한 결과가 생겨날 수 있다. 아리스토텔레스는 후자의 경우를 자발적 생성이라고 부른다.

62) Aristotle, *Metaphysica*, 1013a 24.

인이다. 작용인은 "그것으로부터 변화나 변화하지 않음이 처음 시작되는 것"[63]을 뜻하며, 예컨대 나무를 특정한 형태로 자르고 붙이도록 인도하는 형상이 의자의 작용인이라고 할 수 있다. 마지막으로, '어떤 것이 된다'라고 표현된 계기는 목적인이다. 목적인은 "그것을 위하여 어떤 것이 존재하는 것"[64]을 뜻하며, 예컨대 완성된 의자가 그것을 만드는 행위의 목적인에 해당한다. 요컨대 아리스토텔레스에 따르면, 모든 생성은 ① 질료인, ② 작용인, ③ 목적인을 갖는다. 형상질료 도식의 관점에서 이는 다음과 같이 기술될 수도 있다. 예컨대 벽돌을 만들기 위해 목수는 재료가 되는 점토(질료인)를 주형에다 밀어 넣어 완성된 형태를 만든다. 이때 완성된 형태, 즉 형상은 그 작용이 향하는 목적(목적인)인 동시에 그 작용을 특정한 방향으로 이끄는 원인(작용인)이기도 하다. 이와 같이 형상에 작용인과 목적인의 의미가 함께 부여되는 한에서, 생성은 질료와 형상의 결합으로 이루어진다고 말할 수 있다. 이때 질료와 형상 자체는 생성에 앞서 존재하는 것으로 간주되며, 따라서 여기서 말하는 생성은 질료나 형상 자체가 만들어지는 과정이 아니라 양자가 결합되어 이른바 '복합 실체'가 만들어지는 과정을 가리킨다.[65]

그러나 시몽동에 따르면, 형상질료 도식은 벽돌의 제작과 같은 단순한 기술적 사례에서조차 개체화 과정의 역동성을 제대로 포착하지 못한다. 이 점을 좀 더 자세히 살펴보자.[66]

---

63) *Ibid.*, 1013a 29.
64) *Ibid.*, 1013a 32.
65) 형상과 질료의 선재에 대해서는 *Ibid.*, 1013a 24 이하, 1032b 30 및 1034b 12 참조. 생성의 결과물이 복합 실체라는 점에 대해서는 1013a 24 이하, 1033a 28 이하 참조.

사람들은 평형의 유일한 형태 즉 안정적^{stable} 평형 외에는 알지 못했기 때문에 개체화를 적합하게 사유하고 표현할 수 없었다. 그들은 준안정적 ^{métastable} 평형을 알지 못했다. 존재는 안정적 평형 상태에 있다고 암묵적으로 가정되어 왔다. 그런데 안정적 평형은 생성을 배제한다. 그것은 가장 낮은 수준의 가능적 포텐셜 에너지$^{énergie\ potentielle}$에 상응하기 때문이다. 그것은 가능한 모든 변형들이 실현되어 어떤 힘도 존재하지 않는 체계가 도달한 평형이다.[67]

먼저 아리스토텔레스와 같은 고대인들은 당대의 과학 수준에 따라 존재를 정적인 것, 즉 안정적 평형 상태에 있는 것으로 간주하고 있었다. 따라서 그들은 형상과 질료, 그리고 양자가 결합된 복합 실체 모두를 안정성에 기반해서 이해했으며, 이 경우 복합 실체는 형상과 질료로 나누어져 있을 뿐 이미 완성되어 주어지는 것과 다를 바 없게 된다. 그에 반해, 시몽동은 준안정성^{métastabilité}에서 일시적 안정성으로, 일시적 안정성에서 다시 준안정성으로 가는 개체화 작용의 역동성을 내세운다. 준안정성은 현대 물리학의 성과들 중 하나로서, 어떤 체계가 그 요소들의 비대칭적인 포텐셜 에너지로 인해 긴장 상태에 있음을 가리킨다. 이러한 준안정성의 사례는 온도 차가 큰 분자들이 공기 중에 뒤섞여 있는 경우나 과포화된 용액에서 쉽게 발견된다. 이러한 긴장 상태는 포텐셜 에너지가 현실화될 때(상이한 온도의 여러 공기 흐름이 융합되어 온도가 평준화될 때, 또는 과포화 용액에 핵

---

66) 이하의 설명은 소바냐르그, 『들뢰즈, 초월론적 경험론』, 334~351쪽 참조.
67) 시몽동, 『형태와 정보 개념에 비추어 본 개체화』, 44쪽.

이 삽입되어 결정結晶이 생겨날 때) 일시적으로 안정적인 평형 상태에 이른다. 이런 관점에서 보자면, 고대인들의 형상질료 도식은 개체화 작용 자체가 아니라 그 작용의 일시적 산물만을 이론적 대상으로 삼았던 셈이다.[68]

다음으로 형상질료 도식은 "인간을 명령하는 자들과 실행하는 자들의 두 집단"[69]으로 나누어 전자에 능동성을, 후자에 수동성을 할당하던 시대의 산물이다. 이는 다음의 두 귀결을 낳는다. 하나는 "사회적 위계를 가정하는 [일방향적인] 명령의 전달"[70]이다. 형상질료 도식에서 이러한 전달은 조건 짓는 형상과 조건 지어지는 질료 사이에서 나타난다. 다른 하나는 개체화 작용이 지극히 추상적인 방식으로 이해된다는 점이다. 이는 형상질료 도식이 "고유한 의미의 제작 과정은 알지 못하고 단지 작업실에 들어오는 것과 거기서 나가는 것['실행하는 자들']을 보는 관찰자['명령하는 자들']"[71]의 입장에서 고안된 것이기 때문이다. 이 두 번째 지점과 관련해서, 시몽동은 벽돌 제작의 사례를 취해 그 도식의 추상성을 지적한다.[72] 일견 벽돌은 형상질료 도식에 따라 무형의 수동적 질료에다 주형의 능동적 형상을 부여하는 것으로 쉽게 설명될 수 있다. 하지만 벽돌 제작을 '실행하는 자들'의 실제 작업에 초점을 맞춰 본다면, 이러한 논의는 다음과 같은 한계를 드러낸다.

---

68) "고전 논리학은 개체화를 사유하기 위해 이용될 수 없다. 왜냐하면 그것은 개체화 작용을 개념들과 더불어 그리고 개념들 간의 연관과 더불어 사유하도록 강제하기 때문이다. 개념들은 부분적인 방식으로 고려된 개체화 작용의 결과들에만 적용된다"(앞의 책, 58쪽).

69) 앞의 책, 105쪽.

70) 앞의 책, 92쪽.

71) 앞의 책, 92쪽.

72) 앞의 책, 68~81쪽.

첫째, 벽돌의 제작은 '가공하지 않은' 질료에다 '순수한' 혹은 '비물질적인' 형상을 부여하는 방식으로 이루어지는 것이 아니다. 우선 모든 질료가 다 벽돌이 될 수는 없으며, 예컨대 모래를 주형에 넣는다고 해서 벽돌을 만들 수는 없다. 따라서 먼저 제작물의 형태와 작업 방식에 걸맞은 질료를 선별해야 한다. 구체적으로 말하자면, 적당한 습도와 일정한 가소성을 지닌 교질성膠質性, colloïdal 점토를 골라야 하는 것이다. 게다가 벽돌로 만들어진 후에도 점토가 안정성을 띨 수 있으려면, 반죽을 통해 습도와 가소성을 최적의 상태에 이르게 하는 예비작업도 필요하다. 이런 식으로 준비된 점토는 더 이상 전적으로 수동적인 것으로 간주될 수 없는데, 왜냐하면 그것은 이미 특정한 형태를 취하고 유지할 수 있는 능력을 갖게 되기 때문이다. 형상의 경우도 마찬가지다. 형상 또한 정육면체의 형태로 미리 '물질화'되어야 하며, 한쪽을 여닫아 만들어진 벽돌을 꺼낼 수 있어야 한다. 이렇게 형상을 주형으로 물질화하는 데 있어서도 소재의 선택이 매우 중요하다. 빈 공간 없이 구석구석까지 점토를 밀어 넣으려면 주형이 다소 휘어질 수 있어야 하며, 따라서 유연성을 띤 얇은 나무판을 선택해야 하는 것이다. 또한 만들어진 벽돌을 꺼낼 때 그 형태가 망가져서는 안 되므로, 습기를 머금은 점토가 달라붙지 않도록 미리 가루를 뿌려 두는 등 사전조치도 취해야 한다.

둘째, 벽돌의 제작은 형상과 질료만으로는 설명될 수 없으며 양자의 결합을 추동하는 제3의 계기, 즉 에너지의 계기를 도입해야 한다. 시몽동은 이 에너지의 계기를 질료는 물론 형상과도 구별되는 것으로 상정하는데, 이는 앞서 아리스토텔레스가 형상을 목적인인 동시에 작용인으로 간주했던 것과 구별된다. 이와 더불어, 시몽동은 형상에서 질료로 가는 아리스토텔레스 식 개체화 작용의 방향성을 역전시킨다. 그 결과 질료(점토)는 작업자의 에너지를 전달하는 적극적인 역할을 수행하는 데 반해, 형상(주형)은 이 에너지를 제한하는 소극적인 역할을 떠맡게 된다. 점토는 주형으로 밀려들어 가면서 매 순간 이러저러한 방식으로 변형된다. 주형이 형상을 부여하는 것이 아니라 점토가 연속적으로 여러 형상을 취하며, 주형은 형상의 이러한 변화를 일정하게 제한하는 것이다.

> 형태를 취하는 도중의 질료는 완전한 내적 공명résonance interne의 상태에 있다. 한 지점에서 일어나는 일은 다른 모든 지점에 반향된다. 각 분자의 생성은 모든 지점에서, 그리고 모든 방향으로 다른 모든 분자의 생성에 반향된다.[73]

주형은 자신의 유연성에 힘입어 점토가 전달한 에너지에 적절히 반작용하면서 한 지점에 야기된 변화를 다른 모든 지점으로 전달하는데, 시몽동은 이것을 내적 공명이라고 부른다. 내적 공명은 상이한 두 질서, 여기서는 교질성 점토의 미시적 질서(분자 차원)와 그것을 제한하는 나무 주형의 거시적 질서(벽돌 형태) 사이에서 벌어지는 사태다. 내적 공명은 두 질서가 에너지와 정보information ──점토의 가소성, 주형의 탄성──를 상호 교환하는 가운데 일어나며, 그 과정에서 개체는 일정한 형태를 띠게 된다(형태화된다in-forme-ation). 이처럼 점토의 형태는 형상에 의해 일방적으

---

73) 앞의 책, 80쪽. 강조는 원문.

로 부여되는 것이 아니라 주형과 점토가 내적 공명을 통해 상호작용하는 가운데 산출된다.[74] 변조가 "주형이 변이 속에 놓이는 것, 작용의 매 순간 주형이 변형되는 것"(IT 42)이라고 할 때, 내적 공명은 이러한 변조가 어떻게 일어나는지를 설명해 준다.

변조 개념의 중요성은 감성론과 예술론 영역에서 능동적 형식과 수동적 질료의 결합을 힘에 의한 재료의 변형으로 대체할 수 있게 해준다는 데 있다. 먼저, 들뢰즈가 변조 개념을 어떻게 감성론에 적용하는지는 『칸트의 비판철학』 영역본에 붙인 서문에서 분명하게 확인된다. 여기서 그는 자아가 "더 이상 주형이 아니라 무한한 변조"[75]로 이해되어야 한다고 말한다. 이는 자아에 의한 감각적 잡다의 수용이 질료에다 형식을 부여하는 '주형'의 방식이 아니라 외부의 힘에 의해 그 형식 자체가 변화하는 '변조'의 방식으로 이해되어야 함을 시사한다. 들뢰즈는 예술에도 동일한 관점을 적용한다. 그가 보기에, 예술은 "질료에 형상을 부여하는 데서 성립하는 것이 아니라 […] 오히려 '질료의 흐름을 따라가는'(MP 345) 데서 성립한다".[76] 여기서 질료의 흐름을 따라간다는 것은 힘에 의한 재료의 변

---

74) 탐구 대상의 '구조'와 '형태'에 초점을 맞추는 다른 개별 학문들과는 달리, 시몽동은 그런 구조와 형태를 변화시키는 '작용'에 초점을 맞춘다. 이러한 작용은 정보와 에너지를 교환하는 작용에 다름 아니며, 이를 중심으로 존재자의 발생을 탐구하는 학문을 시몽동은 '교환역학'(l'allagmatique, 변환역학)이라고 부른다. 김재희, 「물질과 생성: 질베르 시몽동의 개체화론을 중심으로」, 『철학연구』, 93집, 철학연구회, 2011, 241쪽 참조.

75) Gilles Deleuze, "Preface: On Four Poetic Formulas Which Might Summarize the Kantian Philosophy", *Kant's Critical Philosophy: The Doctrine of the Faculties*, trans. Hugh Tomlinson and Barbara Habberjam, London: The Athlon Press, 1984, p. ix. 한국어판으로는 『칸트의 비판철학』, 서동욱 옮김, 민음사, 2006, 147쪽. 번역 일부 수정.

76) Sauvagnargues, "Le concept de modulation chez Gilles Deleuze et l'apport de Simondon à l'esthétique deleuzienne", p. 165.

형을 포착하는 것에 다름 아니다. 힘은 재료를 변형시켜 이러저러한 시각·청각·촉각적 형태를 부여한다. 들뢰즈가 보기에, 예술에서 중요한 것은 이러한 변형의 일시적 산물인 형태를 포착하는 것이 아니라 그런 형태들을 산출하는 힘 자체를 포착하는 것이다. 이런 의미에서, 들뢰즈는 '힘의 포착'을 예술 일반의 과제로 제시한다.

예술에서, 회화와 음악에서 공히 문제가 되는 것은 형태를 모사하거나 새로 고안해 내는 것이 아니라 힘을 포착하는 것이다. 어떤 예술도 구상적이지figuratif 않은 것은 바로 이 때문이다. 파울 클레Paul Klee의 유명한 정식인 "보이는 것을 제시하는 게 아니라 [보이지 않는 것을] 보이게 한다"는 다른 것을 의미하는 게 아니다. 회화의 과제는 보이지 않는 힘을 보이게 하려는 시도로 규정된다. 이와 마찬가지로 음악은 들리지 않는 힘을 들리게 하려 애쓴다. (FB 57)

예컨대, 들뢰즈는 폴 세잔Paul Cézanne이 구상적 좌표들과 무관하게 감각적인 닮음을 만들 수 있었던 이유로 색의 변조를 내세운다(FB 111). 여기서 구상적 좌표들이란 ① 원근법, ② 명암, 그리고 빛과 그림자의 대비, ③ 유기체, 그리고 형태와 배경의 관계를 말한다. 들뢰즈는 이 좌표들을 각각 ① 면들의 접합, ② 색의 변조, ③ (유기화되지 않은) 신체 덩어리와 그것의 굴절déclinaison에 대비시키는데, 여기서 핵심적인 역할을 수행하는 것이 바로 색의 변조다. 들뢰즈에 따르면, 세잔은 구상회화에서 대상을 도드라지게 하는 데 사용되는 명암법을 "스펙트럼 순서에 따른 근접 색조들의 병치"(FB 111)로 대체한다. 이는 밝음과 어두움의 대비가 아니라 색조의 연속적인 변화를 활용하는 방식으로, 색을 "연속적이고 가변적인 주형"(FB 111)으로 삼아 대상의 형태를 빚어내는 것이다. 색의 변조는 확장과 수축의 이중 운동을 야기하는데, 이것이 나머지 두 구상적 좌표를 대체한다. 먼저, 각각의 색면을 결합하는 가운데 화폭 속에 깊이를 부여하는 확장의 운동이 원근법을 대체한다. 다음으로, 색면들이 불균형을 이루는 지점을 따라 모든 요소들을 신체 덩어리로 끌어당기는 수축의 운동이 유기체, 그리고 형태와 배경의 관계를 대체한다. 이처럼 세잔은 회화적인 주형, 즉 채색에 앞서 주어진 윤곽선을 사용하는 것이 아니라 색채를 연속적·가변적으로 변조시킨다. 이를 통해 그는 매 순간 새로운 윤곽선을 빚어내면서 사물의 물체성 자체를 드러낸다.[77]

3장의 논의를 예비하는 차원에서, 들뢰즈가 주요하게 활용하는 시몽동의 또 다른 개념, 즉 불균등화[78] 개념을 여기서 잠시 살펴보도록 하자. 『차이와 반복』의 5장 '감성적인 것의 비대칭적 종합'에서 들뢰즈는 감성적인 것의 발생을 설명하는데, 간단히 말해 불균등화는 그 발생의 조건에 해당한다. 시몽동에 따르면, 개체화 작용이란 서로 일치하지 않는 두 질서, 불균등한 두 질서가 정보와 에너지를 교환하는 가운데 새로운 형태를

---

77) 이찬웅, 「들뢰즈의 회화론: 감각의 논리란 무엇인가」, 126~127쪽 참조.
78) 이 용어는 시몽동이 신경생리학적 지각 이론에서 빌려온 것이다(시몽동, 『형태와 정보 개념에 비추어 본 개체화』, 390쪽). 쌍안 시각에서 양쪽 망막에 비치는 각각의 이차원 이미지는 서로 완전히 일치하지 않는데, 이러한 불일치는 우리의 뇌가 삼차원 이미지라는 새로운 차원을 창조할 때에만 해결될 수 있다. 이러한 상황은 한편으로 두 이미지의 불일치라는 문제의 해결을 요구한다는 점에서 문제제기적(problématique)이며, 다른 한편으로 앞선 두 이미지에 포함되지 않았던 새로운 차원을 산출한다는 점에서 창조적(créatif)이다. 요컨대 불균등화는 문제제기적 불일치의 창조적 해결을 가리킨다.

산출하는 일이다(내적 공명의 조건으로서의 불균등화). 이때 정보와 에너지는 불균등한 두 질서를 오가면서 안정된 형태가 산출되도록 조율하는데, 시몽동은 이렇게 전달되는 것을 신호^{signal}라고 부른다. 들뢰즈는 이 신호라는 용어를 통해 불균등화의 논리를 받아들인다.[79]

> 모든 현상은 어떤 신호-기호 체계 안에서 불꽃처럼 번득인다. 우리가 신호라 부르는 것은 어떤 체계이다. 적어도 두 개 이상이고 서로 소통할 수 있는 이질적인 계열들, 불균등한 질서들에 의해 구성되거나 경계를 이루는 체계가 신호다. 현상은 어떤 기호이고, 다시 말해서 불균등한 것들의 소통에 힘입어 이 체계 안에서 섬광을 발한다. (DR 286/476)

들뢰즈는 시몽동에게서 불균등화로부터 현상이 발생한다는 논리를 받아들이면서도 여기에 두 가지 변화를 가한다. 첫째로, 그는 신호의 의미를 새롭게 규정한다. 시몽동에게서 신호는 불균등한 질서들 사이에서 전달되는 그 무엇으로 이해되는 데 반해, 들뢰즈는 그것을 그러한 전달을 가능하게 해주는 체계로 간주한다. 둘째로, 그는 불균등한 질서들 사이에서 생겨나는 것, 즉 개체화 작용의 산물에다 기호라는 이름을 부여한다. 여기서 기호는 언어학적 기호가 아니라 감성에 주어지는 모든 현상을 가리키며, 모든 현상의 배후에 불균등화가 있음을 함축한다. 들뢰즈에 따르면, "감성적인 것의 이유, 나타나는 것의 조건은 [칸트가 말하는] 시간과 공간

---

79) 소바냐르그, 『들뢰즈, 초월론적 경험론』, 384~394쪽 참조.

이 아니"라 불균등화이며, 이 불균등화는 "강도의 차이 안에, 차이로서의 강도 안에 감싸여 있고 그 안에서 규정"된다(DR 287/477). 강도 개념에 미루어 쉽게 짐작할 수 있듯이, 여기서 말하는 '감성적인 것의 이유'나 '나타나는 것의 존재'는 앞서 살펴본 '감성적인 것의 존재'에 다름 아니다. 시몽동의 불균등화를 이처럼 강도 개념과 결부 짓는 것은 들뢰즈의 독특한 입장인데, 이 점은 3장 3절에서 의식적 지각의 발생과 관련하여 다시 언급될 것이다.

3장 발생론적 지각론

1장에서 언급했듯이, 이 책은 체계에 대한 사후적 재구성과 개념에 대한 연대기적·미시적 독해라는 이중의 방법론을 따른다. 이러한 방법론에 부응하여, 지금부터의 논의는 다음의 두 측면에서 진행된다. 한편으로는, 말년의 대작인 『철학이란 무엇인가?』의 감각 개념에서 출발하여 그 구성요소인 지각과 정서를 『차이와 반복』, 그리고 『스피노자. 실천철학』과 『천 개의 고원』에서 찾아내어 입체적으로 재구성한다. 다른 한편으로는, 이러한 구성요소들이 어떤 저자나 어떤 예술작품과 더불어 상이하게 개념적으로 분절되고 있는지를 연대순으로 추적한다. 3장의 주제인 지각론을 본격적으로 검토하기에 앞서, 여기서 우리는 후자의 연대기적 독해를 위한 토대로서 들뢰즈 사상의 전개 과정을 간략히 살펴보고자 한다.

1. 들뢰즈 감각론의 첫 번째 시기

들뢰즈는 한 인터뷰에서 자기 사상의 전개 과정을 논한 바 있다. 그는 질문자가 제시한 세 시기의 구별[1]에 동의하면서 다음과 같은 설명을 덧붙인다. 먼저 이른바 '철학사 연구의 시기'는 그의 첫 출판서 『경험론과 주관성』에서 시작되어 그의 박사학위 주논문과 부논문인 『차이와 반복』과 『스피노자와 표현의 문제』, 그리고 그 이듬해 출간된 『의미의 논리』까지를 아우른다. 들뢰즈는 첫 출판서 이후 스스로 "8년간의 구멍"이라고 부르는 긴 공백기를 보냈는데, 그 시기 동안 문제가 되었던 것은 "어떻게 운동을 만들어 낼 것인지, 어떻게 벽을 뚫고 나갈 것인지"[2]를 깨닫는 일이었다. 그후 1962년부터 1967년까지 들뢰즈는 무서운 생산력으로 니체, 칸트, 베르그손 등의 철학자들과 프루스트, 자허-마조흐와 같은 작가들을 다루는 일련의 연구서를 1년에 한 권꼴로 내놓는다. 내용과 형식 면에서 지극히 상이해 보이는 이 잇단 저술작업을 그는 다음과 같이 요약한다. "제가 보기에, 제가 작업한 모든 저자들은 어떤 공통점을 가지고 있었습니다. 그리고 모든 것은 스피노자-니체의 위대한 동일성을 향하고 있었지요."[3] 『차이와 반복』은 긴 철학사 연구의 끝에서 들뢰즈가 마침내 (철학사가 아니라) "철학을 하고자 했던 첫 저작"으로, 그것의 중요성은 "심지어는 과타

---

1) "질문자: [······] 흄에 대한 연구에서 최근 라이프니츠에 이르기까지 당신을 인도한 그 여정을 회고해 볼 수 있을까요? 당신이 쓴 책들의 연대기를 따라가 보면, 우리는 이렇게 말할 수 있을 것 같습니다. 철학사 작업에 할애된 첫 시기, 아마도 『니체와 철학』(1962)에서 정점에 이르는 첫 시기를 마무리하면서 당신은 『차이와 반복』(1969[실제로는 1968])을 집필합니다. 그 이후에는 과타리와 더불어 두 권의 『자본주의와 분열증』(1972, 1980)[『안티 오이디푸스』와 『천 개의 고원』]을 썼지요. 그건 그 자체로 고유성을 띤 하나의 철학으로, 여기서 문제는 대학 시절과는 완전히 달라졌습니다. 회화(베이컨)와 영화에 대해 쓰고 난 뒤, 최근 당신은 철학에 대한 보다 고전적인 접근방식을 다시 시작하고 있는 것처럼 보입니다"(Raymond Bellour et François Ewald, "Signes et événements: un entretien avec Gilles Deleuze", *Magazine littéraire*, no. 257, Paris: Magazine littéraire, 1998, p. 16(PP 185)).
2) Ibid., p. 18(PP 189).
3) Ibid., p. 16(PP 185).

리와 함께 쓴 것까지" 포함해서 이후의 모든 작업이 "이 책과 이어"진다는 데 있다.[4]

다음으로 과타리와의 공동작업이 집중적으로 이루어지는 '윤리적·정치적 시기'가 있다. 질문자는 이 시기가 그 이전 및 이후와 구별되어 '그 자체로 고유성을 띤 하나의^{une} 철학'을 이룬다고 평가한다. 그런데 들뢰즈는 이 'une'라는 표현이 규정된 단일성을 함축하는 수의 단위로, 즉 '하나'라는 의미로 이해될 것이 아니라 미규정성을 함축하는 부정관사로, 즉 '어떤'이라는 의미로 이해되어야 한다고 덧붙인다.[5] 여기서 들뢰즈와 과타리가 '그 자체로 고유성을 띤 하나의 철학'을 만들어 냈다는 말과 그것이 '하나'의 철학이 아니라 '어떤' 철학으로 이해되어야 한다는 말은 일견 모순적이다. 하지만 이 외견상의 모순은 다음의 두 측면에서 볼 때 어렵지 않게 해소된다. 한편으로, 후자의 발언은 집단적 언표행위 체제^{régime} $^{collectif\ d'énonciation}$[6]라는 새로운 글쓰기 방식을 시사하는 것으로서, 특정

---

4) Gilles Deleuze, "Préface à l'édition américaine de *Différence et répétition*"(RF 280). 이 대목에서 들뢰즈는 철학사를 하는 것과 철학을 하는 것의 차이를 다음과 같이 설명한다. "철학사를 하면서 글을 쓰는 것과 철학을 하면서 글을 쓰는 것은 크게 다릅니다. 전자의 경우 우리는 어느 위대한 사상가의 화살이나 도구, 그의 노획물이나 전리품, 그가 발견한 대륙을 연구합니다. 후자의 경우 우리는 자신만의 화살을 날카롭게 다듬게 됩니다. 혹은 여러분이 보시기에 우리가 가장 멋진 화살들을 주워 모은다 하더라도, 그건 그 화살들을 [그것을 만든 철학자들과는] 다른 방향으로 쏘아 올리기 위한 것입니다"(Ibid.).

5) "우리는 책을 한 권 쓰고 또 한 권을 썼지만, 단일성(unité)이라는 의미에서가 아니라 부정관사라는 의미에서 그렇게 했었죠. [……] 우리는 두 명의 사람으로서 협업을 한 게 아니었습니다. 그건 차라리 두 개의 시냇물로 만나 우리에 해당할 '어떤' 세 번째 시냇물을 이루는 것과 같았습니다. [……] '어떤' 철학, 제게 그건 과타리 없이는 결코 시작할 수도 도달할 수도 없었을 그런 두 번째 시기였습니다"(Bellour and Ewald, "Signes et événements", p. 17(PP 187)).

6) 제롬 로장발롱·브누아 프레트세이, 『들뢰즈와 가타리의 무한 속도 1』, 성기현 옮김, 열린책들, 2012, 20쪽 참조. 들뢰즈에 따르면, "언표(enoncé)는 항상 집단적 배치의 산물"이며 이때 배치

한 담론이나 텍스트의 전능한 주인으로 상정되는 저자의 개념에 대립한다. "우리는 둘이서 『안티 오이디푸스』를 썼다. 우리는 각자 여럿이었으므로 이미 많은 사람들이 있었던 셈이다"(MP 9).『천 개의 고원』 서두의 이 문장은 들뢰즈도 과타리도 들뢰즈+과타리도 이른바 단일한 '저자'가 아니며, 어디선가 읽은 것, 누군가에게 들은 것, 언제인가 문득 떠오른 것 등이 뒤얽혀 어떤 집단적 다수성을 띠고 있는 존재임을 함축한다. 다른 한편, 이런 방식으로 써졌다 하더라도 그들의 철학이 고유의 주제와 정합성을 지니지 못할 이유는 없다. 『안티 오이디푸스』,『카프카』,『천 개의 고원』에서 개진되었던 그들의 철학, 『철학이란 무엇인가?』를 계기로 다시 시작하고자 하는 그들의 철학은 자연주의Naturalisme로 규정된다. 하지만 그들이 말하는 자연은 일상적인 의미의 자연, 이를테면 철근이나 콘트리트와는 무관한 그런 자연이 아니다. 그것은 오히려 자연과 인공물을 포괄하는 보다 근본적인 차원의 자연이다. "자연과 인공물 사이의 모든 구별이 사라지는 지점에서 과타리와 나는 우리의 공동작업, 즉 일종의 자연철학을 다시 시작하고 싶습니다."[7] 제롬 로장발롱Jérôme Rosanvallon에 따르면, 이 자연철학의 목표는 "자연과 역사, 자연과 문화, 그리고 보다 일반적으로 말하자면, 존재와 사유 사이에 존재하는 외견상의 분리 너머에 위치함으로써 그것들을 식별 불가능하게 만드는"[8] 데 있다.

는 "동질적이지 않은 어떤 집단의 모든 요소들을 협력하게 하는 것, 함께 작동하게 하는 것"으로 정의된다(D 65). 요컨대, 집단적 언표행위 체제는 언표를 산출하는 언표행위가 집단적 배치의 형태로 조직되어 있음을 의미한다.

7) Bellour and Ewald, "Signes et événements", p. 25(PP 212).

8) 로장발롱·프레트세이, 『들뢰즈와 가타리의 무한 속도 1』, 29쪽. 원문은 인용한 문장 전체를 강조하고 있으나, 자연과 자연의 혼동을 피하기 위해 이를 제거하였다.

마지막으로 『감각의 논리』, 두 권의 『시네마』, 그리고 『철학이란 무엇인가?』로 이어지는 이른바 '미학적 시기'가 있다.[9] 이 시기와 관련해서는 다음의 두 논점을 살펴볼 필요가 있다. 하나는 이 저작들이 회화와 영화 등 외견상 이미지를 다루지만 실은 그와 구별되는 개념적 작업이라는 것이고, 다른 하나는 그럼에도 그 저작들이 예술의 감각, 즉 지각 및 정서와 긴밀한 관계를 맺는다는 것이다. 『철학이란 무엇인가?』에서, 들뢰즈는 무한 속도의 가변성(카오스)으로부터 일시적·국지적 질서를 구획해 내는 사유의 세 형식으로 철학·예술·과학을 제시한다(QP 190, 204). 이때 철학에는 개념이, 예술에는 감각이, 과학에는 함수가 할애되는데, 사유의 세 형식은 이처럼 저마다 고유의 영역과 수단을 갖는다는 점에서 서로 구별된다. 다른 한편, 사유의 세 형식 간의 관계, 특히 철학과 예술의 관계는 단순히 예술의 감각을 철학이 개념적으로 해석하거나 철학의 개념을 예술이 감각으로 예증하는 데 그치지 않는다.

철학과 예술의 관계 문제와 관련해서, 들뢰즈가 미셸 푸코[Michel Foucault]와 공유하는 독특한 입장을 여기서 잠시 살펴보기로 하자. 이 입장은 피에르 마슈레[Pierre Macherey]가 들뢰즈의 주름 개념을 원용하여 푸코의 경험 개념을 설명하는 대목에서 분명하게 드러난다. 그에 따르면, 푸코에게 경험이란 "이론과 실천, 담론과 제도, 주관과 객관, 정상과 비정상, 참

---

9) "마지막으로, 세 번째 시기가 있다면 거기서 제가 다룬 것은 회화, 영화, 즉 외견상으로는 이미지입니다. 하지만 그건 철학책입니다. 제가 보기에, 개념에는 지각과 정서라는 다른 두 차원이 있기 때문입니다. 제가 흥미를 가졌던 것은 이미지가 아니라 바로 이 점입니다. [······] 정서, 지각, 개념은 서로 떼어 놓을 수 없는 세 역량으로서 예술에서 철학으로, 또 철학에서 예술로 나아갑니다"(Bellour and Ewald, "Signes et événements", p. 17(PP 187~188)).

과 거짓, 드러냄과 감춤 등의 교차로에 위치하는"[10] 주름이다. 주름은 사유되지 않는 것l'impensé과 관계하는데, 그것은 "경험 너머의 무언가"를 가리키는 것이 아니라 "경험이 복잡하게 뒤틀어져 스스로에게로 되돌아오는 방식"을 가리킨다.[11] 푸코는 특히 문학 경험을 다른 모든 경험들이 그 속에 접혀 있는 특권적인 주름으로 간주한다. 그런 이유 때문에 그는 "문학으로부터 출발해서, 어떤 의미에서는 문학 모델에 근거해서 [……] 다른 '경험들', 즉 배제, 처벌, 지식, 성의 경험"[12]을 사유하고자 했던 것이다. 들뢰즈에게서도 사정은 마찬가지다. 즉 문제는 과학이나 예술에 어떤 철학적 가르침을 주는 것이 아니라 오히려 그것들의 주름을 펼쳐 그로부터 배우는 일이다. 들뢰즈는 철학이 과학과 예술에 대해 "손톱만큼의 우월성"도 주장할 수 없다고 말하는데, 이는 "과학과 예술이 과학적 함수와 예술적 구성을 포착할 수 있었던 것에 관해서만" 철학이 개념을 창조할 수 있기 때문이다.[13]

　이 장에서는 들뢰즈 사상의 첫 시기에 개진된 감각론을 발생론적 지각론의 형태로 다룬다. 총 5개의 장으로 구성된 『차이와 반복』의 5장에는 초월론적 감성론에 해당하는 논의가 담겨 있다. 그런데 지각론에 해당하는 내용은 5장에 국한된 것이 아니라 3장에서 5장에 걸쳐 초월론적 인식론, 초월론적 변증론, 초월론적 감성론의 세 영역에 고르게 분배되어 있

---

10) Pierre Macherey, "Présentation", Michel Foucault, *Raymond Roussel*, Paris: Gallimard, 1992, p. VIII.
11) Ibid.
12) Ibid., p. IX.
13) Deleuze, "Préface à l'édition américaine de *Différence et répétition*"(RF 282).

다. 이는 초월론적 인식론이 표상에 대한 비판을, 초월론적 변증론이 표상이 포착할 수 없는 대상(미세 지각의 대상)인 이념으로부터 강도의 발생을, 초월론적 감성론이 강도로부터 의식적 지각의 대상인 표상의 발생을 각각 다루고 있기 때문이다. 지금부터 우리는 이러한 요소들을 지각 개념을 중심으로 재구성하면서 표상의 성립을 발생론적 관점에서 설명할 것이다.

이를 위해 이하의 논의는 다음의 물음들에 차례대로 답하는 방식으로 진행된다. 첫째, 초월론적 감성론이란 무엇이며, 그것은 감각을 어떻게 개념적으로 분절하는가?(2절) 둘째, 분절된 각각의 요소들은 무엇이며, 어떤 과정을 거쳐 표상이 되기에 이르는가?(3절) 셋째, 감각에 대한 발생론적 탐구는 어떤 미학적 귀결을 함축하고 있는가?(4절) 세 번째 물음에 앞당겨 답하자면, 이러한 탐구는 표상을 넘어 강도에, 강도가 담고 있는 이념에 도달할 것을 감성에 요구한다. 앞서 칸트의 숭고론 해석에서 제시되었던 용어를 빌려 말하자면, 그것은 감성의 초월적 실행에 대한 요구에 다름 아니다. 들뢰즈는 기호 개념을 통해 이러한 요구에 답하는데, 그것이 바로 3장의 마지막 절인 4절의 주제에 해당한다.

2. 초월론적 감성론[14]

초월론적 감성론은 감성에 대한 초월론적 탐구이며, 여기서 초월론적이라는 용어는 들뢰즈가 칸트의 초월적 감성학을 계승하고 있음을 시사한

---

14) 이 장의 2~3절은 성기현, 「지각에 대한 발생론적 이해와 그 미학적 귀결들」, 『미학』, 82권 4호, 한국미학회, 2016의 본론과 결론을 수정·보완하여 재구성한 것이다.

다.[15] 그렇다면 양자를 구별 짓는 개념적 차이는 어디에 있는가? 먼저 칸트에 따르면, 초월적이란 "대상들이 아니라 대상들에 대한 우리의 인식방식"과 관련된 것으로서, 그것이 "선험적으로 가능하다고 하는 한에서 일반적으로 다루는 모든 인식"을 가리킨다(KrV B25). 따라서 초월적 탐구는 (대상이 아니라) 대상에 대한 우리의 인식방식을 다루되, ① 선험적으로 가능한 한에서 ② 개별 대상이 아니라 대상 일반과 관련해서 다룬다. 칸트의 입장에서 보자면, 이 두 가지 논점은 사실상 동일한 것이다. 인식의 보편성과 필연성을 확보하기 위해서는 개별 대상이 아니라 대상 일반을 다루어야 하며, 이를 위한 유일한 방법은 경험 인식 자체를 가능하게 해주는 선험적 조건을 밝히는 것이기 때문이다. 따라서 초월적 감성론의 탐구 대상은 개별적인 색이나 맛이 아니라 색 일반이나 맛 일반을 가능하게 해주는 감성의 선험적 조건이 되어야 하는데, 그것이 바로 직관의 순수 형식에 해당하는 시간과 공간이다.[16] 실재적 경험이 아니라 가능한 경험을, 그것의 선험적 조건과 관련하여 다룬다는 점에서, 쥘 뷔이맹Jules Vuillemin 은 칸트의 초월적 방법이 "실재성에 대한 물음에서 가능성에 대한 물음으

---

15) '초월적'과 '초월론적'은 모두 'transcendantal'을 번역한 것이다. 이 책에서 전자는 칸트가 말하는 '가능한 경험의 조건'과 관련해서, 후자는 들뢰즈가 말하는 '실재적 경험의 조건'과 관련해서 사용된다.

16) "맛과 색깔들은 [······] 특수한 유기 조직의 우연히 부가된 효과로서 현상에 결합된 것이다. 그러므로 그것은 또한 선험적 표상이 아니라, 감각에 기초한 것이고, 좋은 맛이란 그러나 게다가 감각의 효과인 (쾌·불쾌의) 감정[느낌]에 기초한 것이다. 또한 어느 누구도 색깔 표상이나 어떤 맛 표상을 선험적으로 가질 수는 없다. 그러나 공간은 오로지 직관의 순수 형식에 관한 것이고, 따라서 자신 안에 전혀 아무런 감각(경험적인 아무것)도 포함하고 있지 않으며, 형태의 개념들과 관계들이 생겨야 할 때에는, 공간의 모든 방식과 규정들은 게다가 선험적으로 표상될 수 있고, 있어야만 한다. 이 공간을 통해서만 사물들은 우리에 대해서 외적 대상일 수가 있다"(KrV A29). 시간에 대한 논의는 KrV A31/B46 이하를 보라.

로"[17] 이행한다고 말한다. 그런데 들뢰즈에 따르면,

표상[재현]의 요소 개념들은 가능한 경험의 조건들로 정의되는 범주들
이다. 그러나 범주들은 실재에 비해 너무 일반적이고 너무 크다. 그물은
너무 성거서 대단히 큰 물고기도 빠져나가 버린다. (DR 94/165)

인용문에 함축된 논리를 감성론에 한해서, 즉 범주가 아니라 직관과
관련해서 다시 정리해 보자. 가능한 직관의 조건인 시간과 공간은 감각을
탐구하기에 너무 성길 뿐만 아니라 애초에 잘못 던져진 그물과 같다. 왜냐
하면 이 경우, 주관과 객관의 접촉에서 발생하는 감각이라는 사태는 애초
에 감성론에서 배제되기 때문이다. 설령 형식(시간과 공간)과 질료(감각)
라는 상위의 개념적 그물망이 그 사태의 복합성을 보여 준다 하더라도, 이
또한 주체와 대상 사이에서 벌어지는 감각의 미묘한 발생 과정을 포착하
지는 못한다. 여기서 감각의 형식적 속성은 전적으로 주체에, 그 질료적
속성은 전적으로 대상에 귀속되고 있기 때문이다.

다른 한편 들뢰즈가 보기에, 칸트 감성론에 대한 가장 강력한 비판은
가능성이라는 개념 자체에 대한 베르그손의 비판이다.[18] 가능성 possibilité

---

17) Jules Vuillemin, *L'héritage kantien et la révolution copernicienne*, Paris: PUF, 1954, p. 147.
18) Henri Bergson, "le possible et le réel", *La pensée et le mouvant, Œuvres*, Paris: PUF, 1959(2001), p. 1331 이하, 그리고 B 99/134 이하 참조. 아래에서 들뢰즈는 가능성과 실재성을 대립시키고 있지만, 정확히 말해 칸트가 사용한 개념쌍은 가능성(Möglichkeit)과 현실성(Wirklichkeit)이다. 칸트는 전자를 "경험의 형식적 조건들과 (직관과 개념들의 면에서) 합치하는 것"으로, 후자를 "경험의 질료적 조건(즉 감각)과 관련되어 있는 것"으로 규정한다(KrV

은 실재성^{réalité}과 쌍을 이룬다. 실재성은 가능성이 실현된 것으로, 따라서 가능성을 전제하고 있는 것, 가능성에 어떤 실존이 부여된——실재화된——것으로 간주된다. 그런데 가능성은 언제, 어떻게, 어떤 방식으로 실재화되는가? 가능성에서 실재성으로 나아가는 징검다리는 어디에 있는가? 가능성 개념이 지닌 문제는 바로 이 실재화 과정을 제대로 설명할 수 없다는 데 있다. 이는 그것이 결과에서 원인으로 나아가는 역전된 사유, 이미 완성된 결과물로부터 그 결과물과 닮은 가상의 원본을 역으로 추상해 내는 거짓 개념에 불과하기 때문이다. 칸트의 감각 개념을 보라. 가능한 감각 경험을 탐구함에 있어, 칸트는 이미 표상된 경험적 감각으로부터 그 표상을 산출하는 데 필요한 선험적 조건으로 거슬러 올라가고 있는 것이 아닌가? 이로부터 칸트의 초월적 방법 일반에 대한 다음의 비판이 나온다.

칸트는 어떤 심리적 의식의 경험적 활동들을 기초로 이른바 초월적 구조들을 전사하고^{décalquer} 있음이 분명하다. 가령 포착의 초월적 종합은 어

B266). 이 두 개념은 필연성(Notwendigkeit)과 더불어 양상 범주에 속하는데, 그는 이 개념들이 "한낱 논리적인 의미만을 가져 사고의 형식을 분석적으로 표현"하는 것이지 "사물들과 그것들의 가능성·현실성·필연성에 관련"하는 것이 아님을 주지시킨다(KrV B267. 강조는 원문). 그러나 가능성과 실재성(칸트가 말하는 현실성)을 잠재성(virtualité)과 현실성(actualité)으로 대체할 때, 들뢰즈는 (칸트의 제한을 넘어) 그것들을 존재의 발생은 물론 그에 상응하는 사유의 발생까지도 설명해 주는 것으로 이해한다. 다른 한편, 칸트에게서 실재성(Realität)은 부정성(Negation), 제한성(Limitation)과 더불어 질의 범주에 속하는 것으로서, "모든 현상들에서 실재적인 것, 즉 감각의 대상인 것"(KrV B207. 강조는 원문)을 가리킨다. 들뢰즈는 『순수이성비판』의 이 대목('지각의 예취')에 특히 주목하면서, 이러한 실재성에 속하는 밀도적 크기, 즉 강도를 잠재성-현실성 논리의 중요한 연결고리로 삼는다. 이하의 논의를 보라.

떤 경험적 포착에서 곧바로 유도되는 것이고, 그 밖의 것들도 마찬가지다.[19] (DR 176~177/302)

이러한 사유는 결과물(경험적 표상)에서 나타나는 속성들이 일찍이 그 가상의 원본(선험적 표상)에도 그대로 존재했으리라 가정하고 있을 뿐, 진정한 발생을 설명할 수 있는 논리를 제공하지 못한다. 들뢰즈가 가능성-실재성의 쌍을 잠재성-현실성의 쌍으로 대체하려는 이유가 바로 여기에 있다. 문제는 원인에서 결과로 나아가는 논리, 원본과 결과물의 닮음이라는 미리 전제된 조건 없이 발생의 과정을 설명할 수 있는 논리, 가능한 경험이 아니라 실재적 경험을 설명할 수 있는 논리를 제공하는 것이다. 이것이 바로 (칸트가 말하는 초월적 논리가 아니라) 들뢰즈가 말하는 초월론적 논리이며, 『차이와 반복』을 가득 채우고 있는 여러 독창적인 개념들은 바로 이 새로운 논리의 일부를 이룬다.[20]

그런데 여기서 한 가지 주의해야 할 점이 있다. 잠재성-현실성의 논리를 통해 실재적 경험을 설명한다는 말 자체가 시사하듯이, 잠재성과 현실성은 모두 실재성을 지닌다는 사실이다. 앞서 가능성이 실현되는 절차

---

19) 문제가 되는 대목은 『순수이성비판』 A99 이하 '직관에서 포착의 종합에 대하여'다. 여기서 칸트는 먼저 표상의 잡다를 일별하고 총괄하는 포착의 종합을 경험적으로 기술한 뒤, 이를 근거로 동일한 작용이 선험적 표상에서도 가능해야 한다고 주장한다. 칸트는 B판에서 이 대목을 삭제하는데, 들뢰즈에 따르면 "이는 뻔히 들여다보이는 이런 절차를 감추기 위해서다"(DR 177/303).

20) 미/분화(différenc/tiation), 안주름운동(implication)과 밖주름운동(explication) 등이 그 사례에 해당한다. 후자에 속하는 두 용어의 번역은 프랑스어에서 'pli'가 주름을 뜻하는 데서 기인하는 것으로, 'im-pli-cation'은 주름을 안으로 접는 미분화의 작용을, 'ex-pli-cation'은 접힌 주름을 밖으로 펼치는 분화의 작용을 가리킨다.

가 '실재화'라고 불렸던 것은 역으로 가능성이 실재성을 지니고 있지 않다는 사실을 보여 준다. 다시 말해, 가능성을 실재화한다는 말은 실재로부터 추상되어 가정된 것, 따라서 실재성을 지니고 있지 않은 것에다 인위적으로 실재성을 부여한다는 뜻이다. 반면 잠재성은 실재성과 대립하지 않는다. 잠재성은 아직 현실화되지 않았을 뿐 "그 자체로 어떤 충만한 실재성을 소유한다"(DR 273/455).

이 상이한 두 논리를 감성론과 관련해서 보다 구체적으로 설명해 보자. 칸트에 따르면, 먼저 가능한 직관의 조건에 해당하는 시간과 공간이 있으며, 이 선험적 형식은 경험적 질료와 만나 경험적 직관으로 실재화된다. 선험적 형식의 가능성이 경험적 질료의 실재성에 의해 실재화된다는 것이다. 그런데 '선험적' 형식은 어떻게 '경험적' 질료와 결합될 수 있는가? '선험적' 형식은 어떻게 자기 고유의 영역을 뛰어넘어 '경험적' 직관의 일부가 될 수 있는가? 칸트는 우선 선험적 형식이 존재하고 이후 그 텅 빈 형식에 경험적 질료가 주어진다고 설명하고 있지만, 사실 실재하는 것은 경험적으로 주어진 어떤 직관뿐이다. 칸트는 그것을 형식과 질료라는 성긴 그물에 맞추어 분배하면서, 이른바 '선험적'인 가상의 원본을 추상해 내고 있는 것이 아닐까? 반면 들뢰즈는 아직 현실화되지 않은 한에서도 여전히 실재적인 잠재적 요소들에서 출발하여 표상을 그 요소들의 현실화된 결과물로 제시한다. 이는 곧 다음을 의미한다. 표상은 아직 의식되지 않은 감각적 요소들, 그 자체로 실재적인 잠재적 요소들에 의해 현실화된다. 따라서 발생론적 관점에서 보자면, (근대 철학자들의 믿음과는 달리) 표상은 감성론이 시작되는 지점이 아니라 그것이 끝나는 지점을 가리킨다.

3. 의식적 지각 발생의 구조와 논리

1) 잠재적 요소들: 미세 지각

왜 근대 미학은 감각에 대한 탐구를 표상에서 시작할 수밖에 없었던 것일까? 다시 말해 왜 표상을 낳는 감각 자체가 아니라 이미 표상된 감각을 연구할 수밖에 없었던 것일까? 이는 근대 미학이 표상 아래에서 의식적 지각의 발생적 요소를 파악할 수 있는 개념적 수단을 갖지 못했기 때문이다. 보다 정확하게 말하자면, 근대 미학은 그런 개념적 수단을 갖고 있었지만, 그것을 적절히 활용하지 못했다. 그 예가 바로 라이프니츠의 미세 지각과 칸트의 강도다. 이 두 개념을 통해 들뢰즈는 근대 미학의 두 중심축에 해당하는 상이한 두 전통, 즉 라이프니츠-볼프^{Christian Wolff} 미학과 칸트 미학을 잠재성-현실성의 일관된 논리 속에 종합한다.

그런데 감각을 인식의 한 종류(명석하지만 혼잡한 인식)로 보는 입장과 그것을 (아직 인식에 도달하지 못한) 현상의 질료에 불과한 것으로 보는 입장이 어떻게 종합될 수 있단 말인가? 이러한 의구심은 다음의 물음에 대한 답변을 요구한다. 지성과 감성, 개념과 직관 중 어느 한쪽에 전적으로 귀속시키지 않고서, 감각을 어떻게 이론적으로 탐구할 수 있는가? 보다 정확히 말하자면, 지성과 감성, 개념과 직관 '사이'에서 어떻게 감각의 발생을 설명할 수 있는가? 들뢰즈는 한 신칸트주의자의 이론을 창조적으로 재해석함으로써 이 물음에 답하고자 한다. 라이프니츠적인 영감 속에서 칸트 철학에 존재하는 감성과 지성, 직관과 개념 사이의 균열을 메우고자 했던 인물, 그가 바로 마이몬이다.²¹⁾

『초월 철학에 대한 시론』(1790)에서 마이몬은 "개념과 직관을 대립시키는"(DR 224/380) 칸트의 이분법을 넘어 비판 철학을 근본적으로 재편하고자 한다.[22] 마이몬은 묻는다. 직관과 개념은 저마다 상이한 원천(감성, 지성)에서 기인하는 이질적인 것인데, 어떻게 선험적 개념이 경험적 직관에 적용될 수 있는가? 칸트는 물론 도식을 들어 이에 답할 것이다. 이러한 적용이 가능한 것은 첫째로 상상력의 도식이 양자를 매개하기 때문이며, 둘째로 도식이 경험적 직관이 아니라 선험적 직관에 적용되기 때문이다.[23] 그러나 마이몬의 입장에서 보자면, 이러한 답변은 여전히 불충분하다. 상상력에 의해 지성에 '주어진' 것일 뿐 지성이 직접 산출한 것이 아닌 한에서, 선험적 직관도 선험적 개념과 이질적이기는 마찬가지이기 때문이다.[24] 이 문제를 해결하기 위해 마이몬은 ① 직관과 개념을 모두 지성

---

21) 『차이와 반복』에서 언급되는 또 한 명의 신칸트주의자로 헤르만 코헨(Hermann Cohen)이 있다. 들뢰즈에 따르면, "헤르만 코헨은 칸트주의를 재해석하면서 강도량들의 원리에 풍부한 가치를 부여했다는 점에서 역시 옳은 길을 걷고 있다"(DR 298/495~496). 하지만 이렇듯 우호적인 평가에도 불구하고, 들뢰즈는 그 책에서 (마이몬과는 달리) 코헨을 본격적으로 다루지는 않는다. 쥘리에트 시몽에 따르면, 이는 코헨의 논의가 들뢰즈가 받아들일 수 없는 형이상학적 가정, 이를테면 강도의 통일성, 현상과 실재의 이원성 등을 전제하고 있기 때문이다. Juliette Simont, *Essai sur la quantité, la qualité, la relation chez Kant, Hegel, Deleuze: Les "fleurs noires" de la logique philosophique*, Paris: Les Éditions Harmattan, 1997, pp. 360~367 참조.

22) 이하 마이몬에 대한 논의는 다음 두 논문을 참고한 것이다. Daniela Voss, "Maimon and Deleuze: The Viewpoint of Internal Genesis and the Concept of Differentials", *Parrhesia*, no. 11, Melbourne: Melbourne School of Continental Philosophy, 2011, pp. 62~74; 안소현, 「질 들뢰즈의 초월적 감성론에 대한 연구」, 39~40쪽.

23) 칸트는 도상과 도식을 구별하면서 전자를 경험적인 것으로, 후자를 선험적인 것으로 간주한다. 도상은 "생산적 상상력의 경험적 능력의 생산물"로서, 이를테면 수 5를 나타내는 다섯 개의 점에 해당한다. 반면 도식은 "순수한 선험적 상상력의 생산물"이다. 도식은 어떠한 수이든 그에 부합하는 점을 산출할 수 있는 것으로서, 바로 "이 도식에 따라서 도상들은 비로소 가능하게 된다." 도식의 이러한 작용은 "표상들이 통각의 통일에 따라 선험적으로 한 개념에 연관"되는 한에서, 내감 일반을 그 형식 조건(시간)에 따라 규정함으로써 이루어진다(KrV B179~181).

에 귀속시키고, ② 지성 내부에 존재하는 어떤 공통의 원천으로부터 양자의 동시적 발생을 설명하고자 한다. 이 공통의 원천이 바로 미분적인 것^{le} différentiel이다.

용어 자체가 시사하듯이, 이러한 해결책은 다름 아닌 라이프니츠의 미분법에서 영감을 얻은 것이다. 먼저 미분적인 것, 즉 x, y의 순간변화량에 해당하는 dx, dy는 그 자체로는 직관될 수 없다. 그러나 양자의 비율, 즉 순간변화율에 해당하는 dy/dx는 직관될 수 있으며, 그 값들의 연쇄는 일정한 형태를 이룬다(직관의 발생). 마지막으로, 이 형태에 대한 총괄적인 인식이 미분방정식이며, 이것이 바로 개념에 해당한다(개념의 발생). 이러한 관점에 따르면, 직관과 개념은 동일한 원천에서 기인할 뿐만 아니라 양자의 이질성 자체도 발생론적 연속성 속에서 산출된 것이다. 마이몬은 다음과 같이 말한다. "대상이 지닌 이 미분적인 것을 본체^{Noumena}라고 부르며, 그에 반해 본체에서 기인하는 대상 자체는 현상^{Phenomena}이다."[25] 그는 본체를 지성 이념^{Verstandsidee}이라고 부르기도 하는데, 그것은 지성의 내부에 있지만 감성적 직관이 도달할 수는 없는 어떤 인식론적 한계의 너머를 가리킨다.[26] 다시 말해, 그것은 인식론적 한계 너머에 있으면서 그

---

24) "시간과 공간이 선험적 직관이라고 가정한다 하더라도, 양자는 여전히 직관일 뿐이지 선험적 개념은 아니다." "시간과 공간이 선험적이라 하더라도, 직관은 여전히 지성의 개념과는 이질적이며, 따라서 이러한 가정은 우리를 더 멀리까지 나아가게 해주지 못한다"(Salomon Maïmon, *Essay on Transcendental Philosophy*, trans. Nick Midgley, Henry Somers-Hall, Alistair Welchman and Merten Reglitz, London & New York: Continuum, 2010, p. 36, p. 38. 강조는 원문).

25) *Ibid.*, p. 21.

26) 칸트에게서 본체는 물자체(Ding an sich)라는 의미 외에도 "감성적 직관을 물자체까지 연장하지 않기 위해"(KrV B310. 번역 일부 수정) 필요한 '경계'라는 의미를 갖는다. 칸트는 직관이

한계를 넘어 직관과 개념을 낳는 미분적인 것을 가리킨다.

하지만 어쨌거나 인간의 유한 지성이 파악할 수 있는 것은 본체가 아니라 직관된 현상뿐이지 않은가? 이 지점에서 마이몬은 신적 지성, 즉 무한 지성을 끌어들인다. 직관 이하의 본체는 유한 지성이 아니라 무한 지성의 대상이라는 것이다. 무한 지성과 유한 지성을 나누는 "그런 이원론을 제거하려는 계획으로"(DR 249/418) 자신의 비판 철학을 구상했던 칸트는 당연히 이러한 해결책을 받아들일 수 없을 것이다. 그러나 인간 인식의 두 줄기에 해당하는 감성과 지성이 "아마도 하나의 공통의, 그러나 우리에게 알려져 있지 않은 뿌리로부터 생겨"(KrV B29)났다고 말할 때, 발생론적 방법의 필요성을 제기했던 것은 어쩌면 칸트 자신이 아닐까?

들뢰즈는 마이몬의 발생론적 방법과 미분적인 것으로부터 직관과 개념이 생겨난다는 그의 주장을 받아들이되, 다음의 두 측면에서 그에 변형을 가한다. 첫 번째 측면은 마이몬이 무한 지성을 재도입한 것에 대한 칸트의 비판과 관련된다.

만일 칸트와 같은 편에 서서 이런 개념화는 무한 지성을 재도입하는 것

주어질 수 있는 것과 그럴 수 없는 것을 현상과 본체로 나누어 감성에 일정한 한계를 부여하고자 했으며, 본체의 객관적 실재성이 인식될 수 있다고는 결코 생각하지 않았다. 칸트는 이 '경계'로서의 본체 개념을 문제제기적(problematisch)이라고 일컫는데, 들뢰즈는 이 표현을 이어받는다. 다른 한편, 마이몬은 때로 본체를 지성 이념이 아니라 이성 이념(Vernunftidee)이라고 쓰기도 하는데, 다니엘라 보스에 따르면 이러한 혼동은 그것이 칸트의 이성 이념에서 영감을 받은 것임을 시사한다. 칸트에 따르면, 이념은 "모든 경험의 한계" 너머에 있어서 "그것에 합치하는 아무런 대상도 감관에 주어질 수 없는"(KrV B383~384) 이성 개념을 뜻한다. Voss, "Maimon and Deleuze", p. 7 참조.

이라고 반대한다면, 아마도 여기에서 무한은 유한한 지성 내에 현존하는 무의식, 유한한 사유 내에 현존하는 사유 불가능한 것, 유한한 자아 내에 현존하는 비자아와 같은 것일 뿐이라고 대답해야 할 것이다. (PLB 118/163)

이처럼 들뢰즈는 무한 지성과 유한 지성의 연속성을 유한 지성이 의식할 수 있는 것과 의식할 수 없는 것의 연속성, 유한 지성이 사유할 수 있는 것과 사유할 수 없는 것의 연속성으로 바꾸어 놓는다. 이는 다음과 같이 말할 수도 있다. 지각은 의식의 미분적인 것에 해당하는 의식될 수 없는 요소들이 일정한 비율적 관계를 이룰 때, 그 비율적 관계의 값이 의식의 문턱을 넘을 때, 비로소 의식되기에 이른다. 바로 이런 의미에서, 미분적인 것은 의식적 지각의 발생적 요소에 해당한다.

들뢰즈가 변형을 가하는 두 번째 측면은 마이몬이 말하는 미분적인 것의 실재성과 관련된다. 마이몬에게서 미분적인 것은 무한 지성의 대상으로서, 그것의 실재성은 전적으로 관념적인 것에 불과하다. 그러나 들뢰즈는 미분적인 것 혹은 이념을 결코 "사유자의 능동성이나 신의 무한 지성으로 해소"[27]시키지 않으며, 그것을 지성이나 심지어는 이성의 고유한 대상으로 삼지도 않는다. 그가 보기에 이념은 한낱 관념에 불과한 것이 아니라 감성을 변용시키고 사유를 촉발하는 존재론적 복합체, 미분적인 것들과 그것들 간의 관계로 이루어진 복합체를 가리킨다. 이를테면 그것은

---

27) 소바냐르그, 『들뢰즈, 초월론적 경험론』, 321쪽.

수없이 많은 물방울과 그 물방울들 간의 관계로 이루어진 유동적인 복합체다. 그런데 왜 그것을 간단히 '바다'라고 부르지 않고 이렇듯 길게 기술해야 하는 것일까? 여기서 들뢰즈가 찾고자 하는 것은 단순한 재인의 결과물이 아니라 그런 결과물을 낳는 초월론적 조건이기 때문이다.[28] 다시 말해, 들뢰즈는 재인을 가능케 하는 초월적 조건(칸트가 말하는 가능한 경험의 조건)이 아니라 재인이 실제로 발생하는 초월론적 조건을 찾고 있기 때문이다. 재인은 무엇으로 인해, 언제, 어떻게 나타나고 또 사라지는가? 감성론의 측면에서 말하자면, 의식적 지각은 무엇으로 인해, 언제, 어떻게 나타나고 또 사라지는가? 바다를 이루는 것이 물방울들과 그것들 간의 관계이듯이, 의식적 지각을 이루는 것은 무의식적 지각들과 그것들 간의 관계다. 예컨대 바다의 이념은 개개의 물방울이 지닌 한없이 투명에 가까운 (아직 푸르다고는 의식되지 않는) 빛깔들과 그것들이 매 순간 일정한 미분적 관계(미분율)에 따라 빚어내는 바다의 유동적인 색채다. 따라서 이념은 다음의 두 측면을 갖는다고 말할 수 있다.

문제제기적[29] 이념들은 자연의 마지막 요소들인 동시에 [라이프니츠적

---

28) "재인의 활동들이 실제로 존재하고 또 우리의 일상적 삶의 커다란 부분을 차지하고 있다는 것은 분명한 사실이다. 가령 이것은 책상이다, 이것은 사과이다, 이것은 밀랍 조각이다, 안녕 테아이테토스 등등. 하지만 [……] 재인할 때 우리가 과연 사유하고 있다고 그 누가 믿을 수 있겠는가?"(DR 176/301~302)

29) 들뢰즈는 이 개념을 이념과 관련하여 사용한 첫 번째 사람이 칸트임을 상기시키면서 다음과 같이 평가한다. "그는 문제제기적인 것을 도래하는 모든 것 혹은 현상하는 모든 것에 필수불가결한 지평으로 만들었다"(LS 70). 하지만 칸트가 물자체를 문제제기적이라고 말할 때, 이는 그것이 "감성에는 전혀 주어지지 않고 오로지 지성에만"(KrV B313) 주어지는, 따라서 감성의 경계 저편에 있는 대상(칸트적인 의미에서 이념적 대상)이라는 사실을 보여 주기 위해서

의미의] 미세 지각들의 대상, 의식 이하 차원의 대상이다. (DR 214/363.
[ ]는 한국어판 옮긴이)

들뢰즈가 말하는 이념은 사물을 구성하는 자연의 궁극적인 구성요소
들을 가리키며, 또한 그 요소들이 (의식되지 않은 상태에서나마) 감성에 주
어져 있는 한에서 그 요소들에 대한 미세 지각을 가리킨다. 물론 라이프
니츠에게서 지각은 외적 대상으로부터 주어지는 것이 아니라 모나드 내
부에서 벌어지는 관념들 간의 이행에서 성립하며, 이러한 이행은 신의 예
정조화라는 원리에 따라 외부 세계에서 벌어지는 모나드들의 배열과 일
치한다. 들뢰즈는 미세 지각으로부터 의식적 지각이 발생한다는 라이프
니츠의 논리를 가져오되, 그로부터 신의 예정조화라는 형이상학적 전제
를 제거한다.[30] 그 결과 들뢰즈에게서 이념은 "순수히 사유되어야 할 사태
들"을 가리키는 것이 아니라 "감성에서 사유로, 사유에서 감성으로 가는
어떤 심급들"을 가리키게 된다(DR 190/325). 추위를 자각하기 이전의 한
기나 통증을 자각하기 이전의 자극처럼, 이념적 요소들은 의식적 지각에
앞서 감성을 미시적·연속적으로 변용시킨다. 이 지점에서 (아직 의식되지

였다. 반면 들뢰즈는 이 개념을 마이몬의 지성 이념(미분적인 것)과 결부시켜(문제제기적 이
념) 감성의 경계를 넘어서는 인식론적, 존재론적 발생의 원천으로 삼는다(의식적 지각의 발생
적 요소, 의식적 지각의 대상인 현실적 존재자의 발생적 요소). 그 결과 들뢰즈에게서 "문제제기
적인 것은 인식의 객관적 범주인 동시에 전적으로 객관적인 존재의 유형"(LS 70)을 가리키게
된다.

30) 여기서 들뢰즈의 관심사는 외부 세계와 우리 신체의 물리적 접촉, 그리고 그로 인한 감성과
사유의 변용에 있다. 따라서 그는 신의 예정조화에 따른 일치를 '감성에서 사유로 가는' 변용
으로 변형시킨다. 다른 한편, 말년의 저작인 『주름』에서 들뢰즈는 라이프니츠를 현대적으로
재해석하는 가운데 예정조화가 가질 수 있는 새로운 의미를 탐색한다(PLB 8장과 9장).

않은) 의식적 지각의 발생적 요소들이 발견되는데, 그것이 바로 미세 지각
이다.

2) 의식적 지각의 현실화

미세 지각 개념이 도입됨에 따라, 이제 의식적 지각의 발생과 관련하여 남
아 있는 두 물음은 다음과 같다. 미세 지각은 언제, 어떻게 의식적 지각을
이루는가? 첫 번째 물음, 즉 '언제'라는 물음에 대한 답변이 바로 강도다.
다시 말해 의식적 지각은 미세 지각들이 일정한 강도를 이룰 때, 강도가
의식 속에서 질과 양으로 변환될 때 비로소 성립된다. 다른 한편 두 번째
물음, 즉 '어떻게'라는 물음에 대한 답변이 바로 잠재성의 현실화다. 이념
의 미분화된 결과물에 해당하는 강도는 일종의 포텐셜 에너지, 즉 현실화
의 역량이며, 의식된 질과 양은 그 역량이 현실화된 결과물이다. 이제 이
두 답변을 차례대로 살펴보자.

칸트는 자신의 감성론을 현상의 형식(시간과 공간)에 한정했지만, 그
럼에도 이 형식 속에 담기는 현상의 질료(실재성)가 있다는 사실을 부정
하지는 않았다. 오히려 그는 이 '경험적' 질료의 어떤 측면이 기이하게도
'선험적'으로 파악될 수 있음을 지적한다.[31] 임의의 대상을 지각한다고 해
보자. 이 대상은 시공간상의 직관으로 나타나며, 일정한 연장적 크기(외연

---

31) "(특정한 감각이 주어지지 않는다 할지라도) 감각 일반으로서의 감각에서 선험적으로 인식될
　　수 있는 무엇인가가 있다고 가정하면, 이것은 특별한 의미에서 예취라고 일컬어질 만하겠
　　다. 우리가 오로지 경험에서만 끌어낼 수 있는, 경험의 질료에 관한 것에서 경험을 앞지른다
　　는 것은 기이하게 보이는 일이니 말이다. 그런데 여기에 실제로 그런 일이 있다"(KrV A167/
　　B209).

량)extensive Größe를 갖는다. 다시 말해, 그것이 갖는 직관상의 크기는 각각의 부분 표상들이 더해져 만들어 내는 하나의 전체 표상으로서, 하나(단일성)이거나 다수(다수성)이거나 전체(전체성)다. 그런데 여기서 문제가 되는 것은 직관 속에 담기는 실재성, 즉 감각의 실재적 대상이 갖는 (외연량과는 다른) 크기다. 부분에서 전체로 나아가는 종합(연장적 크기)의 능력을 이미 직관에 부여했으므로, 칸트는 일체의 순차적 종합을 배제한 채 그것을 한순간에 일어나는 포착과 관련해서 다룬다. 이때 감각은 실재하거나(실재성=1) 전혀 실재하지 않거나(부정성=0) 이 양자 사이에 존재한다(제한성). 이를테면 온도는 뜨겁거나 전혀 뜨겁지 않거나 약간 뜨거울 것이며, 색은 붉거나 전혀 붉지 않거나 약간 붉을 것이다. 온도나 색의 질(뜨거움, 붉음)은 물론 경험적이지만, 그것이 갖는 '~임'에 해당하는 무언가가 있다는 사실은 선험적으로 파악될 수 있다. 부분들의 합을 통해 얻어지지 않는다는 점에서(30도+30도는 60도가 아니라 30도이므로) 연장적 크기와 구별되는 이런 감각의 정도를 칸트는 밀도적 크기(내포량)intensive Größe 혹은 강도라고 부른다. 요컨대 칸트는 현상의 형식과 현상의 질료의 결합을 통해 의식적 지각의 발생을 설명하며, 경험적 질의 배후에서 다시금 선험적 질, 즉 강도를 발견한다.

칸트는 강도를 "이러저러한 정도로 연장을 채우고 있는 어떤 질료에 대해서만 인정"(DR 298/495)하면서, 그것을 경험적 질의 가능조건으로 삼았다. 그러나 들뢰즈가 보기에, 강도는 질에 한정되지 않으며 단순히 어떤 가능조건에 그치는 것도 아니다. 다시 말해, 강도는 질 일반의 초월적 조건이 아니라 질과 양 모두의 실재적 발생을 설명해 주는 초월론적 조건이다. 우리가 느낄 수 있는 강도, 즉 현상적 강도에서 이야기를 시작해 보

자. 우리는 언제 어떤 온기를, 다시 말해 열 감각의 강도를 체감하는가? 예컨대, 자신의 체온과 동일한 온도의 물에 손을 넣을 때 우리는 따뜻함을 느끼지 못한다. 여기서 강도 발생의 조건은 체온과 수온의 차이다. 더 정확하게 말하자면, 강도 자체가 하나의 차이이며 이 차이는 다른 차이들을 통해 만들어진다. 이 경우 강도는 서로 다른 두 온도 사이에서 발생하되 그 두 온도 중 어느 하나로 환원되지 않기 때문이다. 강도는 일정한 양(약간)과 질(따뜻하다)을 산출하는 한편(의식적 지각), 앞선 두 온도 사이의 차이가 해소됨에 따라 어느새 사라져 버린다. 강도가 현상적 발생의 조건에 해당한다는 것은 현대 물리학, 특히 에너지 이론이 입증하고 있는 바이기도 하다. 즉 앞서 살펴본 온도의 사례와 마찬가지로, 모든 작용은 어떤 비대칭적 차이들을 전제하고 있으며, 그러한 차이들의 미분화된 결과물인 강도에 의해 발생한다는 것이다.[32]

차이는 잡다가 아니다. 잡다는 주어진 소여이다. 하지만 그 소여는 차이를 통해 주어진다. 차이는 그것들을 통해 소여가 잡다로서 주어지는 그

---

32) 여기서 들뢰즈는 앞서 살펴본 시몽동의 개체화 이론, 그리고 J.-H. 로스니(J.-H. Rosny)의 강도 이론을 염두에 두고 있다. 전자에 따르면, 모든 물질적·생기적·의식적 개체화는 그 조건으로서 준안정적 상태의 포텐셜 에너지를 요구한다. 이 포텐셜 에너지는 그것을 구성하는 항들이 비대칭적이고 이질적일수록 더 크며, 개체화는 (어떤 임계점을 넘어 자연발생적으로 혹은 어떤 인위적인 접촉을 통해) 그 항들 사이에서 급격한 에너지의 교환이 이루어질 때 나타난다. 후자에 따르면, 모든 에너지적 작용은 강도적 차이에서 비롯된다. 이때 강도는 다질적인 항들로 이루어진 적어도 두 개 이상의 계열로 구성되고, 그 각각의 항은 다시금 그런 방식으로 구성되며, 이런 식으로 무한히 계속된다. 들뢰즈는 강도의 이러한 불균등성을 준안정적 상태의 원인으로 간주하면서, 강도를 포텐셜 에너지의 담지자로 삼는다. 시몽동에 대한 보다 상세한 논의와 구체적인 사례들은 소바냐르그, 『들뢰즈, 초월론적 경험론』, 10~11장을 보라.

무엇이다. [……] 모든 현상의 배후에는 그것을 조건 짓는 어떤 비동등성 inégalité이 자리한다. 모든 잡다성, 모든 변화의 배후에는 그 충족이유로서 어떤 차이가 자리한다. 가령 고도차, 압력차, 장력차, 전위차, 강도차 등의 상관항이다. (DR 286/475~476. 번역 일부 수정)

칸트가 가능한 경험의 조건으로서 시간과 공간을 내세우는 데 반해, 들뢰즈는 실재적 경험의 조건으로서 강도를, 강도가 함축하고 있는 차이들의 체계를 내세운다. 이미 질과 양으로 뒤덮인 현상적 강도의 배후에는 초월론적 차이에 해당하는 순수 강도(비현상적 강도)들이 있으며, 이 순수 강도는 다시금 일련의 비대칭적 강도들 '사이'에서 성립한다. 즉 모든 강도는 적어도 두 개의 서로 다른 항 E-E′를 함축하고 있으며, 여기서 E는 다시 e-e′를 함축하는 식으로 계속된다. 내 피부의 표면에서 특정한 질과 양으로 의식되는 현상적 강도는 서로 다른 순수 강도들의 미분화된 결과물이지만, 그중 하나의 순수 강도는 다시금 서로 다른 순수 강도들의 미분화된 결과물인 것이다. 무한에 이르기까지 함축되는(안주름운동하는) 이 각각의 항들이 바로 미분적인 것 혹은 이념이며, 그것들은 일정한 미분적 관계 속에서 서로 공명하는 가운데 크거나 작은 강도를 형성한다.

이제 라이프니츠의 고전적인 예시에 대한 들뢰즈의 재해석을 통해, 미세 지각에서 의식적 지각으로 가는 이행을 잠재성-현실성의 논리에 따라 구체적으로 설명해 보자. 결론을 앞당겨 말하자면, 현실화의 역량(강도)을 산출한다는 점에서 미세 지각은 잠재적 지각이며, 그 역량이 발현된 결과물인 의식적 지각은 현실적 지각이다.

미세 지각을 보다 분명히 하기 위해서, 나는 우리가 해변에 있을 때 덮쳐 오는 파도 소리나 바다 소리를 예로 들곤 한다. [……] 파도 소리를 듣고 자 한다면, 전체를 구성하는 부분들을, 다시 말해 파도가 일으키는 소리 들 하나하나를 들어야 한다. 각각의 작은 소리가 다른 모든 소리들과의 혼잡한 결합 속에서만 파악될 수 있다 하더라도 말이다. [……] [미세] 지 각들은 미약하지만, 우리는 [……] 각각의 소리를 일부나마 지각하는 것 이 틀림없다. 그렇지 않다면 수만의 파도들에 대한 지각[의식적 지각]도 존재할 수 없는데, 수만의 무rien가 무언가를 야기할 수는 없을 것이기 때 문이다.[33]

라이프니츠에 따르면, 파도 소리를 의식하지 못한다 하더라도 우리 의 지각이 텅 비어 있다고 말할 수는 없다. 지금 의식의 문턱을 조금 낮추 어 보라. 그제야 의식되는 작은 소리들이 있다면, 조금 전에도 의식하지 못했을 뿐 이미 그 소리들을 듣고 있었던 것이 아닐까? 아직 '수만의 파도 들에 대한 지각(의식적 지각)'이 되지 못한 '파도가 일으키는 소리들 하나 하나(미세 지각)'를 라이프니츠가 이미 듣고 있었던 것처럼 말이다.

그런데 인용된 라이프니츠의 텍스트에서, 미세 지각에서 의식적 지 각으로 가는 이행의 논리는 다소 불분명한 듯 보인다. 각각의 작은 소리는 '다른 모든 소리들과의 혼잡한 결합' 속에서만 파도 소리로 의식된다. 그 런데 이 결합은 어떻게 이루어지는 것일까? 예컨대 그것은 부분들의 단순

---

33) Gottfried Wilhelm Leibniz, *Nouveaux essais sur l'entendement humain*, éd. Jacques Brunschwig, Paris: Flammarion, 1996, pp. 41~42.

112 들뢰즈의 미학

한 결합, 작은 소리들의 단순한 합산을 통해 이루어지는 것일까? 이 지점에서 들뢰즈는 라이프니츠를 좀 더 라이프니츠적으로 만들고자 한다. 즉 이 결합을 "(어떤 논리적 가능성의 관점에서) 부분과 전체의 관계"로 설명하는 것이 아니라 다름 아닌 라이프니츠의 미분법에 따라 "잠재적인 것과 현실적인 것의 관계(미분비들의 현실화, 특이점들의 구현)"로 설명하는 것이다(DR 276/460). 그것은 곧 미규정 상태의 미세 지각들(dx, dy)이 상호 간의 유동적인 미분비(dy/dx)에 따라 어떤 규정된 강도(dy/dx의 값)를 연속적·가변적으로 산출하는 관계다. 그리고 이러한 관계 속에서 "무수히 많은 미세 지각들"은 "이전 거시 지각의 균형을 무너뜨리고 다음 거시 지각을 예비"(PLB 115/158)한다. 들뢰즈가 다른 예를 통해 지적하듯이, "수없이 많은 작은 허기들(소금, 설탕, 기름 등등)이 통각되지 않은 다양한 리듬에 따라 촉발되지 않는다면, 어떻게 포만감 다음에 허기가 뒤따를 수 있겠는가?"(PLB 115/158~159)

다른 한편, 이러한 결합의 산물인 의식적 지각이 혼잡하다는 것은 무엇을 뜻하는가? 만약 데카르트가 주장하듯[34] 의식적 지각(명석·혼잡)이 판명distinct에 이를 정도로 충분히 명석하지는 못하다는 뜻이라면, 그것은 명석·판명한 지각에 비해 열등한 것으로 간주될 것이다. 그리고 이 경우 양자 사이에는 정도상의 차이에 따른 일종의 위계가 존재하게 된다. 볼프와 바움가르텐에게로 이어지는 감성적 인식(하위인식)과 이성적 인식(상

---

34) "나는 집중하고 있는 정신에 현존하며 드러난 지각을 명석한 지각이라고 부른다. 그리고 나는 명석하기 때문에 모든 다른 것과 잘 구별되어 단지 명석한 것만을 담고 있는 지각을 판명한 지각이라고 부른다"(르네 데카르트, 『철학의 원리』, 원석영 옮김, 아카넷, 2002, 38~39쪽).

위인식) 사이의 인식론적 위계 말이다.

이러한 미학사적 함의를 염두에 두면서, 이제 의식적 지각이 혼잡하다는 말을 (데카르트 식이 아니라) 라이프니츠 식으로 설명해 보자.[35] 의식적 지각에 해당하는 파도 소리는 그것이 파도 소리임을 우리가 재인할 수 있는 한에서 명석하지만, 파도 소리를 구성하는 미세 지각들 하나하나를 구별할 수 없는 한에서는 혼잡하다(판명하지 않다). 그런데 라이프니츠의 입장에서 볼 때, 파도 소리가 혼잡한 것은 그것이 충분히 명석하지 못하기 때문인가? 다시 말해, 미세 지각들을 일일이 구별해 낼 수 있다면, 우리는 명석·판명한 인식에 도달할 수 있는 것일까? 여기서 문제는 명석의 정도가 심화됨에 따라 판명으로 나아갈 수 있는지, 다시 말해 명석과 판명 사이에 정도상의 차이만 존재하는 것인지를 확인하는 데 있다. 그런데 라이프니츠가 불분명한 상태로 남겨 둔 이 논점에 개입하면서, 들뢰즈는 다음과 같이 묻는다.

> 명석과 판명 사이에는 정도상의 차이가 아니라 어떤 본성상의 차이가 있어서, 명석은 그 자체로 혼잡하고 마찬가지로 판명도 그 자체로 애매한 것은 아닐까? 명석-혼잡에 대응하는 이 판명-애매ambigu란 무엇인가?
> (DR 275/459)

---

35) "어떤 인식으로 인해 내가 표상된 사물을 재인할 수 있을 때, 그 인식은 명석하다. 이제 이 인식은 판명하거나 혼잡하다. 내가 다른 사물들 중에서 특정한 사물을 구별할 수 있을 만큼 충분한 징표들을 하나하나 열거할 수 없을 때, 그 인식은 혼잡하다"(Gottfried Wilhelm Leibniz, "Méditations sur la connaissance, la vérité et les idées", trad. Paul Schrecker, *Opuscules philosophiques choisis*, Paris: Vrin, 2001, p. 15. 강조는 원문).

들뢰즈는 미세 지각에서 의식적 지각으로 가는 연속성의 논리를 유지하면서도 명석과 판명 사이에 본성상의 차이를 도입한다. 그런데 연속성과 본성상의 차이가 어떻게 화해할 수 있단 말인가? 첫째로, 들뢰즈는 독특하게도 명석과 혼잡, 그리고 판명과 애매를 각기 불가분적인 것으로 짝짓는다. 명석은 그 자체로 혼잡하며, 이는 곧 혼잡하지 않은 명석이 없음을 함축한다. 예컨대, 의식적 지각은 명석하다. 우리는 다른 소리가 아니라 '파도 소리'를 듣는다. 그러나 파도 소리가 우리가 일일이 구별해 낼 수 없는 수많은 미세 지각들로 구성되어 있는 한에서, 그것은 혼잡할 수밖에 없는 명석이다. 다른 한편, 판명은 그 자체로 애매하며, 이는 곧 애매하지 않은 판명이 없음을 함축한다. 들뢰즈가 보기에, 미세 지각들은 판명하다. 그것들이 (의식적으로 구별되지는 않더라도) 특정한 미분비와 그 미분비를 이루는 요소들로서 수학적으로 파악되고 기술될 수 있는 한에서 말이다. 그러나 전체로서 무엇인지가 의식되지 않은, 따라서 전체로서 재인될 수 없는 개개의 미분적 요소인 한에서, 그것들은 애매할 수밖에 없는 판명이다.

둘째로, 들뢰즈는 판명-애매와 명석-혼잡 사이에 전자에서 후자로 가는 발생론적 관계를 확립한다. 그것은 앞서 살펴보았던 미세 지각에서 의식적 지각으로 가는 관계, 잠재성을 현실화하는 관계에 다름 아니다. 들뢰즈 식으로 말하자면, 미세 지각은 항상 판명-애매하고 의식적 지각은 항상 명석-혼잡하다. 양자는 본성상의 차이(판명-애매와 명석-혼잡)를 갖지만 그 차이는 양자의 연속성(미세 지각에서 의식적 지각으로 가는 이행)과 모순되지 않는다. 왜냐하면 그 차이는 연속적인 발생의 과정에서 산출된 것이기 때문이다. 미세 지각들의 미분적 관계는 그 일시적 산물로 의식적 지각을 산출한다. 하지만 우리가 이 두 종류의 지각을 동시에 포착할 수는 없다. 비유하자면, 이는 광장을 가득 메운 전체로서의 함성을 들을 때에는 개개의 목소리가 흐려지고, 친구의 목소리를 식별하려 귀를 기울일 때에는 전체로서의 함성이 뒤로 물러나는 것과 같다. 광장에 모인 인파 속에서 누군가가 시작한 외침은 어느새 큰 함성을 이루고, 시간이 흐름에 따라 잦아들고 다시 커지기를 거듭한다. 이러한 것이 바로 판명-애매에서 명석-혼잡으로, 다시 명석-혼잡에서 판명-애매로 나아가는 이행, 그 과정에서 끊임없이 본성상의 차이를 산출하는 이행이다. "요컨대 모든 감각은 명석하지만 혼잡하다. 하지만 그것은 자신이 솟아난 원천인 판명-애매 속으로 끊임없이 되돌아간다. 들뢰즈에게서 명석과 판명의 원리는 서로 환원될 수 없는 두 가치[혼잡한 명석과 애매한 판명]로 나뉘며, 그것들은 결코 재결합하여 자연의 빛[명석·판명]을 구성할 수 없다."[36] 이러한 논리를 통해 들뢰즈는 인식의 종류와 가치, 그 가치가 함축하는 위계를 구성하는 데 사용되던 일련의 기준을 지각 발생의 연속적인 단계에 대한 기술로 바꿔 놓는다.

4. 발생론적 탐구의 미학적 귀결: 기호, 감성의 초월적 실행

들뢰즈의 발생론적 지각론은 표상의 발생을 설명해 준다. 이를 통해 그것은 표상이 발생의 한 국면에 지나지 않음을, 따라서 표상이 우리 사유의 정당한 출발점일 수 없음을 보여 준다. 이런 관점에서 보자면, 발생론

---

36) Daniel W. Smith, *Essays on Deleuze*, Edinburgh: Edinburgh University Press, 2012, p. 97. 강조는 원문.

적 지각론은 표상에 근거한 사유방식을 비판하는 데 그치는 것이 아니라 표상에 근거하지 않은 새로운 사유방식의 가능성을 묻고 있는 셈이다. 이를테면, 그것은 다음과 같은 물음이다. '어떻게 표상과 같은 미리 전제된 출발점 없이 발생적 사태를 사유할 수 있는가?' 혹은 '어떻게 사유 속에서 발생적 사태에 부합하는 새로운 사유를 산출할 수 있는가?' 『차이와 반복』의 표현을 빌려 보다 정확하게 말하자면, 그것은 사유의 생식성^{génitalité}에 관한 물음이다. 여기서 생식성이라는 표현은 사유가 본유적으로 주어지는 것이 아니라 "아직 현존하지 않는 것을 낳는"(DR 192/328) 고통스러운 분만의 과정을 거쳐 비로소 얻어지는 것임을 시사한다. 들뢰즈에 따르면, "사유한다는 것"은 곧 "창조한다는 것"이며, "창조한다는 것"은 곧 "사유 속에 '사유하기'를 낳는 것"(DR 192/328)이다.

2장에서 살펴보았듯이, 들뢰즈는 일찍이 칸트의 숭고론에서 사유의 생식성을 위한 모델을 발견한 바 있다. 즉 숭고의 경우에는 "재인의 모델이나 공통감의 형식이 실패를 겪는 가운데 사유를 전혀 새로운 방식으로 생각할 기회가 주어진다"(DR 187/319~320)는 것이다. 그런데 흥미로운 것은 들뢰즈가 한 소설가의 작품에서 그에 상응하는 모델을 발견한다는 사실이다. 프루스트의 『잃어버린 시간을 찾아서』가 바로 그것인데, 들뢰즈는 이 소설을 (칸트의 숭고론에 나타나는) 능력들의 초월적 실행과 결부시켜 읽으면서 그 속에서 일종의 사유 모델을 찾아낸다.[37] 이 사유 모델은 표상

---

37) 소바냐르그, 『들뢰즈, 초월론적 경험론』, 101쪽 참조. 하지만 이 책에서 필자는 칸트를 전면에 내세워 프루스트의 소설을 해설하려 들지 않았다. 이는 들뢰즈의 이러한 독해를 가능하게 해 준 근거를 그 소설 자체에서 찾아내고자 했기 때문이다(이 점은 베르그손의 기억 이론과 관련해서도 마찬가지다).

에 근거한 사유방식에 대한 비판과 비표상적인(발생론적인) 사유의 가능성이라는 두 측면을 포괄하는데, 이 두 측면을 차례대로 살펴보기로 하자.

먼저, 표상에 근거한 사유방식에 대한 비판은 그것이 지닌 암묵적인 전제들을 체계적으로 고발하는 방식으로 진행된다. 여기서 주된 비판의 대상이 되는 것은 이른바 "이성론류의 고전 철학"(PS 115/142)이다. 들뢰즈에 따르면, 우리가 항상 데카르트의 회의나 게오르크 빌헬름 프리드리히 헤겔Georg Wilhelm Friedrich Hegel의 변증법과 같은 어떤 방법méthode에 따라 사유하는 것은 아니다. 게다가 그런 방법의 근저에는 항상 어떤 사유 이미지가 있다. 여기서 "사유 이미지란 다소간 함축적이고 암묵적이며 미리 전제된 것으로서, 사유하고자 할 때 우리의 목표와 수단을 결정한다".[38] 이런 암묵적인 전제들을 '사유 이미지'라고 부르는 것은 그 전제들이 '고전 철학이 사유에 대해 만들어 온 이미지'를 구성하기 때문이다.

『프루스트와 기호들』에서 사유 이미지는 다음의 두 측면으로 요약된다. 첫째로, 고전 철학은 사유자가 본성적으로 참le vrai을 원하며 스스로 그것을 찾아 나서는 선한 의지를 지니고 있다고 생각한다. 이러한 전제에 따르면, 모든 탐구는 "미리 생각된 결정"(PS 115/142)에 따른 자발적인 것이

---

38) Deleuze, "Préface à l'édition américaine de *Différence et Répétition*"(RF 282). 이 용어는 『니체와 철학』(1962)의 3장 15절 '새로운 사유 이미지'에 처음 등장하며, 『마르셀 프루스트와 기호들』(1964, 『프루스트와 기호들』의 초판)의 결론 '사유 이미지'를 거쳐 『차이와 반복』(1968)의 3장 '사유 이미지'에서 가장 체계적인 형태로 나타난다. 『니체와 철학』에서 사유 이미지는 다음의 세 요소로 요약된다. 진리를 원하고 사랑하는 사유자의 진실성, 사유와 대립하는 외부 힘들의 결과인 오류, 오류를 벗어나 참을 사유하기 위한 방법. 『차이와 반복』에 이르면, 사유 이미지는 각각 두 측면을 지닌 여덟 개의 공준으로 확대된다(DR 216~217/367~368). 여기서는 『프루스트와 기호들』에서 요약적으로 제시된 논의를 따른다. 사유 이미지에 대한 보다 자세한 논의는 이 책의 5장 2절을 보라.

된다. 둘째로, Philo(친구)와 Sophia(지혜)가 결합된 철학이라는 용어 자체가 시사하듯이, 고전 철학은 스스로를 공통의 선한 의지를 지닌 친구들 간의 소통으로 간주한다.[39] 그런데 문제는 이런 소통이 "미리 합의된 것[규약적인 것]le conventionnel"을 주고받는 것에 불과하며, 따라서 진리가 "임의적이고 추상적"인 상태로 남는다는 데 있다(PS 116/142). 들뢰즈 식으로 말하자면, 이러한 소통은 이미 알고 있는 것을 '재인'하여 주고받을 뿐, 그렇지 못한 것을 '인식'하는 참된 사유에 도달하지 못한다. 사유 이미지 비판은 이렇듯 사유자의 자발성과 진리의 임의성 및 추상성에 대한 비판으로 요약되며, 그것들을 극복할 수 있는 '새로운 사유 이미지'를 요구한다.

새로운 사유 이미지, 보다 정확히 말해 사유를 가두고 있는 사유 이미지로부터 벗어나는 사유의 해방, 이것이 바로 내가 [『차이와 반복』을 쓰기에] 앞서 프루스트에게서 발견했던 것이다.[40]

들뢰즈는 『잃어버린 시간을 찾아서』의 "철학적인 중요성"을 강조하는데, 이는 그 작품이 "이성론류의 고전 철학의 가장 본질적인 점을 공격"하면서 "철학에서의 사유 이미지와 대립되는 어떤 [새로운] 사유 이미지"

---

39) 이 주제는 『철학이란 무엇인가?』의 서론에 다시 등장한다. "우리가 살펴보게 될 바와 같이, 개념은 그것을 규정하는 데 기여하는 개념적 인물을 필요로 한다. 친구(Ami)는 그런 개념적 인물로서, 우리는 이 점을 두고 'philo-sophie'라는 그리스적 어원을 증명해 준다고도 말한다"(QP 8). 들뢰즈에 따르면, 철학이 그리스적인 것으로 여겨지는 이유는 다음과 같다. 그리스는 사회를 서로 다른 의견을 주장하는 친구들로 구성된 것으로 간주하는 한편, 본질을 탐구하는 데 있어 그 친구들 간의 경쟁 관계를 확립했다.

40) Deleuze, "Préface à l'édition américaine de *Différence et Répétition*"(RF 283).

를 제시하고 있기 때문이다(PS 115/141~142). 들뢰즈가 보기에, 프루스트의 새로운 사유 이미지는 다름 아닌 기호론의 형태로 나타난다. 그는 프루스트의 『잃어버린 시간을 찾아서』를 두고 "한 작가의 배움^{apprentissage}의 과정을 다룬 이야기"(PS 10/22. 번역 일부 수정)라고 말하는데, 이때 그 배움의 대상이 바로 기호다. 여기서 기호는 단순히 문자 기호가 아니라 우리의 감성, 기억, 사유를 자극하는 모든 대상을 가리키는 것으로, 이를테면 프루스트의 소설에 등장하는 애인의 거짓말(사랑의 기호), 마들렌 과자의 맛(감각적 기호) 등이 그 사례에 해당한다.[41]

이제 사유 이미지의 세 측면에 관한 들뢰즈의 비판을 차례대로 살펴보자. 먼저, 들뢰즈는 사유 이미지의 첫 번째 측면에 해당하는 진리의 '추상성'을 배움의 구체성에 대립시킨다. "배운다는 것은 필연적으로 기호와 관계한다. 기호는 시간이 흐르는 동안 배워 나가는 대상이지 추상적인 지식의 대상이 아니다"(PS 10/23. 번역 일부 수정). 다시 말하자면, 기호는 (추상적인 지식과 관련되는 것이 아니라) 시간 속에서 직접 경험하고 어리석은 해석을 거듭하면서 서서히 얻게 되는 구체적인 배움과 관련된다.

남아 있는 문제는 사유 이미지의 두 번째와 세 번째 측면, 다시 말해

---

41) 앞서 2장 2절 2)에서, 우리는 불균등화 개념과 관련하여 『차이와 반복』의 기호 개념을 간략히 살펴본 바 있다. 거기서 기호는 '그 배후에 불균등화를 품고 있는 모든 현상'으로 규정되었다. 프루스트론에서 들뢰즈는 기호 개념을 불균등화와 직접 연결시키지는 않으면서, 『잃어버린 시간을 찾아서』의 다양한 주제들과 관련하여 폭넓게 사용한다. 그는 그 소설에서 모두 네 종류의 기호를 발견하는데, 사교계의 기호, 사랑의 기호, 감각적 기호, 예술의 기호가 바로 그것이다. 이후 이 장의 말미에서 우리는 『차이와 반복』의 기호 개념으로 돌아갈 것인데, 거기서 기호는 '강도'로 규정된다. 들뢰즈가 강도를 모든 현상의 충족이유로 간주한다는 점을 고려하면, 이 규정은 '불균등화를 품고 있는 모든 현상'이라는 앞서의 규정은 물론, 프루스트론에 등장하는 다양한 유형의 기호들과도 모순되지 않는다.

사유자의 자발성과 진리의 임의성을 어떻게 이해하고 또 넘어설 것인가 하는 점이다. 먼저 사유 이미지의 두 번째 측면과 관련해서, 들뢰즈가 보기에 사유는 사유자의 '자발성'에서 기인하는 것이 아니라 "사유하도록 강요하고 사유에 폭력을 가하는 어떤 것"(PS 117/143)에 의해 시작되며, 그런 의미에서 비자발적involontaire이다.

> 프루스트는 인간이란, 설령 순수하다고 가정된 정신이라 할지라도, 참된 것에 대한 욕망, 진실에 대한 의지를 처음부터 가지고 있다고 생각하지 않는다. 우리가 구체적인 상황과 관련하여 진실을 찾지 않을 수 없을 때, 그리고 우리를 이 진실 찾기로 몰고 가는 어떤 폭력을 겪을 때만 우리는 진실을 찾아 나선다. 누가 진실을 찾는가? 바로 애인의 거짓말 때문에 고통받는 질투에 빠진 남자다.[42] (PS 23~24/39~40)

다음으로 사유 이미지의 세 번째 측면과 관련해서, 사유가 도달하는 진실은 미리 합의된 '임의적인 것'이 아니다. 이는 진실을 가져다주는 기호와의 마주침이 우연적이기 때문이다. 마주침이 우연적일 때 사유자는 자신의 의도에 따라 기호를 선택할 수 없으며, 따라서 이 경우 기호가 가

---

42) 예컨대, 소설 속의 '나'는 사랑하는 알베르틴의 비밀로 인해 고통받는다. 그 비밀을 숨기기 위한 그녀의 거짓말, 낯선 여성이 알베르틴에게 보내는 은밀한 눈빛, 말싸움 중 그녀가 무심코 뱉어 낸 기묘한 자기비하적 표현, 사유하도록 강요하는 것, 진실에 대한 비자발적인 탐구로 '나'를 몰아가는 것은 바로 이런 기호들이다. 이런 기호들의 강요에 이끌려 '나'는 그녀를 추궁하고, 몰래 뒷조사를 하고, 심지어는 방에 가두기에 이른다. 그 기호들이 해독되는 순간 그보다 더한 고통이 찾아오리라는 사실도 모른 채, 그 기호들이 하나의 비밀 세계, 즉 고모라의 세계로 이어져 있다는 것도 모른 채 말이다.

져다주는 진실 또한 미리 합의된 것일 수 없다. 여기서 진실은 예기치 않은 마주침 속에서 '발생'한 것이기 때문이다.

들뢰즈는 바로 이 지점에서 사유의 발생을 설명해 주는 모델을 발견하는데, 그것은 앞서 칸트의 숭고론에서 살펴보았던 바와 같은 능력들의 초월적 실행이다. 그런데 프루스트에게서 초월적 실행을 야기하는 대상은 거대하거나 강력한 자연 사물에 국한되지 않는다. 그의 소설에 등장하는 무수한 사례들을 경유하면서, 들뢰즈는 그 대상을 우리 감성에 주어지는 기호 일반으로 확대한다. 그 사례들 가운데, 여기서는 기억의 초월적 실행(비자발적 기억)을 야기하는 감각적 기호(고르지 않은 포석)의 경우를 잠시 살펴보기로 하자.[43]

발부리에 부딪힌 안뜰의 두 포석을 내가 일부러 찾아갔던 것은 아니다. 그

---

43) 소설 전체의 대단원을 이루는 『되찾은 시간』에서 '나'는 고르지 않은 포석에 발을 헛디디게 되는데, 그 순간 완전히 잊어버렸던 베네치아가 온전히 되살아나는 것을 느낀다. "방금 얘기한 바와 같은 슬픈 상념을 되새기면서, 나는 게르망트네 저택의 안뜰로 걸어 들어갔다. 부주의 때문에, 나는 자동차가 다가오는 것을 발견하지 못했다. 운전수의 고함 소리에 서둘러 몸을 비켜 뒤로 물러나다가 차고 앞에 깔린 고르지 않은 포석에 발부리를 부딪혔다. 균형을 잡으려고 아까보다 좀 더 낮은 포석에 발을 딛는 순간, 내 모든 실망은 [······] 인생의 각 시기마다 내게 주어졌던 동일한 행복감 앞에서 사라져 버렸다. [······] 그러다 게르망트네 모임마저 다 잊어버린 채 아까 발을 이렇게 디뎠을 때 느꼈던 것을 다시 한 번 느끼는 데 성공했는데, 다시금 아찔하고도 어렴풋한 영상이 나를 스쳐 가며 이렇게 말하는 것 같았다. '할 수 있다면 지나치는 길에 나를 붙잡아 보렴. 그리고 내가 내는 행복의 수수께끼를 한 번 풀어 봐.' 그러자 거의 순식간에 나는 알아차렸다. 그건 베네치아였다. 그걸 묘사하려는 내 노력도 내 기억이 찍어 둔 이른바 즉석사진도 그에 대해 아무것도 알려 주지 않았었는데, 오래전 산 마르코 세례당 앞의 고르지 않은 두 포석에서 느꼈던 감각이 그날 그 감각과 결부된 다른 감각들과 더불어 내게 베네치아를 되돌려 준 것이다"(Marcel Proust, "Le temps retrouvé", *À la recherche du temps perdu*, vol. 3, éds. Pierre Clarac et André Ferré, 3 vols., Paris: Gallimard, 1954, pp. 866~867).

러나 감각과 마주치는 우연하고도 불가피한fortuit, inévitable 방식이야말로 감각이 소생시킨 과거의 진실, 감각이 불러온 이미지의 진실을 확인해 준다. 우리는 빛을 향해 거슬러 오르려는 그 감각의 노력을 느끼며 되찾은 실재가 주는 기쁨을 느끼기 때문이다.[44]

여기서 주목해야 하는 것은 '일부러 찾아가지 않은' 우연하고도 불가피한 마주침이 과거의 진실을 확인해 준다는 사실이다. 들뢰즈는 "그 마주침의 우연성"이 그 진실이 미리 합의된 것이 아님을 보장해 줄 뿐만 아니라 "마주친 것, 즉 사유 대상의 필연성"까지 보장해 준다고 말한다(PS 118/145. 번역 일부 수정). 그런데 일견 대립적인 우연성과 필연성이 어떤 점에서 서로 연결되는 것일까? 단적으로 말해, 이는 (일반적인 견해와는 달리) 들뢰즈가 우연성과 필연성을 궁극적으로는 동일한 것으로 이해하고 있기 때문이다. 들뢰즈의 니체 이해에 따르면, 탁자 위에 미리 정해 놓은 숫자가 나타나기만 기다리는 사람들은 주사위 놀이를 할 줄 모르는 이들, 놀이에서 패할 수밖에 없는 이들이다. 진정한 주사위 놀이는 주사위들이 떨어지는 탁자가 아니라 주사위들이 던져지는 하늘에서 펼쳐지며, 그 놀이의 정수는 거기서 나타나는 모든 조합을 긍정하는 데 있다. "우리가 한 번 던진 주사위들은 우연의 긍정이고, 주사위들이 떨어지면서 형성하는 조합은 필연의 긍정이다"(NP 29). 따라서 필연이란 우연의 조합에 다름 아니며, 하늘에서 펼쳐지는 모든 우연한 조합들을 긍정할 때 우리는 탁자 위의

---

44) Ibid., p. 879.

숫자를 필연으로 받아들이게 된다. 이런 관점에서 보자면, 참된 문제는 우연과 필연 사이에 있는 것이 아니라 우연이자 필연인 모든 조합 혹은 모든 발생과 그것을 긍정할 수 없도록 가로막는 '미리 정해 놓은 숫자' 사이에 있다. 프루스트에게로 돌아오자면, '미리 합의된 것'에 맞추어 인위적으로 예단하지 않는 한에서, 우리가 마주치는 우연은 그 자체로 필연인 것이다.

기호와의 '우연하고도 필연적인 마주침'은 '나'로 하여금 과거의 진실에 도달하게 해준다. 하지만 자발적인 기억이 아니라면, '나'는 도대체 어떻게 그 진실에 도달할 수 있는 것일까? 들뢰즈가 보기에, 이 지점에서 프루스트는 베르그손을 넘어서려는 자신의 문제의식을 분명하게 드러낸다. 그는 소설 속에서 베르그손의 기억 이론을 간접적으로 언급한 뒤[45] 다음과 같이 묻는다. "베르그손의 주장에 근거하여 위대한 노르웨이 철학자가 말한 바에 따르면, 우리는 모든 기억을 지니고 있지만 그것을 상기하는 능력은 지니고 있지 않다. …… 하지만 상기하지 못하는 기억이 무슨 의미가 있단 말인가?"[46] 이 물음에 대한 프루스트의 답변, 즉 과거의 진실에 도달하게 해주는 방법이 바로 비자발적 기억이며, 이는 기억의 초월적 실행에 다름 아니다.

감각적 기호는 우리에게 폭력을 행사한다. 그것은 기억을 동원하고 영혼

---

45) 프루스트는 『잃어버린 시간을 찾아서』에 한 노르웨이 철학자를 등장시키는데, 그는 베르그손이 자신의 스승인 에밀 부트루(Émile Boutroux)와 나누었다는 대화를 전달하면서 베르그손의 기억 이론을 상기시킨다. Proust, "Sodome et Gomorrhe", *À la recherche du temps perdu*, vol. 2, p. 984를 보라.
46) Ibid., p. 895.

을 움직이게 한다. 그러나 그다음에는 영혼이 사유를 움직이게 하고 사유에다 감성이 당하는 압박을 전해 준다. 그러고는 마치 본질이 사유되어야 하는 유일한 것인 듯이 사유에게 본질에 대해 사유하도록 강요한다. 이때 능력들은 초월적 실행을 하게 된다. 이 실행 속에서 각각의 능력(기호를 포착하는 감성, 기호를 해석하는 영혼과 기억, 본질에 대해 생각하도록 강요된 사유)은 자신의 고유한 한계에 직면하고 거기에 도달한다. (PS 123/151. 번역 일부 수정)

유명한 마들렌 과자의 사례를 떠올려 보자.[47] 마들렌이 녹아든 홍차 한 모금(감각적 기호)은 몸속에 '특별한 일', '이유를 알 수 없는 감미로운 기쁨'을 가져다준다. 일시적으로나마 필멸이라는 인간의 운명마저 뛰어넘는 이 기쁨은 감성에다 그 기호를 포착하고 놓치지 말아야 한다는 압력을 가한다. 그 압력에 이끌려(따라서 비자발적으로) 이제는 기억이 그 기쁨의 원천을 찾아 과거를 탐색한다. 이때 초월적 실행에 도달한 기억은 자발

---

47) "나는 마들렌 한 조각이 녹아든 홍차 한 숟가락을 무심코 입으로 가져갔다. 그런데 과자 조각이 녹아든 홍차 한 모금이 입천장에 닿는 순간, 소스라치게 놀라 내 안에서 일어나는 특별한 일에 주의를 기울였다. 까닭 모를 감미로운 기쁨이 나를 사로잡아 고립시켰다. [⋯⋯] 더 이상은 나 자신이 초라하고 우연적이며 필멸(必滅)하는 존재라고는 느껴지지 않았다. [⋯⋯] 그러다 갑자기 추억이 떠올랐다. 이 맛은 콩브레에서 일요일 아침마다(일요일에는 미사시간 전까지 나가지 않기 때문에) 레오니 아주머니께 문안 인사를 드리러 갈 때면 아주머니가 홍차나 보리수차에 섞어 주던 마들렌 조각의 맛이었다. [⋯⋯] 물을 담은 도자기 그릇에 작은 종잇조각을 적시면 그때까지는 무엇인지 알 수 없던 종잇조각이 물에 잠기자마자 늘어나고 비틀리고 채색되어 서로 구별되면서 분명하고 쉽게 알아볼 수 있는 꽃이며, 집, 사람이 되는 일본 사람들의 놀이에서처럼, 이제 우리 집과 스완 씨 집 정원의 온갖 꽃들, 비본 냇가의 수련, 선량한 마을 사람들, 그들의 작은 집과 성당, 그리고 콩브레 전체와 그 근방이, 마을과 정원이, 형태와 견고함을 갖춘 이 모든 것이 내 찻잔에서 솟아났다"(Proust, "Du côté de chez Swann", À la recherche du temps perdu, vol. 1, pp. 45~48).

적인 방식으로는 가닿을 수 없었던 과거의 진실(콩브레)에 도달한다.

여기서 주의해야 할 것은 자발적 기억과 비자발적 기억이 서로 다른 능력을 가리키는 것이 아니라 "동일한 능력의 서로 다른 실행"(PS 120/147. 번역 일부 수정)을 가리킨다는 사실이다. 한편으로, 자발적 기억은 "과거를 직접 포착"하는 것이 아니라 "현재를 가지고 과거를 재구성"(PS 72/93)한다. 따라서 그것은 오늘날의 마들렌과 과거의 마들렌을 별개의 두 계기, 잇따르는 시간 속의 상호 외재적인 두 계기로 간주할 뿐이다.[48] 그로 인해 자발적 기억은 과거가 현재였을 때 담고 있던 그 과거의 토대, 즉 "과거의 즉자 존재"(PS 72/94. 번역 일부 수정)를 놓쳐 버린다. 그에 반해, 비자발적 기억은 '콩브레에서의 단편적인 기억(아주머니가 주신 마들렌 과자를 맛본 일)'이 아니라 그런 기억들의 토대인 '콩브레 자체'에 도달한다. 프루스트가 비유하듯이, 물에 담그면 '늘어나고 비틀리고 채색되어 꽃이며, 집, 사람이 되는' 일본 사람들의 종이처럼 '콩브레 자체'는 그 마을의 냇가며 성당, 마을 사람들의 웃음과 행복을 펼쳐 보인다. 이러한 과거의 진실은 "지금의 자발적 기억이나 옛날의 의식적 지각이 손길을 미치지 못하는"(PS 76/100. 번역 일부 수정) 것으로서, 비자발적 기억만이 도달할 수 있는 고유의 영역을 보여 준다.

앞서 우리는 들뢰즈가 프루스트의 소설을 기호의 배움에 대한 이야

---

48) 이런 점에서 자발적 기억은 사전첩에서 예전에 찍은 사진을 꺼내 보듯이, 즉 과거의 기록을 단순히 확인하는 방식으로 진행된다. "이 낱말만으로도 기억은 내게 사진을 늘어놓은 것처럼 권태롭게 느껴졌다. 그리고 오래전에 보았던 것을 어제 면밀하고도 서글픈 눈으로 관찰했던 것처럼 지금 묘사하는 데 필요한, 그때 그 순간 가졌던 안목과 재능이 이미 다 사라져 버린 것처럼 느껴졌다"(Proust, "Le temps retrouvé", p. 865).

기로 간주했음을 언급한 바 있다. 이 주제는 『차이와 반복』에서 다시 한 번 개진되는데, 여기서 기호는 『프루스트와 기호들』에서보다 좀 더 엄밀한 의미에서 사용된다. 구체적으로 말하자면, 그것은 이념적 요소들과 그것들 간의 관계를 함축하는 강도로 규정된다. 말하자면, 『차이와 반복』에서 들뢰즈는 자신이 칸트와 프루스트에게서 찾아낸 새로운 사유 모델을 자기 고유의 철학적 대상(이념과 강도)에 적용하고 있는 셈이다. 그런데 강도로서의 기호와 관련해서, 들뢰즈가 특히 염두에 두는 것은 감성의 초월적 실행이다.[49] 강도가 표상을 산출한다는 점을 고려한다면, 감성이 초월적 실행을 통해 포착하는 것은 표상의 발생에 다름 아니다. 들뢰즈는 초월적 실행을 위한 감성 훈련의 필요성을 제기하면서 그것을 '감각교육학'이라고 부르는데, 그것의 목표는 "감각들을 비틀어" 강도를 "연장과는 독립적으로" 또 "그것[강도]이 개봉되는 질에 앞서" 포착하는 데 있다(DR 305/506).

들뢰즈에 따르면, 배움이란 이념에 대한 탐험과 능력들의 초월적 실행이라는 두 측면을 갖는다. 첫째로, 배운다는 것은 "이념을 구성하는 보편적 관계들과 이 관계들에 상응하는 독특성들 안으로 침투"(DR 214/363)하는 것이다. 예컨대 수영을 배운다는 것은 과연 무엇인가?[50] 이

---

49) 이것은 감성의 초월적 실행만이 중요하다는 뜻이 아니라 기억이나 사유의 초월적 실행을 위한 출발점이 감성에 있다는 뜻이다. "사유되어야 할 것으로 이르는 길에서는 진실로 모든 것은 감성에서 출발한다. 강도적 사태에서 사유에 이르기까지, 우리에게 사유가 일어나는 것은 언제나 어떤 강도를 통해서다"(DR 188/322).

50) 이 사례는 일찍이 헤겔과 하이데거가 다루었던 것이다. 헤겔은 칸트 인식론을 비판하면서 다음과 같이 말한다. "그[칸트]는 '인식은 실재를 탐구하는 우리의 도구다. 우리가 진리로 다가갈 수 있기 전에, 우리는 먼저 진리를 발견하는 이러한 도구를 비판해야 한다'라고 주장한다. 그는 인식의 '도구'를 비판하는 것이 인식을 알게 되는 것이라는 것을 잊고 있는 듯하다. 도구를 사용하지 않고서는 도구를 비판할 수 없다. 그러므로 칸트는, 수영하는 법을 배우기 전까

는 이념의 전 체계가 구현되는 물결의 흐름 속으로 들어간다는 것이며, 발끝의 움직임, 손의 방향, 목의 각도 등의 미묘한 변화를 통해 그 체계 속으로 침투할 수 있는 고유의 움직임과 속도를 익히는 것이다. 이러한 배움은 이론 수업을 통해서나 다른 사람이 수영하는 모습을 바라봄으로써 얻게 되는 추상적인 지식과는 구별되는 것으로서, 물방울들의 미분적 관계가 만들어 내는 유동성 속에 뛰어들어 오랜 시간을 보낸 후에야 비로소 얻어진다. 둘째로, 배우는 자는 "각각의 인식능력을 초월적 실행으로 끌어올린다"(DR 214/363). 여기서 중요한 것은 경험적 실행을 야기하는 대상과 초월적 실행을 야기하는 대상을 구별하는 일이다. 전자는 '감성적인 것', 다시 말해 칸트적인 의미에서 재인을 가능케 하는 감성적 질료다. 이때 재인은 인식의 질료를 제공하는 감성, 그 형식을 제공하는 지성, 도식으로 양자를 매개하는 상상력, 이 세 능력의 조화로운 일치 속에서 이루어진다(논리적 공통감). 반면 후자는 '감성적인 것'이 아니라 그런 존재자를 낳는 것, 즉 '감성적인 것의 존재'로서 앞서 살펴본 강도에 다름 아니다. 그런데 강도와 관련해서 능력들은 서로 조화를 이루는 것이 아니라 오히려 불화의 상태에 놓인다. 강도를 포착해야 한다는 압력은 일상적·경험적 실행의 영역에서 감성을 탈구^{脫臼}시켜 자신의 한계를 넘어설 것을 강요한다. 이렇듯 강요된 운동 속에서 감성은 기억을, 기억은 다시 사유를 이러한 폭력

지는 물에 들어가는 것을 거부하는 철학자와 같다"(하워드 P. 케인즈, 『헤겔 근대 철학사 강의: 근대 철학의 문제와 흐름』, 강유원·박수민 옮김, 이제이북스, 2005, 124~125쪽). 다른 한편, 하이데거는 '사유란 무엇인가'라는 물음과 관련하여 다음과 같이 말한다. "이를테면 우리는 수영이 무엇으로 '불리는지'(heißt)를, 즉 수영이 무엇을 '뜻하는지'(heißt)를 결코 수영에 관한 논문을 통해서는 알지 못한다. 우리가 수영이 무엇으로 불리는지를 알려면 강물에 뛰어드는 수밖에 없다"(마르틴 하이데거, 『사유란 무엇인가』, 권순홍 옮김, 도서출판 길, 66쪽).

속으로 몰아넣는다. 그리고 이때 비로소 그 능력들은 자신의 역량을 최대치로 끌어올리게 된다.

> 강도는 또한 이 [감성의 고유한] 한계의 역설적인 특성을 지닌다. 즉 강도는 감각 불가능한 것, 감각될 수 없는 것이다. 왜냐하면 그것은 언제나 자신을 소외시키거나 자신과 '상반되는' 어떤 질에 의해 뒤덮이고, 자신을 전복하고 말소하는 어떤 연장 안에서 분배되기 때문이다. 그러나 다른 관점에서 보면 강도는 오로지 감각밖에 될 수 없는 것, 감성의 초월적 실행을 정의하는 것에 해당한다. 왜냐하면 강도는 감각을 낳고, 이를 통해 기억을 일깨우며, 또 사유를 강요하기 때문이다. (DR 305/506)

인용문에서 들뢰즈가 말하듯이, 강도는 감성의 고유한 한계를 이룬다. 하지만 이 한계는 역설적이다. 한편으로 그것은 뛰어넘을 수 없는 한계인데, 감성은 자신의 경험적 실행을 통해서는 강도가 낳은 질과 양을 포착할 뿐 강도 자체에 도달할 수 없기 때문이다. 다른 한편 그것은 뛰어넘을 수 있고 또 뛰어넘어야 하는 한계인데, 감성은 자신의 초월적 실행을 통해 질과 양 너머의 강도에 도달할 수 있기 때문이다. 강도가 가리키는바 이러한 발생론적 과정을 포착할 수 있도록 감성을 훈련하는 것, 그것이 바로 앞서 언급한 '감각교육학'의 과제다. 이후 자세히 살펴보겠지만, 프랜시스 베이컨의 회화나 버지니아 울프의 문학은 이러한 훈련의 가장 뛰어난 수단이 바로 예술임을 보여 준다. 이런 관점에서 보자면, 들뢰즈의 예술론은 감각교육학의 지평에서 펼쳐지고 있는 셈이다.

4장 행동학적 정서론

4장에서 우리는 들뢰즈 사상의 두 번째 시기에 개진된 감각론을 행동학적 정서론의 형태로 다룬다. 여기서 문제가 되는 것은 감각의 발생에서 주체와 관련된 측면, 흔히 감정이라고 일컬어지는 측면이다. 그런데 들뢰즈는 스피노자의 신체론을 참조하면서 그것을 신체 역량의 증가와 감소로 이해한다. 서론에서 언급했듯이, 행동학이란 이러한 신체 역량의 발생론에 다름 아니며, 발생론적 관점에서 파악된 신체 역량을 어떻게 이해하고 활용할 것인가의 문제를 다룬다. 이 행동학적 탐구에 있어 일상적인 의미의 감정, 즉 정서상태는 정서의 이행(신체 역량의 증감 자체)의 잠정적인 국면으로 간주된다. 이런 의미에서 정서는 정서상태의 발생적 요소이며, 따라서 정서론은 정서상태의 발생론으로 이해될 수 있다.

4장의 본격적인 논의에 앞서, 여기서는 들뢰즈 사상의 두 번째 시기에 일어난 변화를 간략히 살펴볼 것이다. 이 시기는 크게 다음의 세 가지 특징을 갖는다. ① 68혁명이 야기한 급격한 사회변동과 그에 부응하는 사회참여. ② 과타리와의 만남과 집중적인 공동작업(두 사람은 공저한 4권의 저작 중 3권을 이 시기에 썼다). ③ 행동학의 개념을 중심으로 한 윤리적·정치적 기획의 본격화. 먼저 앞선 두 지점을 간략히 살펴본 뒤, ③과 관련해서 들뢰즈의 정서론이 어떤 방식으로 개진되는지, 그리고 그것이 어떻게 예술론의 중심축을 의미 해석 모델에서 신체 실험 모델로 옮겨 놓는지 살펴보기로 하자.

1. 들뢰즈 감각론의 두 번째 시기

68혁명에 대한 들뢰즈의 평가는 과타리와 함께 쓴 「68년 5월은 일어나지 않았다」(1984)에서 잘 드러난다.[1] 그들에 따르면, 68혁명과 같은 '사건'을 제대로 평가하기 위해서는 "경제적·정치적 인과성의 선을 따라 그 귀결이나 효과를 이끌어 내는" 것만으로는 충분하지 않으며, 그 사건이 요구했던 "새로운 주관성"과 그에 상응하는 "집단적 배치들"을 함께 고려해야한다.[2] 이전에는 존재하지 않았던 새로운 주관성과 집단적 배치를 만들어 내는 것이야말로 사건의 창조적인 측면이기 때문이다. 이런 점에서 들뢰즈는 "비록 과거의 것이 되었다 하더라도 사건이란 결코 넘어설 수 없는 것"[3]임을 지적하는 한편, 사건의 요구에 부응하여 혁명을 완수하는 데 이

---

1) 68혁명 당시 들뢰즈는 리옹대학에서 강사를 지내면서 박사논문을 집필하고 있었다. 박사논 문 준비가 최우선 과제였던 데다가 고질적인 폐결핵으로 건강이 몹시 나빴던 들뢰즈가 직접 거리에 나서기는 쉽지 않았다. 그러나 그는 리옹대학 철학과 교강사 가운데 거의 유일하게 68 혁명을 공개적으로 지지했던 인물이었으며, 학생들의 집회에 직접 참석하기도 했다. 들뢰즈 의 집 창가에서 혁명을 지지하는 플래카드들을 보았다는 증언도 전해진다. François Dosse, *Gilles Deleuze et Félix Guattari: Biographie croisée*, Paris: Les Éditions La Découverte, 2007(2009), pp. 216~218 참조.
2) Gilles Deleuze and Félix Guattari, "Mai 68 n'a pas lieu"(RF 216).
3) Ibid. (RF 215).

르지 못하는 프랑스 사회의 무기력함을 질타한다.

들뢰즈는 건강 악화로 1969년 봄에야 비로소 박사논문 심사를 통과하는데, 그 직후 큰 폐수술을 받았음에도 곧 다방면의 사회 활동에 나서기 시작한다. 먼저, 그는 1971년 '동성애혁명운동전선Front homosexuel d'action révolutionnaire, F.H.A.R.'의 출범에 동참하면서 적극적으로 이론적 지원을 나선다.[4] 다음으로, 그는 68혁명에 따른 교육개혁의 일환으로 1969년 설립된 뱅센실험대학(현재의 파리8대학)에서 교수직을 맡아 교육적 실험에 동참한다.[5] 마지막으로, 그는 푸코와 다니엘 드페르Daniel Defert가 만든 감옥정보그룹Group d'information sur les prisons, G.I.P.의 일원으로 활동한다.[6]

들뢰즈와 과타리가 만난 것은 68혁명 직후의 일이다. 그들의 만남은 리옹대학 의대 학생이자 적극적인 좌파 활동가였던 장-프랑수아 뮈야

---

4) 들뢰즈는 『탐구』(Recherche) 지에서 발간한 『동성애 대사전: 30억의 도착자들』(1973)에 아내 파니 들뢰즈(Fanny Deleuze), 과타리와 함께 참여했을 뿐만 아니라 그 단체의 핵심 인물인 기 오켓겜(Guy Hocquenghem)의 『5월 이후의 목신들』(1974)에 서문을 쓰기도 했다. 소바냐르 그, 『들뢰즈, 초월론적 경험론』, 564쪽 참조.

5) 이 대학의 설립 취지는 "지식에 대한 민주적 접근, 그리고 현대 사회의 과제와 긴밀히 연관된 지식의 생산"에 있다(http://www.univ-paris8.fr/Historique-de-Paris-8). 그곳에서는 학생, 예술가, 가정주부 등 다양한 관심사를 지닌 사람들이 정식 학생인지의 여부와는 무관하게 수업에 참여했으며, 통상적인 커리큘럼에는 포함될 수 없었던 다양하고 실험적인 수업들이 개설되었다. 들뢰즈는 1987년 정년퇴임을 할 때까지 이 대학에서 프랑수아 샤틀레(François Châtelet), 미셸 푸코, 장-프랑수아 리오타르 등과 함께 가르쳤다.

6) 68혁명 이후 모택동주의 계열의 프롤레타리아 좌파(La gauche prolétarienne, G.P.) 활동가들이 대거 투옥되면서 감옥은 투쟁의 장소로 변모한다. 감옥정보그룹은 그들의 투쟁을 뒷받침하기 위해 결성된 것으로 수감자 가족, 그리고 학자, 법조인, 의사와 같은 전문가들로 구성되었다. 이 단체의 목표는 열악한 처우, 지나치게 긴 수감기간, 미디어의 무관심 등에 맞서 수감자들의 발언 기회를 마련하고 그들에 대한 사회적 관심을 불러일으키는 데 있었다. Audrey Kiéfer, "Michel Foucault: Le GIP, l'histoire et l'action", doctoral dissertation of Philosophy, Université de Picardie Jules Verne-Amiens, 2006, pp. 9~15 참조.

르Jean-François Muyard를 통해 이루어졌다.[7] 그는 좌파 활동과 라 보르드la Borde 병원[8]에서의 임상활동으로 친분이 있던 과타리를 1969년 들뢰즈에게 소개하는데, 두 사람은 공통의 관심사를 나누면서 급속도로 가까워졌다. 당시 과타리는 「기계와 구조」를 막 끝마친 상태였는데, 이 논문은 『차이와 반복』과 『의미의 논리』에 크게 영향을 받은 것이었다.[9] 들뢰즈가 언급하듯이, 두 사람의 만남이 그의 사상에 가져온 직접적인 이론적 귀결은 정신분석학에 대한 입장 변화에 있다.

　　마조흐에 대한 연구, 그리고 『의미의 논리』에서 저는 사도히즘과 마조히즘의 동일성이 거짓이라는 결론을, 혹은 사건에 대한 결론을 이끌어 냈

---

7) 당시 뮈야르는 인문학부 친구들을 통해 들뢰즈의 강의가 얼마나 훌륭한지 익히 알고 있었을 뿐만 아니라 자신의 주된 관심사인 정신의학과 관련해서 그의 『자허-마조흐 소개』(1967)에 큰 감명을 받은 터였다. Dosse, *Gilles Deleuze et Félix Guattari*, pp. 12~14 참조.

8) 당시 이 병원은 제도적 정신요법(psychothérapie institutionnelle)의 중심지였다. 제도적 정신요법이란 프랑수아 토스켈(François Tosquelles)이 창시한 것으로, 프로이트와 카를 마르크스(Karl Marx)를 이론적 중심축으로 삼아 환자와 정신분석가의 관계를 변화시킬 수 있는 공동체적 정신의학의 원칙들을 정립하고자 했다. 라 보르드 병원에서는 토스텔의 이러한 문제의식을 이어 가면서, 장 오리(Jean Oury)와 펠릭스 과타리를 중심으로 광기에 대한 새로운 접근방식을 실험하고 있었다. 이곳에서 과타리는 무의식에 개인적·가족적 차원을 넘어서는 사회적 차원이 존재하며, 광기의 문제는 거기서 출발할 때에만 올바르게 해결될 수 있다는 사실을 발견한다. 이러한 통찰은 다음의 두 측면으로 발전된다. ① 프로이트와 라캉이 그러하듯, 무의식의 사회적 차원을 오이디푸스 구조로 환원해서는 안 된다. ② 환자의 말을 독점적으로 해석하는 정신분석가의 절대적인 지위에 의문을 제기하고, 이를 대체할 수 있는 제도적 대안을 마련해야 한다. Sauvagnargues, *Deleuze et l'art*, pp. 27~28 참조.

9) 이 논문은 파리 프로이트 학파(École freudienne de Paris, E.F.P.) 세미나에서 발표한 뒤 라캉의 잡지 『실리세』(Scilicet)에 싣기로 했던 것이다. 하지만 들뢰즈와 과타리의 공동작업을 탐탁지 않게 여긴 데다가 논문의 논지에도 동의할 수 없었던 라캉은 이런저런 이유를 들어 게재를 거듭 유보했다. 결국 이 논문은 잡지 『변화』(Change) 1972년 10월호에 실렸으며(pp. 49~59), 이후 다음의 책에 재수록되었다. Félix Guattari, *Psychanalyse et transversalité: Essai d'analyse institutionnelle*, Paris: Maspero, 1972, pp. 240~248.

습니다. 이 결론은 정신분석에 부합하지 않는 것이었지만, 그것과 화해

될 수 있으리라고 저는 생각하고 있었죠. 반면 펠릭스는 여전히 정신분

석학자이자 자크 라캉Jacques Lacan의 제자였지만, 이미 가능한 화해라는

건 없다는 사실을 알고 있는 '아들'과 같았습니다.[10]

들뢰즈가 시사하듯이, 정신분석학과의 이론적 결별을 주도한 것은 오

히려 정신분석가인 과타리였다. 이러한 입장 변화는 『안티 오이디푸스』에

서 가장 극적으로 드러난다. 들뢰즈는 그 책을 '무의식의 스피노자주의'라

고 부르면서 그 논점을 다음과 같이 요약한다. 첫째, 무의식은 엄마, 아빠,

나의 삼각관계 속에서 벌어지는 가족 극장이 아니라 욕망을 생산하는 공

장과 같다. 둘째, 무의식적 정신착란은 엄마-아빠에 대한 것이 아니라 인

종, 부족, 대륙, 역사, 지리 등 항상 어떤 사회적 장에 대한 것이다.[11]

　　두 사람의 만남은 예술론에도 큰 변화를 가져오는데, 앞당겨 말하자

면 예술은 이제 (프루스트론에서와 같은) 의미 해석 모델이 아니라 (행동학

적 윤리학에 기반한) 신체 실험 모델에 따라 설명된다. 이러한 입장 변화를

---

10) Bellour and Ewald, "Signes et événements", p. 21 (PP 197).

11) Ibid. 이상의 두 논점과 관련하여, 들뢰즈와 과타리의 다음 발언을 참고하라. "펠릭스 과타리:
[……] 당신은 프로이트가 분석한 바의 심리적 기제들을 언급하셨습니다. 거기에는 욕망의
기계적 측면, 즉 욕망의 생산 및 생산의 단위들이 모두 포함되어 있지요. 하지만 거기에는 다
른 측면도 있습니다. 그것은 프로이트가 이 장치들을 의인화(초자아 le Surmoi, 자아, 이드)하고
무의식의 진정한 생산력을 단순한 재현적[표상적] 가치들로 대체하여 연극적으로 연출했다
는 점입니다"(P 28). "질 들뢰즈: [……] 유물론적 정신의학이란 욕망 속에 생산을, 그리고 역
으로 생산 속에 욕망을 도입하는 정신의학입니다. 망상(délire)이란 아버지에 대한 것도, 심
지어는 아버지의 이름(le nom de père)에 대한 것도 아니며, 역사(Histoire)의 이름들에 대한
것입니다. 이는 마치 욕망기계(machine désirante)들이 거대한 사회기계(machine sociale)들
속에 들어 있는 것과 같습니다"(P 30).

과타리의 기계machine 개념과 관련하여 간략히 살펴보자. 『차이와 반복』
과 『의미의 논리』에서 들뢰즈는 라캉의 구조 개념과 기표Signifiant 개념을
염두에 두면서 이념을 미분적 장으로, 강도를 분화적 차이소le différenciant
로 설명한다.[12] 하지만 들뢰즈가 라캉 식의 구조주의에 전적으로 동의했
던 것은 아닌데, 이는 다음이 두 지점에서 분명하게 드러난다. ① 미분적
장은 변별적 요소들의 정적인 집합이 아니라 역동적인 발생적 운동의 장
소다. ② 분화적 차이소는 계열들이 수렴하는 지점이 아니라 발산·분화
하는 지점이다. 그런데 「기계와 구조」에서 과타리는 분화적 차이소를 기
표가 아니라 기계로 이해할 것을 주장한다.[13] 이는 라캉의 관념적인 상징
구조가 아니라 그것의 물질적 토대에서 출발하여 주체화 과정을 설명하
려는 것이다. 과타리에 따르면, "기계의 본질은 이미 구조적으로 확립된
사물의 질서와 구별되는 '분화적 차이소'로서, 인과적 단절로서, 표상자인
기표와 단절하는 이러한 작용에 있다".[14] 요컨대 분화적 차이소란 곧 기계

---

12) 다음을 보라. 『차이와 반복』에 등장하는 라캉의 「도둑맞은 편지」에 대한 해설과 주석(DR
138~140/238~241), 『의미의 논리』의 8계열과 9계열(LS 63~73), 「구조주의를 어떻게 식별할
것인가」의 다섯 번째와 여섯 번째 규준(ID 255~265).

13) "들뢰즈가 규정했던바 구조 일반을 구성하는 세 가지 최소 조건 가운데, 우리는 앞선 두 가지
만을 받아들인다. ① 적어도 두 개의 이질적인 계열이 있어야 하며, 그중 하나는 기표로, 다
른 하나는 기의로 규정될 것이다. ② 이 각각의 계열은 양자의 상호 관계에 의해서만 존재한
다. 반면 세 번째 조건, 즉 "이질적인 두 계열이 분화적 차이소에 해당하는 어떤 역설적인 요
소로 수렴한다는 조건"(LS 63)은 구조의 질서가 아니라 "기계의 질서에만 속하는 듯 보인
다"(Félix Guattari, "Machine et structure", *Psychanalyse et transversalité: Essai d'analyse
institutionnelle*, Paris: Maspero, 1972, p. 240). 이후 과타리의 논문집에 붙인 서문에서 들뢰
즈는 "기계의 원리 자체가 구조의 가설에서 벗어나 있으며, 구조적 연관에서 이탈해 있다"
는 점에서 이 텍스트를 높이 평가한다(Gilles Deleuze, "Préface", Guattari, *Psychanalyse et
transversalité*, p. 2).

14) Guattari, "Machine et structure", p. 243.

이며, 기계의 본질은 기표적 구조에 있는 것이 아니라 오히려 그것과 단절하고 그로부터 벗어나는 데 있다는 것이다. 여기서 한발 더 나아가, 과타리는 오히려 기계가 기표적 구조를 근거 짓는다고 주장한다.

> 발화 기계인 목소리가 랑그langue라는 구조적 질서를 절단하고 근거 짓는 것이지 그 역은 아니다. 개인은 자신의 신체성corporéité의 측면에서, 자신을 횡단하고 분열시키는바 모든 종류의 기표적 연쇄가 교차되면서 만들어 내는 귀결들을 받아들인다. 인간 존재는 기계와 구조가 교차되는 곳에 위치한다.[15]

여기서 과타리는 목소리, 신체성, 기계를 한편에, 랑그, 기표적 연쇄, 구조적 질서를 다른 한편에 놓는다. 후자가 전자를 횡단하고 분열시키는 것은 사실이지만, 그에 앞서 전자는 후자를 근거 짓는다. 따라서 이런 관점에서 보자면, 구조는 '기계들의 관계'로 규정될 수 있다. 그런데 과타리가 보기에, 기계와 구조의 관계는 역설적이다. 기계는 한편으로는 구조를 규정하지만, 다른 한편으로는 자신이 규정한 구조로부터 끊임없이 벗어나면서 그것을 지속적으로 변형시키기 때문이다.

기계 개념은 두 사람이 함께 개진한 정신분석 비판 및 자연 철학에서 핵심적인 역할을 수행할 뿐만 아니라 예술론에도 큰 변화를 가져온다. 단적으로 말하자면, 이제 예술은 기호의 의미와 해석으로 설명되는 것이 아

---

15) Ibid.

니라 기계의 연결과 작동으로 설명된다. 앞서 『프루스트와 기호들』의 1부 (『마르셀 프루스트와 기호들』(1964)이라는 제목으로 출간된 초판본)에서 들뢰즈는 의미의 해석이라는 관점에서 자신의 기호론을 전개했다. 그에 따르면, "사유함이란 언제나 해석함"이며 "한 기호를 설명하고 전개하고 해독하고 번역하는 것"이다(PS 119/145). 반면 1970년 들뢰즈는 그 책에 '문학기계'라는 장을 덧붙이면서 기계 개념을 전면에 내세운다.[16] 더 나아가, 1975년 『카프카』에서 들뢰즈와 과타리는 그들이 의미 해석 모델이 아니라 신체 실험 모델에 근거하고 있음을 명시적으로 밝히기에 이른다.

> 우리는 카프카의 하나 혹은 여러 개의 기계를 믿을 뿐이다. 기계는 구조도 환상도 아니다. 우리는 카프카의 실험을 믿을 뿐이다. 실험에는 해석도 의미작용도 없으며 경험의 기록이 있을 뿐이다. (K 14)

예술작품을 일종의 실험으로 보는 관점은 앞서 『차이와 반복』에서도

---

16) "현대 예술작품은 기계이며, 그러므로 작동한다. [……] 프루스트는 우리에게, 자신의 작품을 읽지 말고 그 작품을 이용해서 우리 자신을 읽어 보라고 충고한다. [……] 『잃어버린 시간을 찾아서』는 성(性)에 대한 예언, 드레퓌스 사건과 1차 세계대전의 심층에서 오는 정치적 징조, 우리의 모든 사회적·외교적·전술적·관능적·미학적 언어들을 해독하고 새롭게 다시 구축하는 암호문이다. 또한 그것은 갇힌 여인에 대한 서부극이나 미친 영화, 므네 므네 드켈 브라신 [「다니엘서」에 등장하는 암호로, 「소돔과 고모라」에서도 언급된다], 사교계에 대한 안내 책자, 형이상학 논문, 기호와 질투에 대한 망상, 정신능력들의 훈련장이기도 하다. 우리가 그 전체를 작동시키기만 하면 『잃어버린 시간을 찾아서』는 우리가 바라는 모든 것이 될 수 있다"(PS 175~176/228~229. 번역 일부 수정). 오늘날 구할 수 있는 『프루스트와 기호들』은 '문학기계'를 2부로 분리하고 여기에 2부 결론에 해당하는 '광기의 현존과 기능, 거미'를 덧붙인 세 번째 판본(1976)이다. 10여 년에 걸친 이 책의 수정·증보 과정에 대해서는 서동욱, 「들뢰즈와 문학: 『프루스트와 기호들』을 중심으로」(역자 후기), 질 들뢰즈, 『프루스트와 기호들』, 서동욱·이충민 옮김, 민음사, 2004, 286~289쪽 참조.

여러 차례 언급되었던 바 있다. 하지만 여기서 문제가 되는 것은 구조나 환상은 물론 해석이나 의미와도 무관한 실험, '경험의 기록'이 남겨질 수 있을 뿐인 실험이다. 그리고 이런 의미의 실험은 『스피노자. 실천철학』에서 개진된 신체행동학을 통해 그 구체적인 의미를 부여받는다.[17] 우리가 보기에, 두 번째 시기에 본격화되는 들뢰즈의 윤리적·정치적 기획을 이해하는 데 있어 이 저작의 중요성은 분명하게 강조될 필요가 있다.[18] 『스피노자와 표현의 문제』 이후 들뢰즈는 한동안 철학사 관련 저작을 출판하지 않았다. 철학사 연구 시기의 저작들이 『차이와 반복』의 이론적 토대가 되었던 점을 상기해 본다면, 이 시점에 그가 철학사 연구로 돌아간 것은 단순히 한 권의 연구서를 펴낸 것 이상의 의미를 갖는다. 『차이와 반복』을 해독하기 위한 열쇠가 그에 앞서 출간된 일련의 연구서에 있듯이, 『천 개의 고원』을 위한 열쇠들 중 하나는 바로 이 저작에, 특히 여기서 제기된 신체행동학에 있다. 이제 우리는 신체와 신체행동학에 대한 들뢰즈의 구상을 검토한 뒤, 특히 『천 개의 고원』에 등장하는 되기 개념을 중심으로 행동학적 탐구가 갖는 미학적 귀결을 살펴볼 것이다.

---

17) 들뢰즈 사상의 전개 과정을 세 시기로 나눌 때, 두 번째 시기는 보통 『천 개의 고원』이 출간된 1980년까지로 간주된다. 따라서 1981년 출간된 『스피노자. 실천철학』은 일견 세 번째 시기에 속한다. 하지만 사실 이 저작은 『스피노자』라는 제목으로 출판된 초판본(1970)에 3장, 5장, 6장을 덧붙여 수정·증보한 것이다. 우리가 핵심적으로 다루고자 하는 신체행동학은 1981년 덧붙여진 6장에서 본격적으로 개진되지만, 이 6장도 이미 1978년에 별도의 논문으로 발표된 바 있다(Gilles Deleuze, "Spinoza et nous", Revue de synthèse, vol. 99, Paris: Les Éditions A. Michel, 1978, pp. 89~91). 이러한 연대기적 사실과 『천 개의 고원』 곳곳에서 드러나는 행동학적 문제의식에 비추어 본다면, 우리는 이 저작을 두 번째 시기의 것으로 간주해도 좋을 것이다.
18) 필자는 이미 이 점을 지적했던 바 있다. 성기현, 「질 들뢰즈 예술론의 전개 과정에 대한 연구」, 서울대학교 미학과 석사학위 논문, 서울대학교 대학원, 2008, 58쪽.

2. 들뢰즈 신체론의 문제의식[19]

스피노자는 철학자들에게 새로운 모델, 즉 신체를 제안한다. 그는 그들에게 신체를 모델로 세울 것을 제안한다. "사람들은 신체가 무엇을 할 수 있는지 알지 못한다……." 무지에 대한 이 선언은 하나의 도발이다. 우리는 의식과 의식의 명령에 대해, 의지와 의지의 결과에 대해, 신체를 움직이고 신체와 정념을 지배하는 온갖 수단에 대해 말한다. 그러나 우리는 신체가 무엇을 할 수 있는지도 알지 못한다. 알지도 못하면서 떠들어 댄다. 니체가 말했듯이, 사람들은 의식 앞에서 놀라지만 "놀라운 것은 오히려 신체다……." (SPP 28/32. 번역 일부 수정)

『스피노자. 실천철학』에서 들뢰즈는 스피노자의 물음 '신체는 무엇을 할 수 있는가'를 그 저작 전체를 이끌어 가는 핵심적인 물음으로 내세우면서 그에 대한 답변을 모색한다. 우선 물어야 하는 것은 왜 신체가 문제가 되는가, '신체의 모델'이 갖는 의미가 무엇인가 하는 점이다. 데카르트의 『정념론』 서두가 전형적으로 보여 주듯이,[20] 정신과 신체의 관계는 흔

---

19) 4장의 2~4절은 성기현, 「신체론으로서의 감각론: 스피노자의 물음 '신체는 무엇을 할 수 있는가'에 대한 들뢰즈의 답변」을 수정·보완하여 재구성한 것이다.

20) "1항. 어떤 주체에게 수동[정념](passion)인 것은 다른 관점에서는 항상 능동이다." "2항. 영혼의 수동[정념]이 무엇인지 알기 위해서는 영혼의 기능과 신체의 기능을 구별해야 한다. [……] 영혼이 결합되어 있는 신체보다 우리 영혼에 더 직접적으로 작용하는 주체는 없으므로, 영혼에 수동[정념]인 것이 신체에는 보통 능동이라고 생각해야 한다"(René Descartes, *Passions de l'âme, Œuvres de Descartes XI*, éds. Charles Adam et Paul Tannery, Paris: Vrin, 1984, pp. 327~328).

히 반비례적인 것으로 이해되어 왔다. 즉 정신이 능동일 때 신체는 수동이 며, 신체가 능동일 때 정신은 수동이다. 이로부터 '의식을 통한 정념의 지배'라는 도덕의 전통적인 원리가 나온다(SPP 28/32). 그러나 스피노자는 자신의 윤리학(이후 살펴보겠지만, 들뢰즈는 이를 도덕과 엄밀하게 구별한다)을 이른바 평행론^{parallélisme} 위에 근거 짓는다. "정신과 신체는 하나이자 동일한 것으로서 때로는 사유 속성하에서, 때로는 연장 속성하에서 파악된다."[21] 평행론은 정신과 신체의 관계에 대한 다음의 두 귀결을 함축한다(SPP 28/32). 첫째, 정신과 신체 사이에는 어떠한 인과관계도 존재하지 않으며, 따라서 의식을 통해 정념을 지배할 수 없다. 둘째, 정신과 신체 사이에는 어떠한 우월성도 존재하지 않으며, 따라서 의식을 통해 정념을 지배할 수 없다. 극적인 반전 속에서, 이제 새로운 원리가 도출된다. 정신에서 능동인 것은 신체에서도 능동이며, 신체에서 수동인 것은 정신에서도 수동이다.[22]

들뢰즈가 보기에, '신체의 모델'이 갖는 근본적인 의미는 바로 이 지점에서 발견된다. 스피노자는 정신과 신체를 둘러싼 문제의 지형 자체를 변화시킨다. 정신의 능동으로 신체의 수동을 만들 것이 아니라, 정신과 신체를 평행하게 능동으로 만들어야 한다. 그런데 문제는 '신체가 무엇을 할 수 있는지' 우리가 제대로 알지 못한다는 데 있다. 마찬가지로 우리는 정

---

21) 스피노자, 『윤리학』 3부 정리 2 주석. 『윤리학』은 다음 두 판본을 사용한다. Benedictus de Spinoza, *Éthique, Œuvres de Spinoza III*, éd. et trad. Charles Appuhn, Paris: Frammarion, 1965(1998); Benedictus de Spinoza, *Éthique*, éd. et trad. Bernard Pautrat, Paris: Les Éditions du Seuil, 2010.
22) "우리 신체의 능동과 수동의 질서는 본성상 우리 정신의 능동과 수동의 질서와 나란하다"(『윤리학』 3부 정리 2 주석).

신이 무엇을 할 수 있는지도 제대로 알지 못한다. 요컨대 신체는 신체에 대한 우리의 인식connaissance을 넘어서고, 정신은 정신에 대한 우리의 의식conscience을 넘어선다. 여기서 첫 번째 시기의 지각론과 두 번째 시기의 정서론이 교차되는 지점이 분명하게 드러난다. 3장에서 살펴보았던 의식적 지각의 불충분성은 앞서의 두 논점, 즉 정신에 대한 의식의 불충분성과 신체에 대한 인식의 불충분성이 겹쳐지는 지점에서 성립하는 것이기 때문이다. 보다 정확하게 말하자면, 정신에 대한 의식의 불충분성은 신체에 대한 인식의 불충분성에 기반해 있는데, 이는 정신을 구성하는 관념의 대상이 다름 아닌 신체의 합성과 변용이기 때문이다.[23] 따라서 우리는 다음과 같이 말할 수 있다. 신체에 대한 인식을 넘어 '신체가 무엇을 할 수 있는지' 알게 된다면, 마찬가지로 정신에 대한 의식을 넘어 정신이 무엇을 할 수 있는지도 알게 될 것이다. 이런 관점에서, 들뢰즈는 윤리학에서 '신체의 모델'이 갖는 의미를 다음과 같이 정식화한다.

우리가 신체의 능력에 대한 인식을 획득하려는 것은, 그와 평행하게 의식을 벗어나는 정신의 능력을 발견하고 그 능력들을 비교할 수 있기 위

---

23) 스피노자에게서 "인간 정신을 구성하는 관념의 대상은 신체, 다시 말해 현행적으로 실존하는 연장의 일정한 양태이지 다른 어떤 것이 아니다"(『윤리학』 2부 정리 13). 뿐만 아니라, "인간 정신은 신체의 변용에 대한 관념들을 통해서만 인간 신체 자체를 인식하고 인간 신체가 존재한다는 것을 안다"(『윤리학』 2부 정리 19). 여기서 관념은 어떤 외부 물체에 대한 표상이 아니라 정신의 활동 자체를 가리키며, 신체를 그러한 활동의 유일한 대상으로 삼는다. 즉 정신은 외부 물체를 표상으로 직접 인식하는 것이 아니라 외부 물체로 인해 야기되는 신체의 변용만을 인식한다. '신체의 모델', 다시 말해 신체의 합성과 변용에서 출발해야 할 필요성은 바로 여기에 있다. 진태원, 「정신적 자동장치란 무엇인가?」, 『철학논집』, 28집, 서강대학교 철학연구소, 2012, 131~133쪽 참조.

해서다. 요컨대 스피노자에 따르면, 신체의 모델은 연장에 대한 사유의 평가절하를 함축하지 않는다. 오히려, 훨씬 중요한 것은 사유에 대한 의식의 평가절하다. 즉 그것은 무의식의 발견이며, 신체의 미지l'inconnu du corps만큼이나 심층적인 사유의 무의식l'inconscient de la pensée의 발견이다. (SPP 29/33. 강조는 원문, 번역 일부 수정)

여기서 주목해야 하는 것은 다음의 구별이다. 먼저, 신체의 측면에서 ① 신체의 미지, 즉 신체의 능력과 그 실제적 변용, ② 신체에 대한 인식. 다음으로, 정신의 측면에서 ① 사유의 무의식, 즉 정신의 능력과 그 실제적 변용, ② 사유에 대한 의식. 신체는 다른 신체에 의해, 정신의 관념은 다른 관념에 의해 끊임없이 변용된다. 그러나 신체와 사유가 무엇인지, 무엇을 할 수 있는지, 어떤 원인으로 인해, 어떤 규칙에 따라 변용되는지 알지 못하는 한에서, 우리는 그러한 변용의 결과(신체에 대한 인식과 사유에 대한 의식)만을 받아들인다. "이처럼 아기는 자유롭게 젖을 빤다고 믿고, 화가 난 아이는 복수를 원한다고 믿으며, 겁쟁이는 도망가기를 원한다고 믿는다"(『윤리학』 3부 정리 2 주석). 이 지점에 이르면, '신체는 무엇을 할 수 있는가'라는 물음은 '신체의 능력과 그 실제적 변용에 어떻게 도달할 것인가'라는 물음으로 전환된다.

이 물음에 답하기 위해, 이제 우리는 다음의 두 측면을 차례대로 살펴볼 것이다. 첫째, 신체란 무엇이며 무엇을 할 수 있는가?(3절) 둘째, 신체의 합성과 변용을 어떻게 탐구할 것인가?(4절) 이와 관련해서, 『스피노자. 실천철학』 이후 들뢰즈의 행동학적 탐구는 기호론, 이미지론, 감각론 등의 다양한 형태로 나타난다. 그중 우리가 주목하는 것은 감각론, 특히 정서론의 형태로 나타나는 탐구다. 4장을 마무리하는 지점에서, 우리는 그의 정서론을 구성하는 한 쌍의 개념, 즉 정서상태와 정서의 구별이 ① 신체에 대한 인식, ② 신체의 미지(신체의 능력과 그 실제적 변용)의 구별에 상응하는 것임을 확인하고, 이를 통해 그의 정서론이 신체행동학의 연장선상에서 개진되고 있음을 살펴볼 것이다(5절).

3. 스피노자 신체론에 대한 들뢰즈의 해석

스피노자가 존재론에서 출발하여 윤리학을 개진하듯이, 들뢰즈의 신체행동학도 내재면內在面, plan d'immanence이라는 존재론적 지평에서 출발한다. 신체는 내재면에서 그 면의 다른 신체들과 지속적인 합성과 변용의 관계를 맺는데, 신체행동학이란 바로 이러한 관계를 이해하고 활용하는 것에 다름 아니다. 내재면은 모든 신체들을 포괄하는 지평으로서, 그 외부에는 어떠한 신체도 존재하지 않는다. 즉 모든 신체는 이 지평에 내재內在한다. 그런데 이 지평이 갖는 내재적 성격은 절대적이다(절대적 내재성). 내재성의 절대적 성격은 그것이 이를테면 일자의 내재성이나 정신의 내재성이 아니며, 그와 엄밀하게 구별되어야 한다는 사실을 함축한다. 내재성이 일자나 정신과 같은 초월성에 귀속된다면, 그리하여 모든 신체들이 특정한 초월성에 내재하게 된다면, 내재성은 자신의 절대적 성격을 잃어버릴 것이기 때문이다(상대적 내재성).[24] 따라서 절대적 내재성은 자신을 담지하

---

24) 로장발롱·프레트세이, 『들뢰즈와 가타리의 무한 속도 1』, 51~53쪽 참조.

는 어떤 종류의 초월성도 허용하지 않는 내재성, 다시 말해 내재성 자체에 대한 내재성을 의미한다. 신체들보다 우월한 어떠한 초월성도 존재하지 않는 한에서, 그것은 위계 없는 하나의 평면으로 나타난다. 결국 내재면이란 서로를 무한한 방식으로 변용시키고 변용되는 신체들로만 구성된 평면을 일컫는다.

들뢰즈는 이러한 내재면을 제시한 철학자로 스피노자를 내세운다. 스피노자가 "존재하는 모든 것은 신 안에 있다"(『윤리학』 1부 정리 15)고 말할 때, 신은 자신의 외부에다 양태들을 생산하는 타동적他動的 원인이나 양태들을 넘어서 있는 초월적 존재를 의미하는 것이 아니다. 스피노자의 신은 자신의 내부에서 양태들을 생산하는 내재적內在的 원인으로서, 자신이 생산한 양태들 전체와 구별되지 않는다. 따라서 신은 내재성의 담지자가 아니라 내재성 자체이며, 스피노자의 정식 '신, 즉 자연'은 그런 한에서만 고유한 의미를 획득한다. 즉 신은 자신의 외부에 자연을 산출하거나 자연을 넘어서 있는 것이 아니라, 자연이다. 이런 점에서, 들뢰즈가보기에 스피노자의 자연은 가장 엄밀한 의미에서 내재면, 즉 "양태적 평면"(SPP 164/182)을 이룬다. 그런데 이러한 내재면에서 신체는 어떻게 정의되는 것일까? 들뢰즈는 스피노자의 '자연학 소론'에서 경도longitude와위도latitude라는 신체의 두 규정을 이끌어 낸다. 이 '지리학적' 용어들은 모든 신체가 하나의 동일한 평면에 존재한다는 점, 그리고 경도와 위도에 따라서만 서로 구별된다는 점을 보여 주기 위한 것이다.[25]

---

25) 들뢰즈에 따르면, 신체는 유적 동일성과 종차(種差)에 따라서가 아니라 그것이 '무엇을 할 수 있는지'에 따라 분류되어야 한다. 들뢰즈는 전자의 전통적 분류 방식이 지닌 한계와 후자의

1) 신체의 경도: 물질적 요소들의 집합

> 스피노자는 급진적으로 나아간다. 그는 전적으로 실재적이지만, 형상도 기능도 갖고 있지 않다는 이런 의미에서 추상적인 어떤 요소들에 도달한다. 이 요소들은 운동과 정지, 빠름과 느림에 의해서만 구별된다. [……] 이 요소들은 어떤 현실적 무한의 무한히 작은 궁극적인 부분들이며, 동일한 평면, 즉 공속면共續面/共束面, plan de consistance이나 합성면合成面, plan de composition에 펼쳐져 있다. (MP 310)

먼저, 신체의 경도를 살펴보자. 추상적인 요소들(스피노자가 말하는 가장 단순한 물체들)은 부분들을 갖고 있지 않으며 자신보다 더 작은 물체들의 합성을 통해 생겨날 수도 없으므로 그 자체로는 실존하지 않는다. 하지만 그것들은 운동과 정지, 빠름과 느림의 관계에 의해 서로 구별된다는 점에서 고유의 실재성을 갖는다. 들뢰즈에 따르면, 추상적인 요소들은 고유의 실존을 갖고 있지는 않지만 그것들 간의 관계 속에서 복합 물체의 실존을 합성한다.[26] 이런 합성을 통해 하나의 신체를 이루게 된 물질적 요

새로운 분류 방식이 지닌 유용성을 다음의 사례를 통해 요약적으로 제시한다. 전자에 따르면, 말과 소는 서로 다른 종에 속하는 것으로 간주된다. 하지만 후자에 따르면, 일을 하는 말과 경주마 사이에는 일을 하는 말과 일소 사이보다 더 큰 차이가 있다(SPP 167/184).

26) 진태원은 가장 단순한 물체들에 대한 들뢰즈의 해석이 스피노자 자신의 이론에 부합하는 것인지에 대해서는 의문을 제기하면서도, 현대 물리학의 입자론과 유사하다는 점을 들어 매우 독창적이라고 평가한다. 진태원, 「스피노자 철학에 대한 관계론적 해석」, 서울대학교 철학과 박사학위 논문, 서울대학교 대학원, 2006, 182~184쪽 참조. 실제로 들뢰즈와 과타리는 『철학이란 무엇인가?』의 5장에서 ① 무한 속도(vitesse infini)와 ② 감속(ralentissement) 개념을 통해 ① 모든 가능한 입자들이 순식간에 나타나고 사라지는 무한한 가변성으로부터 ② 현실적

소들의 집합이 바로 신체의 경도다. 예컨대 무수히 많은 추상적인 요소들은 하나의 신체인 원자를 합성하고, 무수히 많은 원자들은 다시 하나의 신체인 세포를, 그리고 무수히 많은 세포들은 또다시 하나의 신체인 인간을 합성한다. 그러나 인간 또한 그가 딛고 선 땅, 그가 숨 쉬는 대기, 그를 비추는 햇살과 더불어 보다 큰 하나의 신체, 즉 지구를 합성하며, 이러한 합성의 관계는 결국 '공속면이나 합성면' 자체에 이른다.[27] 인간의 신체는 호흡, 음식물의 섭취와 배설, 상처와 질병 등을 통해 다른 신체들과 합성과 해체를 거듭하고 있으며, 이를 통해 한정된 시간 동안 자신의 개체성을 유지한다. 이런 관점에서 보자면, 죽음이란 한편으로는 하나의 신체를 합성하는 관계의 해체를 의미하지만, 다른 한편으로는 그 신체를 합성하는 요소들을 또 다른 합성의 관계로 인도하는 것이기도 하다.

존재자들이 생겨나는 과정을 설명한 바 있다. 이에 대한 보다 자세한 논의는 로장발롱·프레트세이, 『들뢰즈와 가타리의 무한 속도 1』, 107~127쪽을 보라. 아울러, 들뢰즈와 과타리의 존재론과 양자물리학의 관계에 대해서는 같은 책, 93~105쪽을 보라.

27) 이 점은 스피노자에게서도 마찬가지다. 그는 가장 단순한 물체들의 합성을 통해 복합 물체를, 그리고 복합 물체들의 합성을 통해 인간의 신체를 설명하며, 이런 식으로 나아가 결국 자연 전체를 하나의 신체로 간주하기에 이른다. "지금까지 우리는 운동과 정지, 빠름과 느림에 의해서만 서로 구별되는 물체들, 즉 가장 단순한 물체들만으로 합성된 개체를 생각해 보았다. [……] 이제 상이한 본성의 여러 개체들로 합성된 다른 개체를 생각해 본다면, 우리는 그 개체가 자신의 본성을 유지하면서도 여러 다른 방식으로 변용될 수 있음을 알게 될 것이다. [……] 그리고 이런 식으로 무한히 계속해 나간다면, 우리는 자연 전체가 하나의 개체이며, 그 부분들, 즉 모든 물체들은 전체로서의 개체를 변화시키지 않으면서도 무한한 방식으로 변이한다는 점을 쉽게 알게 된다"(『윤리학』, '자연학 소론' 보조정리 7 주석).

2) 신체의 위도: 변용능력으로서의 역량

스피노자에게는 다른 측면이 있다. 무한히 많은 부분들을 한데 모으는 운동과 정지, 빠름과 느림의 관계들 각각에는 역량의 어떤 정도가 상응한다. 하나의 개체를 합성하는 관계들, 그것을 해체시키거나 변양變樣케 하는 관계들에는 그 개체의 작용능력puissance d'agir을 증가시키거나 감소시키면서 그것을 변용케 하는 강도들이 상응한다. 이 강도들은 외적인 부분들[즉 다른 개체의 부분들]이나 그 개체의 고유한 부분들에서 온다. (MP 313~314)

다음으로, 신체의 위도를 살펴보자. 앞서 언급했듯이, 신체를 합성하는 추상적인 요소들 각각은 고유의 실존을 갖지 않는다. 하지만 그것들은 특정한 관계하에서 복합 물체의 실존을 합성할 뿐만 아니라 그 관계에 상응하는 특정한 강도, 즉 역량을 산출한다. 들뢰즈가 보기에, 이 "강도의 규정된 정도, 역량의 환원 불가능한 정도"(SPE 184)야말로 신체의 본질에 해당한다. 신체를 특징짓는 물질적 요소들의 특정한 관계가 유지되는 한에서, 역량은 다른 신체를 변용시키고 다른 신체에 의해 변용되는 능력(작용능력과 피작용능력puissance de pâtir)으로 나타난다. 들뢰즈가 즐겨 인용하는 웍스퀼의 동물행동학 연구에 따르면,[28] 예컨대 진드기의 역량은 다음

---

28) Jakob von Uexküll, *Mondes animaux et monde humain*, Paris: Gonthier, 1965, pp. 24~27; 야콥 폰 웍스퀼, 『동물들의 세계와 인간의 세계』, 정지은 옮김, 도서출판 b, 2012, 21~25쪽.

과 같은 그것의 변용능력에 있다(SPP 167/185). 먼저, 진드기는 높은 나뭇가지를 확인하고(시각적 정서) 거기에 기어올라 자리를 잡는다. 다음으로, 진드기는 아래로 지나가는 포유동물의 냄새를 맡고(후각적 정서) 그 위에 떨어진다. 마지막으로, 진드기는 털이 없고 따뜻한 곳을 찾아(열과 관련된 정서) 피를 빤다. 진드기는 피를 빨지 않고서도 10여 년간 견딜 수 있지만, 일단 피를 빨게 되면 자기 몸의 몇 배에 이르는 양을 섭취하기도 한다. 진드기의 삶은 단식과 포식 사이에, 세 가지 정서와 그 사이에 존재하는 기나긴 기다림 사이에 놓여 있는 셈이다. 이처럼 스피노자의 신체론을 윅스퀼의 동물행동학과 겹쳐 읽으면서, 들뢰즈는 신체 역량의 증가와 감소로 이해되었던 정서 개념을 그 역량이 가능하게 해주는 변용이라는 의미로 크게 확대한다. 예컨대, 앞서 살펴본 진드기의 '시각적 정서' 등이 바로 그러한데, 여기서 정서는 이를테면 '정서-행동'으로 이해되고 있기 때문이다.[29] 이후 5장에서 살펴보겠지만, 이렇게 확대된 정서 개념은 되기 개념으로 이어지는 직접적인 연결고리에 해당한다.[30]

---

29) 이찬웅, 「들뢰즈의 기호와 정서」, 『기호학 연구』, 29권, 한국기호학회, 2011, 375~377쪽 참조. "스피노자에게서 정서는 감정에 보다 가까이 있었다면[……], 들뢰즈에게는 그러한 감정과 더불어 그것이 유발하는 행동을 포함한다. [……] 더 나아가, 경우에 따라서는 소화나 운동과 같은 신체들의 변용 자체를 가리키기도 하는데, 따라서 들뢰즈는 'affect'[정서]라는 개념어를 'affecter'[변용시키다] 동사에 상응하는 명사 형태로 사용하고 있다고 말할 수 있다. 스피노자에게서 역량은 변용될 수 있는 능력과 동일한데, 들뢰즈의 정서-행동은 바로 변용될 수 있는 능력이 표현되는 방식들 전부를 가리킨다"(앞의 글, 376~377쪽).

30) 실제로 『천 개의 고원』에서 들뢰즈는 '신체는 무엇을 할 수 있는가'라는 물음을 연결고리 삼아 이 진드기의 사례에서 (우리가 이후 살펴보게 될) 꼬마 한스의 말 되기로 나아간다(MP 314~315).

4. 신체행동학: 신체의 합성과 변용에 대한 탐구

1) 관계의 합성과 해체: 좋음과 나쁨

> "저 열매를 먹지 마라⋯⋯." 불안에 사로잡힌 무지한 아담은 이 말을 금
> 지의 표현으로 알아듣는다. 그러나 문제가 되고 있는 것은 무엇인가? 먹
> 을 경우 아담을 중독시킬 과일이다. 그것은 두 신체의 만남, 각 신체를 특
> 징짓는 관계가 서로 합성되지 않는 두 신체의 만남이다. 과일은 독처럼
> 작용할 것이다. 다시 말해, 과일은 아담 신체의 부분들을 (그리고 이와 평행
> 하게 과일의 관념은 아담 영혼의 부분들을) 그의 고유한 본질에 더 이상 부합
> 하지 않는 새로운 관계에 들어가도록 결정할 것이다. [⋯⋯] 스피노자는 집
> 요하게 다음을 상기시킨다. 우리가 악Mal, 질병, 죽음의 범주에 넣는 모든
> 현상은 다음과 같은 유형에 속한다. 나쁜 만남, 소화불량, 중독, 마비, 관
> 계의 해체. (SPP 33~34/38. 강조는 원문. 번역 일부 수정)

이제 경도와 위도의 두 측면에서 '신체가 무엇을 할 수 있는지' 검토
해 보자. 먼저 경도의 측면에서 볼 때, 신체는 관계를 합성하고 해체한다.
하나의 신체는 그 신체를 특징짓는 특정한 관계하에서 수많은 부분들을
갖는다. 그러나 저마다 하나의 신체인 각각의 부분은 서로 다른 관계하에
서 더 작은 부분들을 갖는다. 스피노자가 제시한 예에 따르면,[31] 림프와 카

---

31) "예컨대 림프, 카일(chyle, 지방이 희고 탁한 용액으로 변한 것) 등 입자들의 운동이 서로 결
　　합되는 한에서, 이 입자들 사이에는 일치가 존재하고 그것들은 피라는 동일한 액체를 형

일은 그것들을 특징짓는 서로 다른 관계하에서 저마다 하나의 신체이지만, 그 둘을 결합하는 제3의 관계하에서는 더불어 혈액을 합성한다. 마찬가지로, 혈액은 그것을 다른 신체들과 결합하는 또 다른 관계하에서 한 사람의 신체를 합성한다. 소화불량, 중독, 마비는 이러한 관계들 중 하나 혹은 여럿이 해체되는 경우를, 그리고 죽음은 그 신체를 특징짓는 관계 자체가 해체되는 경우를 일컫는다. 결합되거나 해체되는 관계들, 스피노자는 그것을 (선과 악이 아니라) 좋음(적합함)과 나쁨(부적합함)이라고 부른다. 좋음은 어떤 신체가 내 신체와 관계를 맺고 그로 인해 내 신체의 역량을 증가시키는 경우를 가리키며, 나쁨은 어떤 신체가 내 신체의 관계들 중 일부를 해체하고 그로 인해 내 신체의 역량을 감소시키는 경우를 가리킨다.[32]

좋음과 나쁨의 개념은 음식물 섭취와 같은 물질적 요소들의 경우만이 아니라 인간의 행위에도 적용된다(SPP 50/55). 예컨대, 물건을 빼앗는 경우 해체되는 것은 한 인간과 그의 소유물 사이의 관계이며, 직장에서 해고하는 경우 해체되는 것은 한 인간과 그의 직장 사이의 관계다. 이러한 행위가 이전의 소유 관계나 계약 관계를 해체하는 한에서, 그것은 그에게 나쁘다.[33] 그리고 동일한 의미에서, 원기를 북돋워 주는 음식, 다정한 사람

성할 것이며 림프, 카일 등은 피의 부분들로 간주될 것입니다"(Benedictus de Spinoza, "À monsieur Henri Olenburg(Lettre XXXII)", éd. et trad. Charles Appuhn, *Traité politique et lettres, Œuvres IV*, Paris: Frammarion, 1966(2010), p. 236). 림프와 카일은 당시 혈액의 구성성분으로 알려져 있었다. 이 예에 대한 들뢰즈의 논의는 SPP 46~47/52에 등장한다.

32) "인간 신체의 부분들이 갖는 운동과 정지의 관계를 유지하게 만드는 모든 것은 좋다. 반대로, 인간 신체의 부분들이 다른 운동과 정지의 관계를 갖게 만드는 모든 것은 나쁘다"(『윤리학』 4부 정리 39).

33) 그런데 (빼앗긴 자가 아니라) 빼앗는 자의 입장에서 보자면, 이러한 행위는 새로운 관계의 합성(좋음)이며, 따라서 그의 입장에서는 그것이 정당화되는 게 아닐까? 여기에는 두 가지 논

들과의 만남, 지혜로운 스승의 가르침은 좋으며, 소화불량, 범죄조직과의 연루, 어리석은 친구의 조언 등은 나쁘다.

2) 역량의 증가와 감소: 기쁨과 슬픔

경험 속에서 우리 신체에 적합하지 않은 신체를 만난다면, 그 결과 우리는 슬픔으로 변용된다(작용능력의 감소). 이 경우 공통 통념^{notion} ^{commune}을 형성하게 해주는 것은 아무것도 없다. 두 신체가 서로 적합하지 않다면, 이는 두 신체에 공통으로 속한 바에 의한 것이 아니기 때문이다. 그러나 반대로 우리 신체에 적합한 신체를 만난다면, 그 결과 우리는 기쁨으로 변용된다. 이 기쁨(작용능력의 증가)은 두 신체에 대한 공통 통념을 형성하게 해준다. 다시 말해, 두 신체의 관계들을 합성하고 그 합성의 통일성을 이해하게 해준다. (SPP 160/176. 강조는 원문, 번역 일부 수정)

다음으로 위도의 측면에서 볼 때, 신체는 (관계의 합성과 해체에 따라) 역량이 증가하거나 감소한다. 각 신체의 역량은 저마다 한계를 지니고 있으며, 따라서 일정한 정도의 변용능력으로 나타난다. 변용능력은 신체가

점이 있다. 하나는 그 행위가 어떤 대상과 연결되는가의 문제이고, 다른 하나는 그러한 연결로 인해 구성되는 집단적 관계망의 문제다. 전자와 관련해서, 물건을 빼앗는 행위는 상인의 지갑과 관련될 경우 도둑질이 되지만 그 지갑을 노리는 청년의 칼과 관련될 경우 정당방위가 된다. 후자와 관련해서, 그 청년의 좋음(도둑질의 성공)은 공범 집단의 좋음으로 이어지지만 상인의 좋음(정당방위의 성공)은 그의 가족, 동료, 경찰관 등의 좋음으로 이어진다. 이상의 두 측면은 어떤 행위가 그 자체로 선하거나 악하다는(초월적 가치) 손쉬운 판단에서 벗어나, 매 경우 대상과 집단의 복잡한 관계 속에서 좋음과 나쁨(내재적 가치)을 판단할 것을 요구한다.

맺는 여러 물질적·사회적 관계에 따라 매 순간 전체로서 실행되지만, 그 실행의 양상은 매번 상이하게 나타난다. 먼저 신체의 변용이 변용되는 신체에 의해 설명되고 그 신체에서 유래할 경우, 그 변용은 능동이며 이때 변용능력은 작용능력으로 나타난다. 다음으로 신체의 변용이 그것을 변용케 하는 외부 신체에 의해 설명되고 그 외부 신체에서 유래할 경우, 그 변용은 수동이며 이때 변용능력은 피작용능력으로 나타난다. 자신의 역량을 일정하게 유지하는 한에서, 변용능력은 작용능력과 피작용능력이 뒤섞여 서로 반비례하는 방식으로 나타난다. 그런데 수동적 변용은 외부 신체가 나에게 적합한지, 다시 말해 내 신체와 결합될 수 있는지의 여부에 따라 다시 두 경우로 나누어진다. ① 수동적 변용을 가하는 신체가 내 신체에 적합할 때, 두 신체는 새로운 관계를 합성하고 우리의 작용능력은 증가한다. 이 경우 작용능력을 증가시키는 이 수동은 기쁨이라고 불린다.[34] ② 수동적 변용을 가하는 신체가 내 신체에 적합하지 않을 때, 그것은 내 신체의 관계를 해체하거나 그러한 해체를 막기 위해 내 작용능력의 일부를 사용하도록 강제한다. 이 경우 작용능력을 감소시키는 이 수동은 슬픔이라고 불린다.[35]

이상의 두 측면으로부터 '신체는 무엇을 할 수 있는가'라는 물음이 겨

---

34) "기쁨은 인간의 더 작은 완전성에서 더 큰 완전성으로의 이행이다"(『윤리학』 3부 정서에 대한 정의 2).

35) "슬픔은 인간의 더 큰 완전성에서 더 작은 완전성으로의 이행이다"(『윤리학』 3부 정서에 대한 정의 3). "나는 이행이라고 말한다. 왜냐하면 기쁨은 완전성 자체가 아니기 때문이다. 만약 자신이 이행하는 완전성을 인간이 실제로 가지고 태어났다면, 그는 기쁨의 정서 없이 그것을 가졌을 것이다. [……] 슬픔은 더 작은 완전성으로 이행하는 운동, 다시 말해 인간의 작용능력을 감소시키거나 억누르는 운동에 다름 아니다"(『윤리학』 3부 정서에 대한 정의 2, 해명).

냥하는 목표가 나온다. 좋은 만남과 기쁜 정념. 좋은 만남과 기쁜 정념은 내가 마주한 신체가 결합할 수 있는 것임을, 따라서 나의 작용능력을 증가시켜 주는 것임을 알려 준다. 그리고 이러한 깨달음은 나에게 공통 통념을 형성하기 위한 출발점을 제공한다.[36] 공통 통념이란 "둘 또는 여러 신체들 사이의 합성과 이 합성의 통일성"(SPP 127/140. 번역 일부 수정)에 대한 인식으로서, 모든 신체에 적용되는지 아니면 일정한 범위의 신체에만 적용되는지에 따라 더 혹은 덜 일반적이다. 예컨대 아이는 무엇을 먹어야 하는지, 무엇을 배워야 하는지, 누구를 만나고 또 어떻게 행동해야 하는지 알지 못한다. 그는 좋은 만남과 기쁜 정념을 위한 무수한 실험의 결과들을 배워야 할 뿐만 아니라 자기 신체에 고유한 합성과 해체의 관계들, 자기 역량의 증가와 감소를 몸소 실험해야 한다. "우리는 합성의 관계에 대한 선험적 인식을 가지고 있지 않다. 실험이 필요하다"(SPP 158/173~174. 번역 일부 수정). 신체행동학은 바로 이 실험에서 성립하는 것으로서, 삶에 내재적인 가치(좋음과 나쁨, 기쁨과 슬픔), 그 가치들을 평가하고 규제하는 원리(좋은 만남과 기쁜 정념), 그 원리를 운용하기 위한 방법(공통 통념)을 포괄한다. 들뢰즈에게 신체행동학이 윤리학이라면, 이는 그것이 이러한 가치, 원리, 방법을 통해 삶을 조직하는 기예이기 때문이다.

---

36) 공통 통념의 형성에 대한 들뢰즈의 논의는 몇몇 스피노자 연구자들에 의해 비판의 대상이 되었다. 대표적으로 다음을 보라. Pierre Macherey, "The Encounter with Spinoza", ed. Paul Patton, *Deleuze: A Critical Reader*, Oxford & Cambridge: Blackwell, 1996. 그리고 진태원, 「스피노자 철학에 대한 관계론적 해석」, 309~313쪽. 그에 대한 반론은 김재인, 「들뢰즈의 스피노자 연구에서 윅스퀼의 위상」, 『철학논구』, 36집, 서울대학교 철학과, 2008, 214~228쪽을 보라.

5. 행동학적 탐구의 미학적 귀결: 되기, 행동학적 윤리

앞서 살펴본 경도와 위도의 두 측면에서 규정한다면, 사실상 신체는 한 마리의 고양이나 한 사람의 여성을 넘어서는 폭넓은 의미를 갖게 된다. 실제로 들뢰즈는 신체라는 용어를 개체화되는 모든 것, 발생하는 모든 것을 포괄하는 것으로 사용한다.

> 인격, 주체, 사물, 실체의 방식과는 전혀 다른 개체화 방식이 있다. 우리는 여기에 이것임이라는 이름을 마련해 놓았다. 어떤 계절, 어떤 겨울, 어떤 여름, 어떤 시간, 어떤 날짜는 사물이나 주체의 개체성과는 다르지만 [그 자체로] 완전한, 무엇 하나 결핍되지 않은 개체성을 갖는다. 그것이 바로 이것임이다. 여기서 모든 것은 분자나 입자들 사이의 운동과 정지의 관계이자 변용시키고 변용되는 능력이라는 의미에서 말이다. (MP 318)

이것임은 원래 존 둔스 스코투스John Duns Scotus의 용어다. 그에 따르면, "모든 형상은 한 종의 개별자에게 공통적이기 때문에" 개별자의 개별성 자체를 설명하지 못하며, 따라서 어떤 개체화 원리가 "내부로부터 형상에 덧붙여져야 한다".[37] 둔스 스코투스는 이러한 개체화 원리를 "한 종의 형상을 그 종의 개별자의 개별성에 제한시키는 궁극적 능동성"[38]으로 상정하면서 이것임이라고 부른다. 하지만 들뢰즈가 내재면에 놓인 신체

---

37) 에티엔느 질송, 『중세 철학사』, 김기찬 옮김, 현대지성사, 1997, 633쪽.
38) 앞의 책, 633쪽.

를 이것임이라고 부를 때, 그것이 둔스 스코투스와 전적으로 동일한 의미는 아니다. 앞서 들뢰즈의 시몽동 해석에서 살펴보았듯이, 비록 개체화 원리에 의해 보완된 것이라 할지라도 들뢰즈에게 개체화는 결코 형상에서 출발하는 것이 아니기 때문이다.[39] 들뢰즈의 입장에서 말하자면, 형상은 개체화의 일시적인 산물이나 잠정적인 국면에 불과하다.[40] 이런 의미에서 보자면, 이것임은 신체를 술어로서의 형상('이것은 ……이다')에 귀속시키지 않기 위해 고안된 것이라고 말할 수 있다. 즉 이것임 개념의 문제의식은 신체를 그 자체로, 오로지 그 신체의 경도와 위도에 의거해서 규정하는 데 있다. 하나의 신체는 그것의 경도와 위도에 따라 지금 여기에 다른 무엇과도 구별되는 '이것'으로 존재한다는 것이다.

들뢰즈가 지적하듯이, 신체를 이렇게 이해할 때 생길 수 있는 문제는

---

39) 이것임을 논하는 대목에서 들뢰즈는 시몽동 역시 동일한 개념을 사용하고 있음을 상기시킨다(MP 318). 시몽동은 'esse'(존재)를 어원으로 삼아 이것임을 'eccéité'라고 표기하는데, 둔스 스코투스가 'haec'(이것)를 어원으로 삼았다는 점에서 보자면 그는 오류를 저지른 셈이다. 하지만 들뢰즈가 보기에, 시몽동의 이런 오류에는 긍정적인 측면이 있다. 왜냐하면 그 용어는 사물이나 주체의 개체화를 포괄하는 훨씬 폭넓은 개체화를 시사하기 때문이다. 다른 한편, 시몽동이 'eccéité'라는 용어를 사용한 것은 원자론과 형상질료론을 비판하는 맥락에서였다. 먼저, 원자론에서 개체화 원리는 "무한한 원자들의 실존 자체"로 가정된다(이 경우 단순한 원자는 그 자체로 이미 개체화된 것으로, 복합체는 클리나멘clinamen이 야기하는 "우연의 만남"에 의해 개체화되는 것으로 이해된다). 다음으로, 형상질료론에서 개체화 원리는 "질료나 형상 안에" 포함된 것으로 가정된다. 이것임이라는 용어는 바로 이 지점에서 등장한다. 시몽동에 따르면, 개체발생에 대한 탐구는 "개체화 자체에 앞서는 어떤 실재", 즉 전개체적(préindividuel) 실재성 속에서 개체화 원리를 찾아야 하며, "이것임의 원천"에 해당하는 이 원리는 이미 개체화된 존재자들이 아니라 그런 존재자들을 낳는 개체화 작용에서 발견되어야 한다(시몽동, 『형태와 정보 개념에 비추어 본 개체화』, 39~40쪽. 강조는 원문).
40) 이런 맥락에서 신지영은 '운동하는 형상'이라는 표현을 사용한다. 둔스 스코투스에 대한 들뢰즈의 해석과 그것이 갖는 의미에 대해서는 신지영, 「들뢰즈에게 있어서 개체화의 문제에 관한 연구: 둔스 스코투스의 〈이것임〉과 관련한 맥락에서」, 『대동철학』, 74집, 대동철학회, 2016, 91쪽을 보라.

"한편에는 사물이나 인격의 유형에 속하는, 형식을 부여받은 주체가 있고, 다른 한편에는 이것임의 유형에 속하는 시공간적 좌표가 있는 것처럼"(MP 320) 이원적으로 생각할 수 있다는 점이다. 그러나 내재면에서는 모든 것이 경도와 위도, 즉 "형식을 부여받지 않은 입자들 사이의 빠름과 느림의 집합과 주체화되지 않은 정서들의 집합"(MP 320)에 의해 규정된다. 따라서 주체와 이것임은 별도로 존재하는 것이 아닐 뿐만 아니라 주체 자체가 이것임의 산물이나 국면일 뿐이다. 이런 관점에서 보자면, 예컨대 날씨나 풍경 같은 것들도 사물이나 인격 못지 않게 그 자체로 완전한 개체성을 지니게 된다. 오후의 강렬한 열기는 달궈진 모래사막 위의 대기와 만나 일렁이는 아지랑이를 합성하고, 솟아오른 선인장과 마주쳐 그것의 이편과 저편에서 밝음과 어두움, 뜨거움과 서늘함을 동시에 합성한다. 폭풍우에 휘말려 요동치는 밤의 나뭇가지들은 와 닿은 한순간의 바람이 아니라 그 바람을 몰고 온 대기 전체의 인과연쇄와 더불어 흔들리며, 그 대기를 빈틈없이 물들이는 흐린 달빛과 더불어 예감에 가득 찬 하나의 풍경을 합성한다. 이처럼 이것임은 합성을 통해 만들어진 신체를 가리킬 뿐만 아니라 그 신체가 다른 신체들과 합성과 해체를 거듭하면서 끊임없이 갱신되는 생성의 매 국면을 가리키는 것이기도 하다.[41] 신체는 매 순간 이러

---

41) 들뢰즈는 이것임을 예술적으로 형상화한 사례로 버지니아 울프의 『댈러웨이 부인』(1925)을 언급한다. "공속면은 서로 교차하는 선들을 따라 이것임들만을 포함한다. 형식과 주체는 이 세계에 속하지 않는다. 군중 속을, 택시들 사이를 걷는 버지니아 울프의 산책――하지만 그 산책이 바로 이것임이다. 댈러웨이 부인은 결코 더 이상 '나는 이렇거나 저렇다고, 그는 이렇거나 저렇다고' 말하지 않을 것이다. '그녀는 아주 젊은, 그러면서도 믿을 수 없을 만큼 나이가 든 기분이었다.' 빠르면서도 느리고 이미 와 있으면서도 아직 도착하지 않은 채 '그녀는 칼처럼 모든 사물 속을 저미고 들어가지만, 그러면서도 밖에서 그걸 바라보고 있었다. [……] 단

한 합성과 해체에 직면하지만, 우리는 흔히 "다른 면[초월면]에만 속하는 형식과 주체"의 관점에서만 사태를 바라보며, 그 결과 "경도와 위도에 따라, 속도와 정서에 따라 규정되는 이것임"을 제대로 포착하지 못한다(MP 321). 따라서 이것임은 그것을 포착하기 위한 방법을 요청한다.

『천 개의 고원』에서 제시되는 방법은 "지각작용을 바꾸기"(MP 346. 강조는 원문)다. 쉽게 짐작할 수 있듯이, 여기서 지각작용은 우리가 3장에서 살펴보았던 의식적 지각에 상응한다. 지각작용의 문제는 운동을 초월면에서, 이미 주어진 운동체의 이동이나 일정한 형태상의 발전이라는 방식으로 파악한다는 데 있다. 그 과정에서 '운동체'나 '형태'는 지각작용 자체를 가능하게 하는 일종의 문턱으로 작용하며, 이를 통해 운동이 제공하는 감각적 요소들이 지각될 수 있거나 없는 것들로 배분된다. 그러나 들뢰즈에 따르면, 진정한 "운동과 되기, 즉 빠름과 느림의 순수한 관계와 순수한 정서는 지각작용의 문턱 아래나 위에"(MP 344) 존재한다. 따라서 '지각작용을 바꾸기'는 지각작용의 문턱 아래나 위에 도달하는, 이를 통해 초월면을 내재면으로 전환하는 인식론적 도약을 의미한다. 그런데 들뢰즈는 일상적인 지각작용을 넘어 생성의 양상들을 포착하고, 그것을 감상자에게 전달하는 이러한 도약의 과제를 다름 아닌 예술에 부여한다. 그는 이 문제와 관련해서 버지니아 울프가 제시한 결정적인 정식을 소개하는데, 그것은 "각각의 원자를 충족시키기Saturer chaque atome"[42](MP 343)다.

하루라 할지라도, 산다는 건 아주, 아주 위험한 일이라는 생각을 그녀는 떨쳐 버릴 수 없었다.' 이것임, 안개, 강렬한 빛. 이것임은 시작도 끝도 기원도 목적지도 아니다. 그것은 항상 중간에 있다. 이것임은 점들이 아니라 오로지 선들로 이루어져 있다. 그것은 리좀이다"(MP 321. 강조는 원문).

평범한 날의 평범한 마음을 잠시 살펴보라. 그 마음은 무수히 많은 인상들을 받아들인다——하찮은 것, 기이한 것, 덧없는 것, 또는 강철의 날카로움으로 새겨진 것. 그 인상들은 모든 방향에서 헤아릴 수 없는 원자들의 끊임없는 소나기로 내린다. 그리고 그 인상들이 내려올 때, 그것들이 스스로를 월요일이나 화요일의 삶으로 빚어낼 때, 강조점은 예전과 다르게 주어진다. 중요한 순간은 여기가 아니라 저기에서 왔다. […] 원자들이 마음에 내려올 때, 내려오는 순서대로 그것들을 기록해 보자. 보기에는 동떨어져 있고 일관성이 없더라도, 각각의 풍경이나 사건이 의식에 새겨지는 패턴을 추적해 보자.[43]

여기서 '원자들'은 물리적인 의미의 원자들이 아니라, '월요일이나 화요일의 삶'을 구성하는 발생적 요소로서의 '인상들'을 가리킨다. 버지니아 울프는 이 정식의 의미를 다음과 같이 설명한다. "이는 모든 쓰레기, 죽은 것, 불필요한 것을 제거한다는 뜻이다. 순간이 무엇을 담고 있든 그 순간에 전체를 부여한다는 것. […] 쓰레기, 죽은 것은 그 순간에 속하지 않는 것들을 포함시키는 데서 온다. […] 실제로 모든 것을 넣으면서도 그 모두를 충족시키고 싶다."[44] 각각의 원자를 충족시킨다는 것은 발생적

---

42) 이 정식은 『철학이란 무엇인가?』에도 등장한다(QP 163).

43) Virginia Woolf, 'The Modern Fiction', The Common Reader First Series (Kindle Edition), Montreal: Green Light Press, 1925(2012), pp. 61~62.

44) Virginia Woolf, The Diary of Virginia Woolf, ed. Anne Olivier Bell, Orland: Harcourt, 1977(1984), pp. 209~210. 『천 개의 고원』에서 들뢰즈는 다음의 구절을 인용한다. "막 떠오른 생각이지만, 내가 지금 하려는 것은 각각의 원자를 충족시키는 일이다"(MP 343). 본문에 인용된 문장은 이 구절에 바로 이어지는 대목이다.

요소로서의 인상들만을 있는 그대로 기록하고 불필요하고 잉여적인 모든 것을 제거한다는 뜻이다. 『철학이란 무엇인가?』의 개념쌍을 빌려 말하자면,[45] '각각의 원자를 충족시키기'는 지각작용의 문턱을 넘어 그 발생적 요소인 지각에 도달하는 것에 다름 아니다.

지각작용을 바꾸기, 혹은 지각작용을 지각으로 바꾸기는 그와 상관적인 다른 측면을 갖는데, 그것은 지각과 마찬가지로 "지각작용의 문턱 아래나 위에"(MP 344) 있는 정서 및 되기의 측면이다. 이제 이 두 개념을 차례로 살펴보고자 하는데, 먼저 정서를 이해하기 위해서는 affection(affectio)과 affect(affectus)라는 두 개념을 그 상관관계 속에서 엄밀하게 정의할 필요가 있다. 『스피노자. 실천철학』 3장의 용어해설에 따르면(SPP 68~72/76~81), affection은 다음의 세 가지 의미를 갖는다. ① 양태 자체, 즉 실체 또는 그 속성들의 변용. ② 양태의 변양, 즉 어떤 양태에 다른 양태들이 미친 결과. ③ 양태의 변양에 따른 신체와 정신의 어떤 상태. affection과 affect의 구별은 이 중 ③의 정의로부터 나온다. 흔히 생각하듯이, affection이 신체와 관련되고 affect가 정신과 관련되는 것은 아니다. 이 두 개념은 정신과 신체 모두와 관련되며, 오히려 '특정한 상태'와 '상태들 사이의 이행'이라는 관점에서 구별된다. 신체의 관점에서 보자면,

affectio[affection]는 변용되는 신체 [역량의] 상태를 가리키고 변용시키는 신체의 현존을 함축하는 데 반해, affectus[affect]는 [신체 역량의] 한

---

45) 『천 개의 고원』에서 들뢰즈는 지각이라는 용어 대신 미시 지각이라는 용어를 사용한다. 미세 지각에서 미시 지각을 거쳐 지각으로 이어지는 개념상의 변화에 대해서는 5장 1절 1)을 보라.

상태에서 다른 상태로의 이행을 가리키고, 그에 상응하는 변용시키는 신체의 변이를 고려한다.[46] (SPP 69/77)

예컨대 오후 2시, "큰 시험을 앞두고 불안해 아무것도 할 수가 없다". 오후 2시 30분, "그래도 너를 만나 얘기를 나누니 한결 편안하고 자신감이 생긴다". 각각 더 작고 더 큰 변용능력을 함축하는 두 상태 사이에, 즉 '너'를 만나러 가는 길에, (아직 분명하게 의식되지는 않고 있지만) 두 상태 사이를 이어 주는 변용능력의 점진적인 증가가 존재한다. 보다 엄밀하게 말하자면, 이 관계는 다음과 같이 설명된다. 우선 작용능력의 증가와 감소를 가리키는 지속적인 변이가 존재하며, 이러한 변이는 우리를 변용케 하는 다른 신체와의 관계 속에서 특정한 문턱을 통과할 때에만 우리의 의식에 나타난다. 한편으로 affection은 변용능력의 변이가 의식의 문턱을 넘어 도달하게 된 잠정적인 국면이라는 점에서 정서상태로, 혹은 주체가 의식적 활동을 통해 얻어 낸 결과물이라는 점에서 정서작용으로 번역될 수 있다. 다른 한편 affect는 의식의 문턱을 규정하는 이러저러한 정서상태들을 가로지르는 변용능력의 끊임없는 이행이며, 따라서 '상태' 혹은 '작용'이라는 표현 없이 정서라고 번역될 수 있다. 요컨대 정서상태는 정서의 정적·의식적·잠정적 국면이다. 이러한 국면을 산출하는 것이 바로 정서의

---

46) 인용문 바로 앞에서 들뢰즈는 이 세 번째 구별이 신체의 역량에 관한 것임을 밝히고 있다. "진정한 차이는 신체의 변용, 그리고 외부 신체의 본성을 포함하는 신체에 대한 관념을 한편으로 하고, 정신의 경우와 마찬가지로 신체의 경우에서도 작용능력의 증가나 감소를 포함하는 정서를 다른 한편으로 하는 둘 사이에 있다"(SPP 69/77. 번역 일부 수정). 따라서 이 점이 드러나도록 인용문에 대괄호([ ])를 덧붙였다.

역동적·무의식적·연속적 이행이라는 점에서, 정서는 정서상태의 발생적 요소라고 말할 수 있다.

정서상태와 정서의 차이점을 좀 더 자세히 살펴보자. 정서상태는 나의 신체를 변용시키는 다른 신체의 현존을 가리킨다는 점에서 "지시적이거나 표상적"이지만, 정서는 그와는 다른 본성에 속하는 것으로서 "순수하게 이행적transitif"이다[47](SPP 70). '이행적'이라는 표현 외에도, 『천 개의 고원』에서 들뢰즈는 정서의 본성을 표현하는 다양한 규정들을 사용한다. 먼저 정서는 "강도적"[48]인데, 이는 그것이 신체의 역량, 즉 작용능력과 피작용능력의 반비례 속에서 커지거나 작아지는 변용능력과 결부되기 때문이다. 다음으로 정서는 "무의식적"[49]인데, 이는 그것이 의식적인 정서작용(의식화된 정서상태)의 문턱을 넘어서기 때문이다. 아울러 정서는 "비인

---

47) 이찬웅에 따르면, 들뢰즈는 정서 개념과 관련하여 "스피노자적인 구분 위에서 정신분석학의 논의와 동물행동학의 기여를 중첩시킨다"(이찬웅, 「들뢰즈의 기호와 정서」, 375쪽). 정서가 비표상적이고 이행적이라고 주장하는 이 대목은 그중 정신분석학의 논의와 직접 연결된다. 정신분석학에 따르면, 표상과 정서는 충동 에너지가 표현되는 두 방식이지만, 정서가 항상 표상에 결부되어 있는 것은 아니다. 이러한 논의는 근대 철학에 대한 비판적 함의를 갖는데, 왜냐하면 그것은 정서가 이미 어떤 관념이나 표상을 전제하고 있다고, 따라서 그에 비해 이차적인 것이라고 주장하기 때문이다(앞의 글, 375쪽).

48) "공속면에서, 신체는 경도와 위도에 따라서만 규정된다. 즉 운동과 정지, 빠름과 느림의 관계 하에서 그 신체에 속하는 물질적 요소들의 집합(경도), 그리고 능력이나 역량의 정도에서 그 신체가 할 수 있는 강도적 정서의 집합(위도)"(MP 318).

49) "요컨대 모든 것은 정치적이지만, 모든 정치는 거시 정치(macropolitique)인 동시에 미시 정치(micropolitique)다. 지각작용이나 감정 유형의 집합이 있다고 해보자. 그것의 분자적 조직화, 그것의 견고한 선분성(segmentarité)이 [……] 무의식적인 미시 지각, 무의식적인 정서, 섬세한 선분화를 가로막는 것은 아니다"(MP 260. 첫 문장의 강조는 원문). 여기서 들뢰즈는 미시 지각을 'micro-percept'로 쓰고 있다. 하지만 『천 개의 고원』에서는 아직 'percept'라는 용어가 사용되지 않고 있다는 점, 그리고 다른 경우에는 모두 'micro-perception'으로 쓰고 있다는 점을 고려할 때 이는 단순한 오기인 듯하다.

격적impersonnel"[50]인데, 이는 그것이 내가 선택하거나 통제할 수 없는 것, 지나치게 섬세하거나 지나치게 강렬해서 나의 의지적·심리적 경계를 벗어나는 것이기 때문이다. 또한 정서는 "비주관적"[51]인데, 이는 그것이 나의 주관성으로 환원되지 않으며 오히려 다른 신체와의 관계 속에서 그로부터 이탈할 때 비로소 경험되는 것이기 때문이다.

정서상태와 정서는 모두 나의 신체를 변용시키는 다른 신체와의 관계 속에서 규정되지만, 양자가 상호관계를 맺는 대상은 서로 다르다. 『스피노자. 실천철학』의 정의로 돌아가 보자. 정서상태는 "변용시키는 신체의 현존"을 함축하는 데 반해, 정서는 "변용시키는 신체의 변이"를 고려한다(SPP 69/77). 정서상태는 다른 신체의 단순한 현존에 의해 야기될 수 있지만, 정서상태에서 벗어나 정서에 도달하기 위해서는 내 신체를 변용시키는 다른 신체 또한 정서상태에서 벗어나야 한다. 따라서 정서는 최소한 두 개의 신체가 나란히 자신의 정서상태와 그것이 함축하는 일정한 변용능력으로부터 벗어나는 상황을 가리킨다. 바로 이 지점에서 정서는 앞서의 행동학적 문제의식과 연결된다. 즉 '나의 변용능력을 증가시키는 정서(기쁜 정념)를 어떻게 조직할 것인가(좋은 만남)?' 들뢰즈에 따르면, 이

---

50) 「윌러드」(Willard)라는 영화에는 동물 되기의 모든 요소들이 있다. [……] 비인격적인 정서의 순환, 대안적인 흐름, 그것은 주관적인 감정과 같은 기표작용적 기획을 전복시키고 비인간적인(non humain) 성을 조직한다"(MP 285). "정서는 인격적인 감정이 아니며, 어떤 특성도 아니다. 그것은 오히려 자아를 흥분시키고 동요케 하는 무리(meute)의 역량이 실효화되는 것이다"(MP 294). 여기서 인격이라는 말은 '사람의 됨됨이'라는 일상적인 의미가 아니라 '자율적 의지의 주체'라는 철학적 의미, '자신을 지속적이고 통합적인 자아로 의식하는 작용'이라는 심리적 의미로 이해되어야 한다.
51) "당신은 경도와 위도다. 즉 형식화되지 않은 입자들 사이의 빠름과 느림의 집합이자 비주관적인 정서들의 집합이다"(MP 320).

러한 조직화의 방법이 바로 되기다. 앞당겨 말하자면, 되기는 내 신체와 결합되는 새로운 관계, 내 신체가 할 수 있는 새로운 변용을 찾아내려는 행동학적 실험이다.

> 되기는 결코 흉내내는 것이 아니며, ……처럼 행동하는 것도, 정당하거 나 진실된 것이라 할지라도 어떤 모델을 따르는 것도 아닙니다. 출발점 으로 삼을 항도 없고 도착점으로 삼을 항도, 삼아야 할 항도 없습니다. "넌 뭐가 될 거니?"라는 물음은 특히나 어리석은 것이죠. 누군가 무엇인 가가 되는 한, 그가 되는 것 또한 그 사람만큼이나 변하기 때문입니다. 되 기의 현상은 모방이나 동화가 아니라 이중-포획double capture, 비평행적 진화évolution non parallèle, [52] 두 계règne 사이의 결혼입니다. (D 8)

이러한 되기는 우선 자연에서 쉽게 발견되는데, 들뢰즈가 즐겨 인용 하는 것은 서양란과 말벌의 사례다. 한편으로 서양란은 자신의 꽃에다 말 벌을 매혹하는 형태와 향기를 구현한다. 다른 한편 말벌은 그 형태와 향 기에 이끌려 그 꽃과 (재생산과는 무관한) 성행위를 하며, 그 과정에서 의 도치 않게 그것의 꽃가루를 퍼트린다. 결과적으로 "말벌은 서양란의 재생 산 장치의 일부가 되는 동시에 서양란은 말벌의 생식기관이 된다"(D 9). 바로 여기에 동물계와 식물계를 가로지르는 공생 관계, "본성에 반하는

---

52) 이 표현, 그리고 곧이어 언급될 말벌과 서양란의 사례는 프랑스의 생물학자이자 곤충학자 인 레미 쇼뱅(Rémy Chauvin)의 다음 저작에서 가져온 것이다. Max Aron, Robert Courrier et Étienne Wolff éds., *Entretiens sur la sexualité: Centre culturel international de Cerisy-la-Salle, 10 juillet-17 juillet 1965*, Paris: Librairie Plon, 1969.

혼인"(MP 294), 서양란의 말벌 되기와 말벌의 서양란 되기가 있다. 문제는 서양란이 실제로 말벌이 되거나 말벌이 실제로 서양란이 되는 불가능한 과제를 실현하는 것이 아니다. 오히려 중요한 것은 두 존재자가 서로의 변용능력(형태, 향기, 성행위)을 실험하는 가운데 결합 가능한 새로운 관계를, 그 관계를 통한 새로운 변용의 가능성을 발견하는 데 있다.

다음으로, 되기는 아이들의 놀이 속에서도 흔히 발견되는데, 예컨대 아이들이 만화영화의 주인공이나 애완동물 등과 맺는 관계가 바로 그러하다. 일례로, 프로이트의 한 분석에서 꼬마 한스가 말과 맺는 관계를 살펴보자.[53] 들뢰즈에 따르면, "꼬마 한스의 말은 표상적인 것이 아니라 정서적이다"(MP 314). 여기서도 문제는 한스가 말을 흉내내거나 말과 동일시하는 것이 아니며, 심지어는 말에게 연민을 느끼는 것도 아니다. 오히려 문제는 "꼬마 한스가 형태나 주체와는 무관하게 그를 말 되기로 이끄

---

53) 들뢰즈는 프로이트가 꼬마 한스를 분석하는 방식 자체에 대해서는 비판적인 태도를 취한다. 그가 보기에, 프로이트는 한스의 되기를 그 구체적인 배치, 상황, 시도 속에서 분석하는 것이 아니라 미리 전제된 오이디푸스 도식으로 환원하기 때문이다. "프로이트는 꼬마 한스에 대해 동일한 잘못을 저지르죠. 그는 배치(건물-거리-이웃한 창고-합승마차의 말-말 한 마리가 쓰러지다-말 한 마리가 채찍을 맞다!)에 대해 전혀 신경쓰지 않습니다. 상황(아이는 거리로 나가는 것을 금지당했다 등)이나 꼬마 한스의 시도(다른 모든 출구가 봉쇄당했다는 점에서 비롯하는 말 되기, 어린 시절의 블록, 한스가 수행하는 동물 되기의 블록, 생성의 표지로서의 부정법, 도주선ligne de fuite 혹은 탈영토화의 운동)에 대해서도 신경쓰지 않죠. 프로이트에게 중요한 것은 말이 아버지라는 점, 그것뿐입니다"(D 98). 심리적인 문제들과 관련하여, 감각이 환각이나 망상에 우선한다는 사실을 지적하는 다음의 구절도 함께 참조하라. "사람들은 종종 환각과 망상에 대해 말한다. 하지만 환각적 소여(나는 본다, 나는 듣는다)와 망상적 소여(나는 ……라고 생각한다)는 더 깊은 차원의 나는 느낀다(Je sens)를 전제하며, 이것은 환각에 대상을 주고 생각의 망상에 내용을 준다. "내가 여자가 된다고 느낀다", "내가 신이 된다고 느낀다" 등은 망상이나 환각이 아니며, 오히려 환각을 투사하거나 망상을 내면화할 것이다. 우선 강도, 되기, 이행만을 체험하는 그야말로 일차적인 감정에 비하면, 망상과 환각은 이차적이다"(AO 25/48~49. 강조는 원문, 번역 일부 수정).

는 운동과 정지의 관계, 정서를 자신의 고유한 요소들에 부여할 수 있는
지"(MP 315)의 여부다.

> 되기란 우리가 띠고 있는 형식, 우리에 해당하는 주체, 우리가 지니고 있
> 는 기관, 우리가 충족시키는 기능으로부터 출발해서 입자들을 추출해 내
> 는 것이고, 그 입자들 사이에서 우리가 되기를 하고 있는 것에 가장 가까
> 운 운동과 정지의 관계, 빠름과 느림의 관계를[그리고 그에 상응하는 정서
> 를] 확립하는 것이며, 이를 통해 우리는 무언가가 된다. (MP 334. 강조는
> 원문)

이러한 관점에 따르면, 꼬마 한스의 말 되기는 단순한 흉내내기가 아
니라 신체의 변용능력을 통해 말의 경도와 위도를 자신의 신체에 부여하
는 실험이다. 이와 관련하여, 들뢰즈는 배우 로버트 드니로Robert De Niro
의 사례를 언급한다. 한 인터뷰에서 그는 말하기를, '게'처럼 걷는 연기를
할 때 중요한 건 "게를 흉내내는 것이 아니라 게와 관련된 무언가를 이미
지, 즉 이미지의 속도와 함께 구성하는 것"(MP 336)이다.[54] 이 문장을 앞

---

54) 여기서 들뢰즈가 언급하는 로버트 드니로의 실제 인터뷰 내용은 다음과 같다. 「택시 드라
이버」에는 로버트 드니로가 연기하는 트래비스 비클(Travis Bickle)이 하비 카이텔(Harvey
Keitel)이 연기하는 매춘 알선업자를 두려워하면서 어떻게 반응할지 주저하는 장면이 있다.
드니로는 이렇게 말한다. "저는 트래비스를 게처럼 걷게 하는 아이디어가 떠올랐습니다. 더
운 여름날이고, 트래비스는 자신의 방어막인 택시 밖으로 나오죠. 자신의 일부를 두고 그 밖
으로 나온 겁니다. 그는 몸이 온통 말라 열이 오르고, 결국 기력을 잃게 됩니다. 저는 서투르
게, 옆으로 또 뒤로 걷는 이미지를 떠올렸습니다. 그건 당신이 게를 흉내내는 게 아닙니다. 오
히려 그 이미지가 당신에게 협업해야 할(work with) 무언가를 주는 것이죠. 그건 당신이 다
른 종류의 행동을 할 수 있게 해줍니다." 도주선으로서의 예술작품, 신체의 역량으로서의 변

서의 설명처럼 '게의 이미지를 통해 그것의 경도와 위도를 자신의 신체에 부여하는 것'이라고 읽는다면, 연기는 배우의 변용능력을 통해 이루어지는 되기일 것이다. 연기를 한다는 것은 자기 신체의 각 요소에다 다른 신체의 움직임과 속도를 부여하고 이를 통해 다른 신체의 정서에 도달하는 것, 다시 말해 배우와 배역 사이에, 양자를 구별할 수 없는 '식별 불가능성 indiscernabilité의 지대'에 도달하는 것이기 때문이다. 연기의 사례에서 보듯이, 이제 예술의 영역으로 넘어오면 되기는 자연발생적인 것이 아니라 의식적으로 추구해야 할 과제로 간주된다.

> 노래하기, 작곡하기, 그림 그리기, 글쓰기의 유일한 목표는 이러한 되기를 불러일으키는 것이다. (MP 333)

『천 개의 고원』에서 들뢰즈는 여러 예술 장르를 가로질러 수많은 되기의 사례를 제시한다. 남성우월주의자로 알려진 데이비드 허버트 로렌스David Herbert Lawrence와 헨리 밀러Henry Miller가 소설 속에서 도달한 역설

용능력, 되기로서의 연기, 인간성의 새로운 가능성에 대한 실험으로서의 예술 등 들뢰즈의 예술론과 심층적으로 공명하는 다음의 대목도 함께 참조하라. "그의 목소리에 담긴 느낌은 직설적이고, 분명하며, 강하고 아름답다. 가면도 숨길 것도 없다. 이 순간 드니로는 자신의 어두운 미스터리, 배우의 강박으로부터 벗어나 다른 정체성의 형태와 에너지를 취한다. 위대한 배우들은 인류 문명의 가장 기묘한 창조물이다. 어떤 인간 존재가 다른 인간 존재의 모습을 갖도록 이끄는 충동은 과연 무엇이었을까? 그런 충동은 도주(escape)이자 현시(revelation)가 분명하다. 드니로는 자신으로부터 도주하여 다른 자아 속에서 자신을 발견한다. 이런 신체능력에 천재적인 재능을 지닌 배우들은 자신에게 사로잡혀 있는 그 외의 우리들을 위한 대용물이다. 새로운 인간 존재를 창조한다는 것은 인간성에 대한 생각 자체를 재창조한다는 것이며, 도덕성에 갇혀 진부하게 자라난 우리를 위해 그 생각을 새롭게 한다는 것이다"(Jack Kroll, "De Niro: A Star for the '70's", Newsweek (United States Edition), 16 May 1977).

적인 여성 되기("그들은 글을 쓰면서 여성이 된다"(MP 338)), 뛰고 걷고 장난치다 어느새 잠이 드는 「어린이 정경」 속 로베르트 알렉산더 슈만Robert Alexander Schumann의 아이 되기("슈만의 작품은 [……] 어린 시절의 블록들로 이루어져 있다. [……] 슈만의 아이 되기"(MP 368)), 에이해브 선장으로 하여금 증오도 존경도 아닌 묘한 이끌림 속에서 모비 딕을 뒤따르게 만드는 멜빌의 동물 되기("에이해브 선장은 모비 딕과의 관계 속에서 거부할 수 없는 고래 되기에 휩쓸린다"(MP 374)) 등이 바로 그것이다.

다른 한편, 들뢰즈의 마지막 저작 『비평과 진단』에서는 장-마리 귀스타브 르 클레지오Jean-Marie Gustave Le Clézio의 소설 『조서』調書(1939)가 되기의 뛰어난 예술적 사례로 언급된다. 들뢰즈에 따르면, 이 책은 "여성 되기, 쥐 되기, 자신이 지워져 버리기에 이르는 지각 불가능하게 되기에 차례로 사로잡히는 인물을 거의 범례적인 방식으로"(CC 12) 보여 준다. 정신분열증에 사로잡힌 소설의 주인공 아담 폴로는 군대에서 탈영했는지, 정신병원에서 탈출했는지 과거의 행적이 불분명한 인물이다. 그는 이곳저곳을 떠돌면서 개 되기, 사자 되기, 쥐 되기 등 다양한 동물 되기에 사로잡힌다. 하루는 집에서 흰쥐 한 마리와 맞닥뜨리게 되는데, 이 순간 그는 묘한 승부욕에 휩싸여 그 쥐를 죽이려는 강한 충동을 느낀다. 이 대목은 "실제로 동물이 되지는 않는"(MP 335) 동물 되기의 실재성, 상호성, 정서적 교류, 식별 불가능성의 지대 등 되기의 주요 주제들을 분명하게 보여 준다.

아담은 흰쥐로 변모하고 있었다. 그러나 그 변모는 이상했다. 왜냐하면 그는 여전히 자신의 육체를 유지하고 있었고, 그의 사지 끝도 분홍색으로 변하지 않았으며 앞니도 길어지지 않았으니 말이다. [……] 그러나 그는 자신이 흰쥐라고 생각하고 있었기에, 이 약하고 근시인 작은 동물 족속에게 인간 종족이 얼마나 위험한 존재인가에 갑자기 생각이 미쳤기 때문에, 그는 흰쥐가 되어 가고 있었다. [……] 아담은 부엌칼을 손에 쥐고 쥐를 향해 기어갔다. 자신의 시선으로 아담은 쥐를 벽으로 몰아붙였다. [……] 투명한 눈동자 깊숙이 박혀 있는 두 개의 검은 동공에서 숙명에 관한 어떤 생각, 죽음과 고통을 동반한 종말에 관한 영감, 축축하고도 우울한 그림자를 읽을 수 있었다. [……] 아담은 자신이 바로 그 두려움이라는 것을 알았다. 그는 근육으로 뒤덮인 거대한 위험, 이를테면 탐욕스럽게 자신의 동족을 잡아먹고자 하는 거대 흰쥐족이었다. 반면 진짜 쥐는 증오와 공포로 인하여 사람이 되어 가고 있었다. 신경 전율이 일어 그 작은 짐승의 몸뚱이가 흔들리는 것이 마치 곧 울음을 터뜨리거나, 무릎을 꿇고 기도문을 외우려는 것 같았다. 네 발로 받치고 선 아담은 고함을 지르고, 으르렁거리고, 욕설을 중얼거리며 앞으로 나아갔다.[55]

소설의 한 대목에서 아담 폴로는 "경험을 다루지 않는" 헛된 사변 체계를 비난한다.[56] 그가 보기에, 문제는 논리적이지 않은 삶을 논리적으로 규정하도록 강요하는 관념들의 폭력에 있다. 그는 이러한 관념들이 거짓에 불과함을 폭로하는 한편, 그것들이야말로 자신을 병들게 하는 원인임

---

55) J. M. G. 르 클레지오, 『조서』, 김윤진 옮김, 민음사, 2001(2004), 126~130쪽.
56) 일례로 그는 '지금 몇 시야?'(Quelle heure est-t-il?)라는 물음을 구성하는 단어들의 추상성과 폭력성을 하나하나 분석한다. 그중 한 가지 사례만 살펴보자. 그가 보기에 'quelle'이라는 단어는 "특성을 묻는 것으로서 우주에 대한 잘못된 관념"을 담고 있다. 그 관념이란 "우주의 모든 것은 목록화되고 분류되어" 있어서 "어떤 대상에 어울리는 호칭을 마치 서랍 속에서 꺼내 듯 고를 수 있다"는 것이다(앞의 책, 74~75쪽).

을 토로한다. 이런 관점에서 보자면, 그를 사로잡는 수많은 되기는 이러한 규정들로부터 벗어나기 위한,[57] 스스로를 치유하기 위한, 삶의 새로운 가능성을 찾기 위한 필사의 도주선인 셈이다.

지금까지의 논의를 돌이켜보면, 언급되었던 모든 되기의 대상은 여성, 아이, 동물 등 항상 소수자였다. 그런데 들뢰즈에 따르면, 다수성 majorité과 소수성minorité은 단순한 수적 우위를 가리키는 것이 아니라 오히려 어떤 기준과 관련된 것으로 이해되어야 한다. 즉 다수성이란 어떤 집단이 수적으로 우위에 있다는 뜻이 아니라, 그것이 사회적 기준을 점유하고 있다는 뜻이다. 변용능력의 실험인 되기가 나름의 정치성을 갖는다면, 그 중심에는 바로 다수성과 소수성의 구별이 있다.[58]

우리는 다수성을 상대적으로 더 큰 양이 아니라, 그와 관련해서는 더 작은 양은 물론 더 큰 양도 소수라고 말해질 어떤 상태나 기준에 대한 규정, 즉 인간·백인·어른·남성 등이라고 이해한다. 다수성이 지배 상태를 전제하는 것이지 그 역은 아니다. 문제는 모기나 파리가 인간보다 더 많은지를 아는 것이 아니라 어떻게 '인간'이 우주 속에서 하나의 기준을, 즉

---

57) 하지만 모든 규정으로부터 완전히 벗어나는 것은 지극히 위험한 일이다. 들뢰즈는 기관 없는 신체, 내재면, 이것임, 되기 등의 가능성을 언급할 때 항상 그 위험성을 함께 경고한다. 최악의 경우 그것은 단순한 소멸이나 죽음, 미분화된 것으로의 퇴행으로 귀결될 수 있기 때문이다. 따라서 여기에는 극도의 신중함이 요구된다. 즉 "재료, 정서, 배치를 이끌어 내기 위해서는 최소한의 지층, 최소한의 형식과 기능, 최소한의 주체를 간직해야"(MP 331) 한다(그러지 못했던 아담 폴로는 자신의 위험한 도주를 정신병원에서 비극적으로 마감하기에 이른다).

58) 이하 되기의 정치성과 소수자 되기에 관한 논의는 성기현, 「질 들뢰즈 예술론의 전개 과정에 대한 연구」, 76~77쪽을 참조한 것이다.

그와 관련해서 인간이 필연적으로(분석적으로) 다수성을 이루는 하나의 기준을 구축했는지를 아는 데 있다. (MP 356)

들뢰즈에 따르면, 남성 되기나 백인 되기 등은 존재하지 않는다. 남성이나 백인 등이 대표적인 다수자인 데 반해, "되기는 소수적이며 모든 되기는 소수자 되기^{devenir-minoritaire}"(MP 356)이기 때문이다. 이렇게 말할 때, 들뢰즈는 다수자에게서 소수자에게로 향하는 일련의 되기(남성-여성-아이-동물-식물 등)를 염두에 두고 있다. 어떻게 지배적인 사회적 기준으로부터, 그것이 함축하는 일련의 규정들로부터 도주할 것인가? 더 나아가, 어떻게 그 기준 자체에 균열을 일으켜 사회의 구성원들을 도주하게 만들 것인가? 다수자의 소수자 되기, 즉 앞서 언급한 일련의 되기는 바로 이러한 물음에 대한 답변에 해당한다.

다른 한편 여성, 아이, 유색인 등은 소수에 속하지만, 그렇다고 해서 그들이 저절로 소수자 되기를 이루는 것은 아니다. 들뢰즈는 그들도 소수자 되기를 해야 한다고, 예컨대 여성도 여성 되기를 해야 한다고 말한다.[59]

블랙 팬서 활동가들^{Black Panthers}이 말했듯이, 흑인도 흑인 되기를 해야 한다. 여성도 여성 되기를 해야 한다. 유대인도 유대인 되기를 해야 한다(어떤 상태로는 분명 충분치가 않다). 하지만 이렇게 되면 유대인 되기는

---

59) 들뢰즈와 여성주의의 관계에 대한 국내의 대표적인 연구로는 다음을 보라. 신지영, 「들뢰즈의 차이 개념에 관련한 여성주의 재정립 가능성」, 『한국여성철학』, 7권, 한국여성철학회, 2007; 김재인, 「여성-생성, n개의 성 또는 생성의 정치학: 들뢰즈와 과타리의 경우」, 『철학사상』, 56권, 서울대학교 철학사상연구소, 2015.

필연적으로 유대인만큼이나 비유대인도 변용시킨다 등등. 여성 되기는 필연적으로 여성만큼이나 남성도 변용시킨다. (MP 357)

여기서 중요한 것은 "집단 혹은 상태로서의 소수성"과 "되기 혹은 과정으로서의 소수자"를 구별하는 일이다(MP 356). 소수자는 자신을 규정함에 있어 다수성의 기준을 경유하도록 강요되며, 따라서 상태로서의 소수성(예컨대 남성이 아닌 자로서의 여성, 남성이 아닌 남성으로서의 남성 동성애자)에 머물러 있기 쉽다.[60] 하지만 들뢰즈가 보기에, 소수자 정치의 진정한 문제는 '상태로서의 소수성'을 옹호하기보다는 오히려 그로부터 벗어나는 데 있다. 예컨대 버지니아 울프는 '상태로서의 여성성'에 기대어 "'여성으로서' 글을 쓴다는 생각"(MP 338)에 소스라치게 놀랐다. 들뢰즈가 보기에, 보다 중요한 것은 여성에 대한 진부한 규정들에서 벗어나 그것들이 포착할 수 없는 지점에 도달하는 일이다. 그리고 이를테면 글쓰기를 통해 "사회적 장 전체를 주파하고 그에 스며들며, 남성들을 전염시켜 이러한 되기로 끌어들일 수 있는"(MP 338) 여성 되기를 창조하는 일이다. 요컨대 들뢰즈가 말하는 소수자 정치는 다수자의 소수자 되기(남성의 여성 되기)뿐만 아니라, '상태로서의 소수성'을 넘어서는 소수자의 소수자 되기(여성의 다른 여성 되기, 여성의 동물 되기, 여성의 아이 되기 등)를 포괄한다.

---

60) 들뢰즈의 다음 언급을 참조하라. "만약 어떤 소수가 스스로 전형을 창조한다면, 이는 그들이 다수가 되고자 하기 때문일 것이며, 아마도 자신의 생존이나 안녕을 위해(국가를 세우고, 인정을 받고, 권리를 부여하는 등등) 그것이 불가피하기 때문일 것입니다. 그러나 소수의 역량은 그 집단이 창조할 수 있었던 것에서 기인하며, 그것은 모델을 경유한다 하더라도 모델에 의존하지는 않을 것입니다. 민중이란 항상 창조적인 소수이며, 다수를 정복할 때조차 여전히 창조적인 소수로 남는 이들입니다"(PP 235).

그리고 이러한 이중의 측면에서 "소수자 되기는 정치의 문제이며, 역량의 작업 전체에, 능동적인 미시 정치에 호소한다"(MP 357).

들뢰즈에 따르면, 거시 정치와 미시 정치는 "계급, 성, 개인, 감정을 전혀 다른 방식으로"(MP 240) 다룬다는 점에서 서로 구별된다. 전자는 그것들을 "잘 규정된 집합이나 요소(사회계급, 남성과 여성, 이러저러한 사람)"로 간주하는 데 반해, 후자는 그러한 집합에서 빠져나가는 "흐름과 입자"를 다룬다(MP 240). 예컨대 성과 관련해서, 거시 정치의 문제는 남성과 여성의 이원성이라는 관점에서 그중 누가 사회적 기준을 점유하는가에 있다. 그에 반해, 미시 정치의 문제는 "천 개의 작은 성들"(MP 260)이라는 관점에서 그러한 이원성 자체로부터 벗어나는 데 있다. 보다 구체적으로 말하자면, 이 문제와 관련하여 미시 정치가 다루는 것은 다음과 같은 물음들이다. '남성과 여성이라는 성적 이원성과 그것이 부여하는 규정들로부터 어떻게 벗어날 것인가?' 그리고 '그러한 규정들로 환원되지 않는 다수적 성의 고유한 조합에, 고유의 성적 지각과 정서에 어떻게 도달할 것인가?' 마지막으로, '어떠한 수단과 방법을 통해 이러한 지각과 정서를 사회에 전파하고, 사회의 성적 기준에 균열을 내어 사람들을 도주하게 할 것인가?'

5장 예술작품의 존재론

우리는 들뢰즈가 어떻게 칸트의 발생론적 영감을 계승하는지, 이를 통해 어떻게 칸트의 감성 개념을 혁신하는지를 살펴보면서 이 책의 본격적인 논의를 시작했다(2장). 들뢰즈는 칸트의 감성론이 표상에 근거해 있으며, 그런 이유 때문에 표상 아래에서 벌어지는 감각의 발생을 포착하지 못한다고 비판한다. 그러나 표상의 극복이 그것을 거부한다고 해서 쉽게 성취될 수 있는 것은 아니다. 휴스가 타당하게 지적하듯이, 표상은 "자신의 산출 과정에 결부되는 한에서 합법적"[1]이기 때문이다. 따라서 들뢰즈는 보다 심층적인 방식으로 나아간다. 한편으로, 그는 표상을 미세 지각에서 의식적 지각으로 가는 발생론적 과정의 일시적 산물로 만든다(3장). 다른 한편, 그는 표상에 결부된 감정을 끊임없이 변이하는 신체 역량의 잠정적 국면으로 만든다(4장). 이러한 발생론적 탐구를 통해 들뢰즈는 칸트 미학의 이중성, 즉 표상에 기반한 감성론과 감정에 기반한 예술론의 이중성을 넘

---

1) Hughes, *Deleuze and the Genesis of Representation*, p. 120.

어설 수 있는 가능성을 타진한다. 바로 이러한 가능성과 관련해서, 여기서는 들뢰즈 사상의 세 번째 시기, 이른바 미학적 시기에 개진된 감각론을 예술론의 형태로 살펴볼 것이다(5장).

1. 들뢰즈 감각론의 세 번째 시기

이전까지 주로 문학에 집중되어 있던 들뢰즈의 예술 관련 논의는 1981년 출간된 『감각의 논리』와 1983년과 1985년에 잇달아 출간된 두 권의 『시네마』를 거치면서 회화, 영화 등으로 점차 확대되며, 1991년 과타리와의 마지막 공저 『철학이란 무엇인가?』에서 그 정점에 이른다. 그 책 7장의 예술론은 들뢰즈 미학의 전개 과정에서 이례적인 위치를 차지하는데, 그 이유는 다음과 같다. 이전 시기 들뢰즈의 예술 관련 논의는 주로 예술가에 대한 사례연구의 형태를 띠거나(『프루스트와 기호들』, 『자허-마조흐 소개』, 『감각의 논리』), 특정한 예술 장르를 집중적으로 다루었다(『천 개의 고원』의 「리토르넬로에 대하여」, 두 권의 『시네마』, 『비평과 진단』). 그에 비해, 『철학이란 무엇인가?』에서는 그야말로 예술 일반에 관한 이론이 전개된다. 이는 그때까지 개진된 사례연구 및 장르연구의 성과들을 아우르는 것으로서 다름 아닌 감각론의 형태로 나타난다. 여기서 감각은 지각과 정서의 두 측면에서 규정되는데, 이는 앞서 살펴본 발생론적 지각론과 행동학적 정서론의 문제의식이 이 저작까지 이어지고 있음을 보여 준다.

그런데 여기서 주의해야 할 것은 이 두 개념이 『시네마』를 거치면서 상당한 변화를 겪는다는 사실이다. 그 책에서 이 개념들과 관련하여 제기되는 물음은 다음과 같은 것들이다. 영화는 어떻게 인간적 지각을 뛰어넘어 보다 유동적인 지각에 도달할 수 있는가? 영화는 어떻게 인간적 정서를 뛰어넘어 사물의 정서에, 더 나아가 '사건으로서의 정서'에 도달할 수 있는가? 특히 후자의 물음은 『철학이란 무엇인가?』의 다음 물음으로 직접 이어진다. 예술작품은 어떻게 지각과 정서를 그것들의 창조자인 예술가로부터 분리시켜 그 자체로 보존할 수 있는가? 앞당겨 말하자면, 이는 예술가가 지각과 정서를 '사건으로서' 창조할 수 있기 때문이며, 또 예술작품이 그것들을 '가능성의 방식으로' 보존할 수 있기 때문이다. 이러한 답변은 지각과 정서가 신체적 변용의 구성요소에서 한발 더 나아가 이제 예술작품의 존재론적 구성요소로 다루어지고 있음을 보여 준다. 5장의 본격적인 논의에 앞서, 여기서는 발생론적 지각론과 행동학적 정서론의 문제의식을 담은 일련의 개념들이 이 시기에 어떤 변화를 겪는지를 살펴볼 것이다.

1) 지각 개념의 변화: 영화의 눈, 인간 이전의 세계

먼저, 발생론적 지각론은 칸트의 감성론을 뛰어넘어 미학을 "절대적으로 확실한 분과학문"(DR 80/145)으로 만들려는 시도다. 이러한 지각론은 『차이와 반복』 이후 한동안 들뢰즈의 관심사에서 멀어진 듯 보이지만, 결코 잊혀지거나 철회된 것은 아니다. 예컨대 『천 개의 고원』에서는 발생론적 문제의식을 계승하는 분자적 지각$^{perception\ moléculaire}$과 몰적 지각$^{perception\ molaire\ 2)}$ 미시 지각과 거시 지각 등의 개념이 곳곳에서 사용된

---

2) 몰은 하나의 계에 포함된 물질량을 규정하는 것으로서, 원자 1몰은 6.02×10^{23}개의 원자를 나타낸다. 들뢰즈가 사용하는 '몰적인 것'과 '분자적인 것'의 개념은 '집합적인 것'과 '개별적인

다. 특히 다음의 두 용례는 이러한 문제의식이 두 번째 시기에도 여전히 유효하다는 사실을 분명하게 보여 준다. 첫째로는, 68세대 예술가들이 예술적 실험의 수단으로 즐겨 사용했던 마약의 문제, 마약이 제공하는 새로운 지각과 그것의 취약성에 관한 문제가 있다. 들뢰즈에 따르면, 앙리 미쇼Henri Michaux나 카를로스 카스타네다Carlos Castaneda 같은 예술가들은 마약을 분자적 지각에 도달하기 위한 수단으로 활용했다.

> 마약 실험은 시공간의 지각적 좌표들을 변화시켜 우리로 하여금 동물 되기가 분자 되기로 이어지는 미시 지각의 세계로 들어가게 함으로써 마약을 복용하지 않은 사람들까지 포함해서 모두에게 영향을 미쳤다. (MP 304)

하지만 들뢰즈는 수차례에 걸쳐 마약 실험의 위험성을 경고한다. 마약이 제공하는 분자적 지각이란 지극히 취약한 것일 뿐만 아니라[3] 궁극적으로는 우리의 신체를 "죽음의 선, 소멸의 선"(MP 349)으로 인도하기 때문이다. 그가 보기에, 중요한 것은 마약 자체가 아니라 오히려 "마약을

것'이나 '거시적인 것'과 '미시적인 것'으로 이해되어서는 안 된다. 집합적인 층위의 '분자적인 것'이나 개별적인 층위의 '몰적인 것', 거시적 층위의 '분자적인 것'이나 미시적 층위의 '몰적인 것'도 가능하기 때문이다. 그것들은 오히려 '대수법칙을 따르는 통계적 집합'과 '이 법칙을 따르지 않는 예측 불가능한 독특성들의 집합'으로 이해되어야 한다. 로장발롱·프레트세이, 『들뢰즈와 가타리의 무한 속도 1』, 33쪽 참조.

3) "분자적인 미시 지각은 고려되는 약물에 따라 미리부터 환각, 정신착란, 거짓된 지각작용, 환상, 편집증적 착란으로 뒤덮히고, 매 순간 환상이나 분신과 같은 형식과 주체가 되살아나 끊임없이 그 면[내재면]의 성립을 가로막는다"(MP 349).

하는지 안 하는지'가 문제가 되지 않은 지점에 이르는"(MP 350) 일이다. 다시 말해, 마약을 하지 않으면서 그것이 제공하는 바와 같은 분자적 지각에 도달하는 일이다.

둘째로는, 운동을 지각하는 방식과 관련된 문제가 있는데, 우리는 이미 4장 5절에서 그 문제를 다룬 바 있다. 잠시 그 논의를 돌이켜 보자면, 운동은 초월면에서 지각되는지 아니면 내재면에서 지각되는지에 따라 지극히 상이한 모습으로 나타난다. 여기서 문제가 되는 것은 운동을 초월면에서 파악할 경우, 다시 말해 그것을 이미 주어진 운동체의 이동이나 일정한 형태상의 발전이라는 방식으로 파악할 경우, 발생의 운동이 제대로 포착되지 않는다는 데 있다. 이를테면 의식의 발생을 추동하는 무의식의 운동이 바로 그러하다. 그런데,

공속면 혹은 내재면에서는 모든 것이 바뀐다. 여기서 모든 것은 구성되는 것과 동시에 필연적으로 지각되는 것으로 드러난다. [……] 무의식은 구상적이거나 상징적인 것이 아니라 분자적인 것이 된다. 이러한 무의식은 그런 상태로 미시 지각에 주어진다. (MP 348)

발생론적 문제의식은 세 번째 시기의 『시네마』에서도 지속적으로 나타난다. 여기서 들뢰즈는 영화에서 고체적 지각, 액체적 지각, 기체적 지각으로 나아가는 이행, 인간적 지각에서 그것의 발생적 요소로 나아가는 이행을 내세운다. 먼저 고체적 지각은 베르그손이 (직관과 대립시켜) 지성의 작동방식으로 언급했던 바와 같은 지각, "고체들에 작용할 때만 편하고 익숙하게"[4] 느끼는 지각을 말한다. 하지만 베르그손 식으로 말하자면,

이러한 지각은 실재에 해당하는 운동 자체가 아니라 실재의 외양인 부동성을 포착할 뿐이다. 다음으로 액체적 지각이란 "인간적 지각을 넘어선 지각, 더 이상 고체에 맞추어 재단되지 않는 지각, 더 이상 고체를 그 대상, 조건, 환경으로 갖지 않는 지각"(IM 116)을 말한다.[5] 여기서 고체적 지각은 몰적 지각에, 액체적 지각은 분자적 지각에 해당하는 것으로서, 후자는 (일시적인 부동성이 아니라 그러한 부동성 자체를 낳는) "물질의 흐름$^{matière-}$$_{écoulement}$"(IM 116)을 포착하는 데서 성립한다.

그런데 영화의 지각은 액체적 지각에 그치지 않는다. 그것은 액체적 지각을 넘어 기체적 지각까지, 다시 말해 "이미지의 발생적 요소 혹은 운동의 미분적 요소"(IM 120)까지 나아간다.

> 영화가 인간적 지각을 넘어 다른 지각으로 나아간다면, 그것은 모든 가능한 지각작용의 발생적 요소에, 지각작용을 변화시키는 지점이자 변화시키도록 만드는 지점에, 즉 지각작용 자체의 미분적인 것에 도달한다는 의미에서다. (IM 120. 강조는 원문)

---

4) "지성적 능력을 자세히 검토해 보면, 지성은 무기물질, 특히 고체들에 작용할 때만 편하고 익숙하게 느낀다는 것을 알게 될 것이다. [······] 우리에게 실제로 현실적인 것으로 나타나서 우리의 주의를 고정시키는 것은 언제나 일단 선택된 불연속성의 양태다. 왜냐하면 우리의 현재적 행동은 그것 위에서 조정되기 때문이다. [······] 운동은 아마도 실재 자체일 것이며 부동성은 외양적인 혹은 상대적인 것"에 지나지 않는다. 그러나 "그것[지성]은 마치 부동성이 궁극적인 실재나 요소인 것처럼 언제나 거기서 출발한다"(앙리 베르그손, 『창조적 진화』, 황수영 옮김, 아카넷, 2005, 234~237쪽).

5) 들뢰즈는 액체적 지각의 사례로 제1차 세계대전 이후 프랑스 영화에 나타난 유동적인 이미지들, 즉 육지의 견고함에 대립되는 하늘이나 물의 유동성을 제시한다(IM 113). 그는 이러한 유동성을 잘 보여 주는 작품으로 장 비고(Jean Vigo)의 「라탈랑트」(L'Atalante, 1934)와 장 그레미용(Jean Grémillon)의 「예인선(폭풍우)」(Remorques, 1941) 등을 언급한다.

지각작용의 발생적 요소를 미분적인 것으로 간주하는 이러한 입장은 『차이와 반복』에서 출발해서 『천 개의 고원』을 거쳐 『시네마』로, 미세 지각과 의식적 지각에서 출발해서 분자적 지각과 몰적 지각을 거쳐 기체적·액체적 지각과 고체적 지각으로 이어지는 개념적 변주의 선을 보여 준다. 이러한 선은 『철학이란 무엇인가?』까지 이어지는데, 여기서 그것은 지각과 지각상태의 구별로 나타난다. 구체적인 사례를 들어 이러한 연속성을 확인해 보자면, 들뢰즈는 『시네마』와 『철학이란 무엇인가?』에서도 마약을 통한 지각 실험을 언급하는데(IM 123, QP 156), 이는 『천 개의 고원』과 이어지는 직접적인 연결고리에 해당한다.

다른 한편, 『시네마』의 지각 관련 논의는 발생론적 문제의식을 계승하는 데 그치지 않는다. 그것은 '인간의 눈'이 아니라 '영화의 눈(키노아이)'$^{Ciné-œil}$의 관점에서, 그것의 무한한 가능성을 탐색하는 방향으로 나아간다. 이러한 탐색은 베르그손의 이미지론을 원용하는 방식으로 이루어지는데, 들뢰즈는 그를 염두에 두면서 이미지를 "보편적 변이의 즉자적 체계$^{Le système en soi de l'universelle variation}$"(IM 116)로 규정한다. 베르그손에 따르면, 지각작용은 ① '이미지'로 규정된 물질적 대상들의 무한한 상호작용[6]('보편적 변이')하에서, 그리고 ② 순수 인식이 아니라 행동의 관점에서, 즉 자극-반응 체계의 일부로서 고찰되어야 한다. 그런 이미지들 중에

---

6) "나는 사람들이 사용할 수 있는 가장 막연한 의미에서의 이미지들, 즉 내가 나의 감관들을 열면 지각되고, 내가 그것들을 닫으면 지각되지 않는 이미지들 앞에 있게 된다. 이 모든 이미지들은 내가 자연의 법칙들이라고 부르는 항구적인 법칙들에 따라, 그것들의 모든 요소적인 부분들 속에서 서로에게 작용하고 반작용한다"(앙리 베르그손, 『물질과 기억』, 박종원 옮김, 아카넷, 2005, 37쪽).

는 하나의 특권적인 이미지가 존재하는데, 그것이 바로 '나'의 신체다. 이 이미지는 자신의 반작용을 일정 정도 선택할 수 있으며 "지각작용에 의해 밖으로부터 알 뿐만 아니라, 정서작용에 의해 내부로부터도"[7] 알 수 있기 때문이다. 그런데 이 지점에서 베르그손은 다음의 사실을 지적한다. 즉 이미지에 대한 탐구는 신체에서 이미지 일반으로 나아가는 것이 아니라 오히려 이미지 일반('즉자적 체계')에서 신체로 나아가야 한다는 것이다.[8] 이 논점과 관련해서, 영화는 인간적 지각의 한계를 넘어 베르그손의 가르침을 실현할 수 있는 뛰어난 예술적 수단으로 나타난다.

이 점을 좀 더 자세히 살펴보자. 들뢰즈에 따르면, 인간적 지각의 한계는 "수용기관인 눈의 상대적 부동성"(IM 117)에 의존한다는 데 있다. 그로 인해, 인간적 지각에서는 "모든 이미지들이 단 하나의 이미지를 위해, 하나의 특권적인 이미지와 관련하여 변이"(IM 117)하게 된다. 그러나 지가 베르토프$^{Dziga\ Vertov}$가 주장하듯이, 영화는 촬영과 편집의 무한한 자유를 통해 "세계의 어떤 지점이든, 어떤 시간적 순서에 따라서든 하나의 지점을 다른 하나의 지점에 연결"[9]할 수 있다(「카메라를 든 사나이」(1929)).

---

7) 앞의 책, 38쪽. 번역 일부 수정. 여기서 베르그손은 'affection'이라는 용어를 사용하고 있다. 곧 살펴보겠지만, 『시네마』에서 들뢰즈는 베르그손의 이 개념에서 자신의 정서 개념을 이끌어 낸다.

8) 다른 이미지들로부터 고립된 것으로 전제된 '나'의 신체에서 출발할 경우, 우리는 주어진 이미지들을 '나'의 외부에 독립적으로 존재하는 대상들로 간주하게 되며, 결국 '나'의 신체와 이미지 일반 사이에 넘어설 수 없는 경계선을 상정하게 된다(베르그손이 보기에, 이것이 바로 관념론과 실재론의 공통된 오류였다). 반면 이미지 일반에서 출발할 경우, 우리는 '나'의 신체가 다른 이미지들과 구별되고 있다는 사실을 확인하는 동시에, 외적인 것과 내적인 것의 관계가 전체와 부분의 관계에 불과하다는 사실을 깨닫게 된다. 앞의 책, 85~87쪽 참조.

9) Dziga Vertov, *Articles, journaux, projets*, Paris: Broché, 1972, pp. 126~127(IM 117에서 재인용).

이런 의미에서 보자면, 영화의 지각은 '인간의 눈을 넘어서는 지각'일 뿐만 아니라 '인간의 눈 없이 존재하는 지각'이기도 하다. 말하자면, 영화의 눈은 인간의 눈이 없는 곳에서, 따라서 어떠한 특권적인 이미지도 전제하지 않은 상태에서 이미지들의 보편적 변이를 포착할 수 있는 것이다. 특히 이 지점과 관련해서, 들뢰즈는 영화의 지각이 세잔이 말하는 "인간 이전의 세계" 혹은 "세계의 순결성"(IM 117)에 도달한다고 말한다. 세잔의 사례는 『철학이란 무엇인가?』의 지각 개념으로 이어지는 중요한 연결고리 중 하나로서, 우리는 이후 3절의 1)에서 그 의미를 자세히 살펴볼 것이다.

2) 정서 개념의 변화: 사물의 정서, 사건으로서의 정서

앞서 4장에서 살펴보았듯이, 행동학적 정서론은 『천 개의 고원』을 가로지르는 가장 중요한 문제의식들 중 하나다. 기관 없는 신체, 이것임, 되기 등 그 책의 핵심개념들은 행동학적 문제의식에 기반할 때에만 올바르게 이해될 수 있다. 이 개념들은 신체의 유기적 조직화를 낳는 보다 근본적인 차원의 신체를 기술하고(기관 없는 신체), 그것을 경도와 위도의 두 측면에서 엄밀하게 규정하며(이것임), 그것의 변용능력을 활용하려는(되기) 행동학적 기획에 따라 고안된 것이기 때문이다. 그중 되기 개념은 『시네마』에도 지속적으로 등장한다. 예컨대 『시네마 2』에서 들뢰즈는 베르그손의 이야기 만들기fabulation 개념을 원용하면서, 그것을 되기의 능력으로 읽는다. 이 개념은 이후 3절의 1)에서 자세히 다루어질 것이므로, 여기서는 그것이 영화에서의 되기와 결부되는 지점만 확인해 두도록 하자.

『시네마 2』에서 되기는 다큐멘터리 영화의 진실성 문제를 해결할 수 있는 예술적 방법으로 나타난다. 들뢰즈가 보기에, 그 문제는 현실(논픽션)과 허구(픽션)를 나눈다고 해서 해결되지 않는다. 다이렉트 시네마 cinéma direct와 시네마 베리테cinéma vérité[10])가 보여 주듯이, 중요한 것은 오히려 "양자[현실과 허구]에 모두 변화를 가하는 새로운 이야기 방식"(IT 195)을 만들어 내는 데 있다. 들뢰즈는 그런 이야기 방식으로 되기를 내세우는데, 그것은 현실과 허구의 경계를 허물면서 새로운 차원의 진실성을 담보해 준다. 피에르 페로Pierre Perrault의 다큐멘터리 영화를 염두에 두면서 들뢰즈가 말한 바에 따르면, "영화가 포착해야 하는 것은 현실적이든 가상적이든간에 [……] 어떤 인물의 동일성이 아니다. 그것은 어떤 실존 인물이 스스로를 '이야기로 만들기' 시작할 때 [……] 그 인물에게서 벌어지는 되기다"(IT 196. 강조는 원문). 페로의 작품에 등장하는 실존인물들은 감독에게 이야기를 들려주는 과정에서 스스로 그 이야기의 일부가 '되며', 이를 통해 현실과 허구의 손쉬운 구별을 무력화시킨다. 이 점은 그들을 촬영하는 감독도 마찬가지다. 예컨대 장 루슈Jean Rouch는 「나, 흑인」을 촬영하는 과정에서 (일찍이 아르튀르 랭보Arthur Rimbaud가 '나는 타자다'라고 선언했던 것과 같은 의미에서) 흑인이라는 "타자가 되기"(IT 198)에 이른다.[11] 따라서 여기에는 실존인물의 이야기 속 인물 되기와 감독의 실존인

---

10) 둘 다 1950년대 말에서 1960년대 초에 등장한 영화사조로서, 이탈리아의 네오리얼리즘, 영국의 프리 시네마, 프랑스의 누벨바그(Nouvelle vague)와 영향을 주고 받으면서 다큐멘터리 영화에 큰 혁신을 가져왔다. 다이렉트 시네마는 감독에 의한 극적·서사적 조작을 배제하면서 최소한의 편집만을 허용하는데, 피에르 페로의 「후세를 위하여」(1963)가 대표작에 해당한다. 시네마 베리테는 전자의 방법론적 경직성을 다소 완화시키는 한편, 관찰·인터뷰·앙케트 등 다양한 방법을 통해 사회 현실의 표면 아래에서 궁극적 진실을 포착하는 데 주력한다. 대표작으로는 장 루슈의 「신들린 제사장」(1954), 「나, 흑인」(1958), 「여름날의 연대기」(1960) 등을 들 수 있다. 차민철, 『다큐멘터리』, 커뮤니케이션북스, 2014, 25~31쪽 참조.

물 되기라는 이중의 되기가 존재하는 셈이다.

다른 한편, 『시네마』에서 정서 개념은 되기 개념과는 다소 독립적으로 사용되면서 뚜렷한 의미상의 변화를 보여 준다. 정서 개념을 논하는 데 있어, 여기서 들뢰즈는 (스피노자가 아니라) 베르그손에게서 가져온 다음의 정의에서 출발한다.

정서 개념에 대한 베르그손의 정의는 정확히 다음의 두 측면을 갖는다. 즉 그것은 감각신경상의 운동적 경향성이다. 다시 말하자면, 그것은 운동이 가로막힌 신경판 위에서 나타나는 일련의 미시적 운동이다. 신체의 일부가 수용기관의 토대가 되기 위해 자기 운동성의 대부분을 희생해야 할 때, 이제 이 기관들은 대체로 동일한 기관 내에서, 혹은 하나의 기관에서 다른 하나의 기관으로 가는 과정에서 강도적 계열들에 속할 수 있는 운동의 경향성 혹은 미시적 운동의 경향성만을 갖게 될 것이다. 운동자는 자신의 연장적 운동을 상실했으며, 그 운동은 표현적 운동이 되었다. (IM 125~126)

『물질과 기억』에서 베르그손은 생명체의 진화과정에서 정서작용이 어떻게 생겨나게 되었는지를 설명한다. 단순한 생명체, 이를테면 아메바

---

11) 장 루슈는 일련의 인류학적 다큐멘터리를 제작하는 과정에서 '망아(忘我)의 영화'(ciné-transe)라는 개념을 도입한다. 예컨대, 이는 아프리카의 주술 의식을 촬영하는 과정에서(『신들린 제사장』) 카메라가 일종의 영매(靈媒) 역할을 하게 되는 것을 말한다. 이를 통해 감독은 단순한 관찰자에서 벗어나 제사장과 적극적인 상호작용을 하게 되며, 제사장은 단순한 촬영 대상에서 벗어나 자신의 삶과 문화적 정체성을 주도적으로 제시하게 된다. 앞의 책, 41~43쪽 참조.

는 위족을 수축시키는 방식으로 외부의 자극에 즉각적으로 반응하는데, 이 단계에서는 지각작용과 운동이 뒤섞여 쉽게 구별되지 않는다. 그러나 "유기체가 복잡해짐에 따라 작업은 분할되고, 기능들은 분화되며, 이렇게 구성된 해부학적 요소들은 자신의 독립성을 잃게 된다".[12] 고등생물로 진화하는 신체적 분업화의 과정에서, 감각신경은 '거시적 운동의 능력'을 희생하는 대신 감각의 전달('강도적 계열')에 치중하게 되며, 따라서 그에 필요한 '미시적 운동의 경향성'만을 간직하게 된다. 특정한 신체 부위에 상해를 입었다고 해보자. "사태를 제자리로 돌려놓기 위한 노력, 즉 감각신경 위에서 일어나는 일종의 운동적 경향"[13]이 나타나지만, '자기 운동성의 대부분을 상실한' 감각신경의 입장에서 볼 때 그것은 무익한 노력일 뿐이다. 베르그손에 따르면, 이를테면 고통은 바로 이 지점에서, '연장적 운동'이 아니라 '표현적 운동'으로서 생겨난다. 베르그손의 이러한 입장을 참조하면서, 들뢰즈는 정서를 다음과 같이 규정한다. 정서란 "움직이지 않는 반성적 통일체와 표현적인 강도적 운동의 집합"(IM 126)이다. 앞서 인용문의 표현으로 돌아가 다시 말하자면, 정서란 '감각신경상에서 나타나는 (무익한) 운동적 경향성'이다.

생명체에 있어 정서작용의 기원에 대한 베르그손의 이러한 설명을 염두에 두면서, 이제 영화의 문제로 돌아가 보자. 영화에서 정서가 가장 분명하게 표현되는 지점은 과연 어디일까? 들뢰즈에 따르면, 그것은 얼굴, 특히 근접화면으로 찍은 얼굴이다. 이를테면, 카를 테오도르 드레위에

---

12) 베르그손, 『물질과 기억』, 99쪽.
13) 앞의 책, 100쪽.

르^{Carl Theodor Dreyer}는 극단적인 근접촬영을 통해 잔다르크의 얼굴에 드러
난 두려움과 외로움을 극적으로 보여 준다(「잔다르크의 수난」(1928)). 그
러나 정서의 표현이 인간의 얼굴에 국한되는 것은 아니다. 들뢰즈가 선언
적으로 말하듯이, "사물의 정서도 존재한다"(IM 138). 예컨대 게오르크 빌
헬름 파브스트^{Georg Wilhelm Pabst}는 살인마의 얼굴을 뒤덮는 전율만큼이나
강렬한 '칼의 정서'를(「판도라의 상자」(1928)), 요리스 이벤스^{Joris Ivens}는
빗속을 오가는 사람들의 정서가 아니라 비 자체에 속하는 어떤 정서를 보
여 준다(「비」(1929)). 이러한 논의는 앞서 지각 개념이 '인간 없이도 존재
하는 지각'으로 확대되었던 것처럼 정서 개념도 사물의 정서 혹은 '인간
없이도 존재하는 정서'로 확대되고 있음을 보여 준다.

그런데 정서 개념에 가해지는 변형은 여기에 그치지 않는다. 들뢰즈
는 정서를 표현하는 얼굴이나 사물과 그러한 표현을 가능하게 해주는 정
서 자체를 구별한다. 즉 정서는 그것의 표현(얼굴, 사물)과 혼동되어서는
안 되는 것, 그 표현 속에서 '표현되는 것'이다(IM 138). 정서는 "사물의 상
태로 현실화되고 구현"(IM 138)되지만, 그렇다고 해서 정서가 사물의 상
태는 아니다. 『의미의 논리』의 구별을 빌려 단적으로 말하자면, 정서는
(사물의 상태가 아니라) 사건이다.¹⁴⁾ 물체에 속하는 "질적이고 양적인 사
물의 상태"는 이를테면 "어떤 집단의 크기, 달궈진 쇠의 붉음, 나무의 푸

---

14) 『의미의 논리』에서 들뢰즈는 스토아 학파를 참조하면서 실존하는 사물과 이념적인 사건의
존재방식을 구별하는데, 전자는 실존하고(exister) 후자는 내속한다(insister). 이러한 구별에
따르면, 『시네마』의 논의와 관련해서 "변용은 실존하고 정서는 내속한다고 말할 수 있다"(이
찬웅, 「들뢰즈의 영화 미학에서 정서의 문제: 변용에서 시간으로」, 『미학』, 69권, 한국미학회, 2012,
167쪽). 이찬웅에 따르면, 이념적인 사건에 해당하는 정서는 변용-이미지의 '초월론적 심급'
에 해당한다.

르름"을 규정한다(LS 15). 그에 반해 사건은 비물체적인 것으로서, "커지다, 작아지다, 붉어지다, 푸르러지다, 자르다, 잘리다와 같은 말로 우리가 뜻하는 바"(LS 15)를 가리킨다. 『시네마』에서 들뢰즈는 이러한 구별을 퍼스의 기호학과 연결시킨다. 그는 퍼스의 일차성과 이차성secondéité 개념을 빌려 와서 전자를 정서 자체 혹은 사건으로서의 정서를 가리키는 것으로, 후자를 정서의 표현 혹은 정서가 현실화된 사물의 상태를 가리키는 것으로 삼는다.[15] 들뢰즈에 따르면, 일차성이란 "그 자체로 고려된" 정서로서 "자신과 구별되는 다른 어떠한 참조점도 갖지 않으며, 모든 현실화의 문제로부터 독립적"(IM 139)이다. 반면 이차성이란 정서가 "특수한 사물의 상태, 규정된 시공간, 지리적·역사적 환경, 집단적 동작주나 개별적인 인간 안에서 현실화되는"(IM 139) 것을 말한다.

---

15) 다른 한편, 들뢰즈는 삼차성(tiercéité)을 경험론의 원리, 즉 관계가 "그 항들에 외적"(IM 267)이라는 원리와 결부지어 이해하면서, 영화를 통해 "행위와 그 행위의 주체가 사로잡혀 있는 관계의 집합"(IM 270)을 탐구한 대표적인 인물로 앨프리드 히치콕(Alfred Hitchcock)을 내세운다. 언급된 세 용어는 들뢰즈가 퍼스의 범주론에서 차용한 것이다. 퍼스는 1867년 「새로운 범주 목록」에서 있음(혹은 ~임), 성질, 관계, 표상, 실체의 다섯 범주를 제안하지만, 1893년 이를 성질, 관계, 표상(이 시기의 퍼스는 매개라는 용어를 선호한다)으로 축소한다. 후자의 세 범주를 가리키는 일차성, 이차성, 삼차성이라는 용어는 세 종류의 술어가 갖는 관계항의 개수와 관련하여 고안된 것이다. 즉 가능성의 범주인 일차성은 하나의 항을 갖는 술어(A exists), 실재성의 범주인 이차성은 두 개의 항을 갖는 술어(A loves B), 일반성의 범주인 삼차성은 세 개의 항을 갖는 술어(A gives B to C)와 관련된다. 먼저, 일차성은 일체의 관계에 앞서 그 자체로 존재하는 것, 이를테면 '반성되거나 분석되기 이전의 순수한 느낌'을 가리킨다. '순전한 가능성'(may-be)에 해당하는 일차성과는 달리, 이차성은 '열리지 않는 문에 어깨를 부딪치듯이', 나와 다른 사물이라는 두 항의 관계 속에서 개별적이고 직접적으로 주어지는 '엄연한 사실'(be)을 가리킨다. 마지막으로, 삼차성은 현상의 개별성이 아니라 현상의 일반성을 가리킨다는 점에서 이차성과 구별된다. 삼차성은 전건, 후건, 양자를 매개하는 법칙의 세 항으로 이루어진 것으로서, 우리의 '예측 행위'(would-be)가 그 사례에 해당한다. 강미정, 『퍼스의 기호학과 미술사: 신미술사의 철학을 위하여』, 이학사, 2011, 116~130쪽 참조.

퍼스가 말했듯이, 붉음과 같은 색, 광채와 같은 가치, 자름과 같은 역량, 단단함이나 무름과 같은 질은 그것들 자체만을 가리키는 실증적인 가능성이다. (IM 150)

여기서 들뢰즈는 사건으로서의 정서가 '가능성'에 속한다고 말하는데, 이는 퍼스의 용어법에 따른 것으로[16] 사건을 잠재적이거나 이념적인 것으로 기술하는 (『시네마』이전) 들뢰즈의 일반적인 용어법과는 구별된다.

다른 한편, 들뢰즈는 퍼스의 일차성 개념 외에도 다른 두 이론적 참조점을 언급한다. 먼저, 들뢰즈는 멘 드 비랑Maine de Biran을 퍼스의 선구자로 내세운다. 이는 그가 "규정된 공간과 무관하기 때문에 국지화될 수 없으며, 자아와 무관하기 때문에 '……이 있다'라는 형식으로만 제시되는 순수 정서"(IM 140)를 제시했기 때문이다. 다음으로, 들뢰즈는 막스 셸러Max Scheler와 뒤프렌이라는 두 현상학자를 퍼스의 후계자로 내세운다. 이는 그들이 미적 선험 혹은 "정서적 선험"(IM 140. 강조는 원문)의 개념을 창조했기 때문이다. 특히 뒤프렌은 미적 경험에서 두 차원을 구별하는데,[17] 하나

---

16) "마젠타 색의 가치, 장미 에센스의 향, 증기기관차의 기적 소리, 키니네의 맛과 같은 감각적인 질, 훌륭한 수학적 증명을 보고 있을 때 느껴지는 감정의 질, 사랑이라는 감정의 질 등이 존재한다. 나는 직접적으로든 기억이나 상상 속에서든 이 감정들을 실제로 경험할 때의 인상에 대해, 다시 말해 이런 질을 자신의 구성요소들 중 하나로 함축하고 있는 어떤 사물에 대해 말하려는 게 아니다. 내가 말하려는 것은 오히려 질 자체, 즉 반드시 현실화되어야 할 필요성 없이 그 자체로 존재하는 순수한 가능성(peut-être)이다"(Charles Sanders Peirce, *Ecrits sur le signe*, trad. Gérard Deledalle, Paris: Les Éditions du Seuil, 1978, p. 43(IM 150에서 재인용)).

17) "작품이 표현한 정서적 질이 미적 대상의 세계를 구성할 때, 그리고 칸트가 말하듯 우리가 대상 없이도 시간과 공간을 떠올릴 수 있는 것처럼 그와 동시에 그 정서적 질이 재현된 세계와 독립적으로 느껴질 수 있을 때, 우리는 그것이 선험적이라고 말할 수 있다. 사실상으로는 그렇지 않다 하더라도, 권리상으로는 그렇다. 왜냐하면 우리는 사실 후험적인 것에 근거해서만

는 정서적 질이고, 다른 하나는 그것의 표현에 해당하는 미적 대상의 세계 혹은 재현된 세계다. 후험적인 후자 없이는 선험적인 전자가 체험될 수 없 다는 점에서 양자는 항상 불가분적이지만, 그렇다고 해서 전자와 후자가 혼동되는 것은 아니다. 들뢰즈는 뒤프렌의 이러한 문제의식을 높이 평가 하면서, 다음의 두 물음을 제기한다. "미적 선험은 어떤 의미에서 존재하 는가? 한 사회에서 어떤 새로운 감정이 창조되듯이, 한 화가에게서 어떤 색의 뉘앙스가 창조되듯이, 그럼에도 미적 선험은 어떤 의미에서 창조되 는 것일까?"(IM 140) 앞서 언급했던 '사건으로서의 정서' 개념을 돌이켜 보자면, 첫 번째 물음과 관련해서 미적 선험은 사건으로서 존재한다고 말 할 수 있다. 다른 한편, 두 번째 물음은 미적 선험 혹은 사건으로서의 정서 가 예술적 창조의 대상이 될 수 있음을 시사한다. 즉 예술가는 예술작품을 통해 그 속에 담긴 미적 선험을 창조한다는 것이다. 뒤프렌이 든 예를 빌 려 오자면, 장 밥티스트 라신Jean Baptiste Racine의 비극성, 루드비히 판 베토 벤Ludwig van Beethoven의 비장함, 요한 제바스티안 바흐Johann Sebastian Bach 의 평온함 등은 창조된 미적 선험에 해당한다.[18] 이러한 관점은 『철학이란 무엇인가?』로 이어지는데, 거기서 들뢰즈는 미적 선험이 감각을 근거 짓 는다고 말하면서 감각의 구성요소인 지각과 정서 모두를 포괄하는 것으 로 이해한다.[19]

선험적인 것을 인식하기 때문이다. 그리고 미적 경험에서도 표현된 세계와 재현된 세계, 정서 적 질과 객관적 구조는 항상 불가분적이기 때문이다. [……] 가치는 어떤 사물 속에 구현되며, 그렇게 구현됨으로써 그 사물을 재화로 구성한다. 이와 마찬가지로, 미적 대상의 세계는 자 신에 대해 선험적으로 존재하는 어떤 정서적 질에 따라 질서를 부여받는다"(Mikel Dufrenne, *Phénoménologie de l'expérience esthétique*, II, Paris: PUF, 1953(1992), pp. 549~550).
18) *Ibid.*, p. 571.

2. 의견 대 감각

이제 우리는 『철학이란 무엇인가?』의 예술론을 본격적으로 다루는 지점
에 도달했다. 이 책에서 들뢰즈는 예술작품을 감각존재로 규정하는데, 여
기서 지각과 정서를 구성요소로 하는 감각은 지각상태와 정서상태를 구
성요소로 하는 의견과 대립된다. 따라서 우리는 우선 다음의 물음에 답할
필요가 있다(2절). 의견과 감각은 각각 무엇인가? 곧 살펴보겠지만, 이 물
음은 카오스, 의견, 예술(감각)의 관계 문제, 그리고 예술(감각)이 어떻게
의견에 맞설 수 있는지의 문제와 관련된다. 뒤이어 우리는 다음의 두 물
음을 다룬다(3절). 먼저, 예술가는 어떻게 감각의 구성요소인 지각과 정서
에 도달할 수 있으며, 또 어떻게 그것들을 '떼어 내어' 예술작품으로 구성
할 수 있는가? 다음으로, 예술작품은 구성된 지각과 정서를 어떻게 보존
할 수 있는가? 전자의 물음은 예술적 창조의 문제와 관련되며, 후자의 물
음은 예술작품의 독특한 존재 방식과 관련된다. 마지막으로, 우리는 들뢰
즈의 예술론을 비판적으로 고찰하면서 그것의 미학적 귀결들을 탐색한다
(4절). 이 마지막 장은 랑시에르의 들뢰즈 미학 비판을 검토하고 그에 반
론을 제기하는 방식으로 진행될 것이다.

---

19) "현상학은 체험된 지각상태와 정서상태를 넘어서는 지각적이고 정서적인 '물질적 선험' 속에
서 감각을 발견한다"(QP 168). 들뢰즈의 평가에 따르면, 뒤프렌의 이러한 시도는 모리스 메
를로-퐁티(Maurice Merleau-Ponty)의 『보이는 것과 보이지 않는 것』을 계승하는 동시에 그
것을 뛰어넘는다. 그 이유는 다음과 같다. 메를로-퐁티가 말하는 "살(chair)은 감각의 발현에
기여하지만 살이 감각은 아니다"(QP 169). 그에 반해, 뒤프렌의 미적 선험 개념은 "감각을 신
체와 세계의 관계로 근거 짓는 지각적이고 정서적인 선험"(QP 169)이 존재한다는 사실을 보
여 준다.

제목이 주는 인상과는 달리, 『철학이란 무엇인가?』의 논의는 철학에 국한되지 않는다. 여기서 들뢰즈가 던지는 물음은 다음과 같이 요약된다. '사유한다는 것은 무엇인가?', 보다 정확히 말하자면 '사유의 세 형식인 철학, 과학, 예술이란 무엇인가?' 이 물음에 대한 답변은 그 책 전체의 내용에 해당하는 것으로, 쉽게 요약될 수 없다. 하지만 다행히 들뢰즈는 그 책의 결론에서 로렌스의 한 시학 텍스트[20]에 기대어 스스로 그 답변을 요약하고 있다. 그 요약의 핵심은 카오스, 의견, 사유라는 세 개념을 규정하고 사유가 앞선 두 개념과 맺는 관계를 이해하는 데 있다.

우리는 카오스로부터 자신을 보호하고자 약간의 질서를 요구하는 것뿐이다. 그 자체로부터 빠져나가는 사유보다 더 괴롭고, 더 고통스러운 것은 없다. 달아나 사라지는 관념들, 윤곽이 나타나자마자 이미 망각에 의해 뜯겨져 나가고, 금세 다른 것으로 변해 버려서 더는 제어할 수가 없는 그런 관념들보다 더 괴롭고, 더 고통스러운 것은 없다. [……] 이런 이유 때문에 우리는 고정된 의견에 그토록 매달리고 싶어 하는 것이다. (QP 189)[21]

들뢰즈에게 카오스는 무한 속도로 진행되는 끝없는 생성과 소멸로

---

20) David Herbert Lawrence, "Chaos in Poetry", *Selected Critical Writings*, ed. Michael Herbert, Oxford & New York: Oxford University Press, 1998, pp. 234~242.
21) 로렌스의 다음 대목을 참조하라. "인간, 동물, 꽃, 모두는 끊임없이 밀려오는 기묘한 카오스 속에서 살고 있다. 코스모스라고 불리는 것은 우리에게 익숙해진 카오스다. [……] 하지만 (동물이나 꽃과는 달리) 인간은 카오스 속에서 살아갈 수 없다. [……] 인간은 어떤 환영 속에 자신을 보호해야 하며, 분명한 형식, 안정성, 고정성으로 집을 지어야 한다"(Ibid., p. 234).

규정된다.[22] 사유의 문제는 이 생성과 소멸의 속도를 쉽게 따라잡을 수 없다는 데 있다. 따라서 일반적으로 사유는 생성과 소멸의 특정한 국면에서 그 속도가 둔화될 때 드러나는 일정한 규칙, 질서, 일치를 파악하는 데 만족한다. 이를테면 ① 유사·인접·인과처럼 관념들을 연결하는 규칙, ② 사물의 상태에서 발견되는 상대적으로 안정적인 질서, ③ 사물과 사유의 만남인 감각에서 과거 감각과 현재 감각의 일치가 바로 그것이다(QP 189~190). 로렌스의 표현을 빌리면, 이것은 카오스의 무한한 가변성으로부터 우리를 보호하기 위한 일종의 '우산'으로서, 인간의 삶에 필수불가결한 것이다. 그런데 문제는 시간이 지나면서 이 우산이 점차 견고해지고, 그에 따라 우리가 카오스를 망각하면서 이른바 의견에 이르게 된다는 데 있다.

카오스가 두려워, 인간은 자신과 쉼없이 소용돌이치는 카오스 사이에 우산을 하나 펼치는 것으로 시작한다. 그러고는 하늘과도 같은 자신의 우산 아래에다 그림을 그린다. 이제 인간은 그의 우산 아래를 여기저기 누비고 다니며, 살아가고 또 죽음에 이른다. 그러나 후손들에게 남겨진 우

---

22) "들뢰즈와 과타리는 이 무한 속도라는 개념으로부터 카오스에 대한 근본적으로 새로운 구상을 이끌어 낸다. 그들의 관점에서 보자면, 카오스는 '자신의 무질서에 의해서라기보다는 윤곽이 잡혀 가던 모든 형태가 흩어져 버리는 무한 속도에 의해'(QP 111. 강조는 원문) 정의된다." 무한 속도는 이른바 순수 변이의 속도인데, 그것은 "주어진 어떤 사물의 변이가 아니라 어떤 사물의 창조이자 흩어짐으로서의 변이(무한의 변이)"이며, "규정된 변이가 아니라 순수하게 예측 불가능한 변이이다(무한한 가능성에 대한 무한한 우연적 결정)"(로장발롱·프레트세이, 『들뢰즈와 가타리의 무한 속도 1』, 97~98쪽). 무한 속도, 그리고 사물의 지속성과 안정성을 낳는 그것의 감속에 대해서는 앞의 책, 92~127쪽을 보라.

산은 어느새 하나의 돔, 아치형 천장이 되어 버리고, 인간은 결국 무언가 잘못되었음을 느끼기 시작한다.[23]

카오스를 망각하고 스스로 만든 의견을 절대시하게 될 때, 사유에는 다시금 새로운 문제가 절박하게 제기된다. 예컨대 예술의 경우, 그것은 "카오스에 대항하는 것이 아니라 [……] 의견의 '상투적인 표현cliché'에 맞서 싸우는 일"(QP 192)이다.

그런데 의견의 상투적인 표현에 맞선 이 싸움은 역설적으로 '적과의 결탁'을 요구한다. 다시 말해, 이제 예술은 카오스에 맞서는 것이 아니라 오히려 카오스에 호소해야 하며, 숨막히는 구조물이 되어 버린 돔(과거의 '우산')에다 균열을 내어 한줌의 카오스를 들여와야 한다. 로렌스는 "카오스를 한순간 바라보는 일the glimpse of chaos"[24]을 비전vision이라고 부르면서, 그것을 예술의 과제로 내세운다. 그런데 여기서 주의해야 할 점은 예술이 그 자체로 카오스가 되어서는 안 되며, 비전을 제시할 수 있도록 '구성된 카오스'가 되어야 한다는 사실이다. 들뢰즈는 이 구성된 카오스를 카오이드chaoïde라고, 혹은 제임스 조이스James Joyce의 표현을 빌려 카오스모스chaosmos라고 부른다(QP 192).

---

23) Lawrence, "Chaos in Poetry", p. 234.
24) Ibid., p. 243. 들뢰즈는 비전을 다음과 같이 설명한다. "예술가인 시인은 우산에 틈을 내어 천상마저도 길게 찢어 놓는다. 이는 자유롭고 바람이 드는 한줌의 카오스를 들여오기 위함이며, 윌리엄 워즈워스(William Wordsworth)의 수선화나 세잔의 사과, 맥베스나 에이해브 선장의 모습처럼 그 틈을 통해 나타나는 비전을 어떤 갑작스러운 빛 속에 가두어 두기 위함이다"(QP 191).

카오스는 자신을 재단하는 면^{plan}에 따라 세 명의 딸을 지닌다. 그것은 카오이드, 즉 사유의 형식 혹은 창조의 형식으로서의 예술, 과학, 철학이다. 우리는 카오스를 재단한 면 위에서 생산된 실재성을 카오이드라고 부른다. (QP 196)

이처럼 카오이드는 카오스를 서로 다른 방식으로 재단하는 사유의 세 형식, 즉 철학·과학·예술을 가리킨다. 이 카오이드들은 다시금 저마다 면·인물·창조물이라는 세 구성요소를 갖는다. 먼저 철학적 카오이드의 구성요소에 해당하는 것은 내재면, 개념적 인물$^{personnage\ conceptuel}$, 개념이다. ① 내재면이란 "철학이 그려 내야 하는 선-철학적인 면"(QP 74)으로서, 사유한다는 것이 무엇인지에 대해 사유가 스스로 부여하는 이미지, 즉 사유 이미지다. 예컨대 데카르트에서 칸트를 거쳐 후설에 이르는 코기토의 역사를 가능케 해준 것은 '사유란 내재성을 주체의 의식에 귀속시키는 것'이라는 사유 이미지다.[25] ② 개념적 인물이란 "철학이 고안하여

---

25) 언급된 세 철학자가 의식의 의미, 귀속의 방식을 서로 다른 방식으로 이해한다는 점에서 이 면에는 다시금 세 개의 작은 면이 있다고 말할 수도 있다. 그중 데카르트와 칸트의 관계에 대해 들뢰즈는 다음과 같이 언급한다. "칸트가 데카르트를 '비판한다'는 것은 데카르트의 코기토가 점유하거나 실행할 수 없는 어떤 면을 세우고 어떤 문제를 구축했다는 의미일 뿐이다. 데카르트는 개념으로서의 코기토를 창조했지만, 거기서 선행성(antériorité)의 형식으로서의 시간을 배제하여 그것을 연속 창조에 따른 단순한 잇달음의 방식으로 만들었다. [……] 칸트는 시간에 대한 새로운 개념을 제공한다는 조건하에서 시간을 새로운 코기토의 구성요소로 삼는다. 이제 시간은 연속성, 동시성, 영속성이라는 세 구성요소를 지닌 내면성(intériorité)의 형식이 된다"(QP 35). 다른 한편, 들뢰즈는 최상의 철학적 면을 세운 철학자로 스피노자를 내세우며, 베르그손만이 한 차례 그에 필적할 만한 수준에 도달했다고 말한다. "아마도 스피노자는 초월성과의 어떠한 타협도 간과하지 않고 도처에서 초월성을 내쫓았던 유일한 사람일 것이다. 그는 무한의 운동을 성취했으며, 『윤리학』 5부에 등장하는 3종의 인식 속에서 사유에 무한 속도를 부여했다. [……] 『물질과 기억』의 서두에서 베르그손은 카오스를 절단하는 어

생명을 부여해야 하는 친-철학적pro-philosophique 인물"(QP 74)로서, 주어진 면 위에서 주장을 전개하는 사람이다. 낡은 문헌들을 뒤져 에피스테메épistémè를 구획하는 푸코의 고문서학자, 지속을 증거하는 베르그손의 달리기 주자, 기존의 모든 확실성을 부정하는 데카르트의 회의주의자 등이 그 예에 해당한다. ③ 마지막으로, 내재면 위에서 개념적 인물을 통해 "철학이 창조해야 하는 철학적 개념"(QP 74)이 있다. 예컨대 데카르트의 코기토 개념은 '내재성을 주체의 의식에 귀속시킨다'는 면과 회의주의자라는 인물을 전제하지 않고서는 만들어질 수 없지만, 그렇다고 해서 그 면이나 인물과 동일한 것은 아니다. 코기토는 그 자체로 '의심하다', '생각하다', '존재하다'라는 세 구성요소로 이루어진 개념으로서(QP 29), 코기토의 보증자인 신이나 매 순간 코기토를 갱신하는 신의 연속 창조 등 다른 개념들과 더불어 그 면을 점유한다.

과학과 예술은 철학과 마찬가지로 카오스를 절단하지만 면, 인물, 창조물의 세 측면에서 서로 구별된다. 과학은 준거면plan de référence, 부분적 관찰자observateur partiel, 함수와 관련되며, 예술은 구성면plan de composition, 미학적 형상figure esthétique, 감각과 관련된다. 먼저, 과학의 문제는 철학처럼 개념을 통해 무한에 도달하는 것이 아니라 오히려 "무한을 포기하면서 잠재성에다 그것을 현실화하는 어떤 준거를 제공하는"(QP 112) 데 있다. 예컨대 빛의 속도인 초속 29만 9796km, 온도의 절대영도인 영하 273.15도 등은 과학이 준거면을 설정할 수 있는 최소한의 한계에 해당한

떤 면을 그려 내는데, 그것은 끊임없이 퍼져 나가는 물질의 무한한 운동인 동시에 권리상의 순수 의식을 끊임없이 도처로 옮겨다 놓는 사유 이미지이기도 하다"(QP 49~50).

다. 과학은 그 한계 위에다 좌표계(준거면)를 세우고, 그 좌표계상의 변화를 기록하는 부분적 관찰자를 설정하며, 그 속에서 작동하는 함수를 창조한다.[26]

　과학이 무한에 한계를 설정하여 일정한 준거 안에서 함수를 조직하는 데 반해, 예술은 유한 속에 무한을 도입하는 방식으로 "무한을 되돌려주는 유한"(QP 186)을 창조한다. 들뢰즈에 따르면, 구성면은 "미학적 형상의 행위를 통해 기념비 혹은 구성된 감각에 도달"(QP 186)하는 데서 성립한다. 여기에는 두 가지 논점이 있는데, 하나는 미학적 형상이란 무엇이고 또 그것이 수행하는 행위란 무엇인가 하는 점이고, 다른 하나는 유한한 감각의 구성물인 기념비가 어떻게 무한을 담지할 수 있는가 하는 점이다. 먼저, 미학적 형상이란 멜빌의 에이해브 선장이나 하인리히 폰 클라이스트Heinrich von Kleist의 펜테질레아이며, 그들이 수행하는 행위란 바로 되기다. 앞서 살펴보았듯이, 되기란 "(자기 자신으로 계속 존재하면서) 끊임없이 다른 것이 되는"(QP 168) 일이며, 이를 통해 미학적 형상은 "구성면에서 [……] 정서를 산출하는 조건이 된다"[27](QP 64). 두 번째 논점에 대한 답변은 첫 번째 답변으로부터 손쉽게 귀결된다. 유한한 기념비가 무한을 담지할 수 있는 것은 기념비의 대상이 일시적으로 유한의 형태(지각상태와 정

---

26) 특수상대성이론을 예로 들자면, 이 요소들은 다음과 같이 설명될 수 있다. ① 한계에 해당하는 빛의 속도. ② 빛의 속도가 불변의 한계로 기능함에 따라 시간, 깊이, 질량 등 다른 물리량이 변화하게 되는 준거면. ③ 빛의 속도로 이동하는 상상의 우주선에 올라타 느려지는 시간, 줄어드는 길이, 증가하는 질량을 준거면에서 기록하는 관찰자. ④ 그 변화를 수학적으로 기술하는 방정식.

27) 여기서 들뢰즈는 정서와 되기의 측면만 언급하고 있지만, 사실 그 속에는 지각과 풍경의 측면도 함축되어 있다고 보아야 할 것이다. 이어지는 3절의 논의를 참조하라.

서상태)를 취하는 무한의 운동(지각과 정서)이기 때문이다. 하지만 예술가가 어떻게 이러한 지각과 정서에 도달하는지, 기념비가 어떻게 그것들을 보존하는지, 그것들이 어떻게 감상자에게서 되살아날 수 있는지의 문제는 아직 해결되지 않은 채로 남아 있다. 이러한 문제들에 답하는 것이 이후 3절의 핵심적인 과제가 될 것이다.

이제 의견의 문제로 되돌아가 그것의 작동방식을 검토해 보자. 들뢰즈에 따르면, (철학 및 과학과 마찬가지로) 예술이 맞서고자 하는 것은 바로 의견[28]이다. 따라서 이러한 검토는 결국 의견이 무엇인지를 밝혀 그것이 감각과 대립하는 지점과 감각이 그것을 넘어서는 지점을 드러내기 위한 것이다.

의견이 제시하는 것은 주체의 상태인 외적 지각상태와 [신체 역량의] 한 상태에서 다른 상태로의 이행인 내적 정서상태가 맺고 있는 모종의 관계다(외적 준거와 내적 준거). 우리는 지각한 복수의 대상에 공통적인 것으로 가정된 어떤 성질을, 그리고 그 대상을 체험하고 우리와 함께 그 성질을 포착하는 복수의 주체에 공통적인 것으로 가정된 어떤 정서상태를 추출해 낸다. 의견이란 이 양자를 대응시키는 규칙이며, 하나의 함수나 명제

---

28) 들뢰즈에 따르면, "의견으로부터 그것을 변화시키는 앎을 이끌어"(QP 77) 내는 것은 그리스 이래 사유의 과제였다. 들뢰즈는 플라톤, 아리스토텔레스, 칸트, 헤겔을 거쳐 현상학에 이르기까지 의견에 맞선 철학의 투쟁을 개괄한 뒤, 그것이 성공적이지는 못했다고 평가한다. 그에 따르면, 이러한 투쟁에서 승리하기 위해서는 "가장 사실임 직하지 않은 의견을 펀들"거나 "모순적인 의견들을 견지"하는 것이 아니라 "표준 언어의 문장을 활용하여 의견의 질서에 속하지 않는 어떤 것을 표현"(QP 78)해야 한다. 쉽게 짐작할 수 있듯이, 예술과 관련해서 '의견의 질서에 속하지 않는 어떤 것'은 바로 감각을 가리킨다.

이되 그것의 변수가 지각상태와 정서상태라는 의미에서 체험의 함수다. (QP 137)

들뢰즈가 지각상태라고 부르는 것은 "다른 신체에 의해 야기되는 한에서의 신체의 상태"이며, 정서상태라고 부르는 것은 "다른 신체의 작용 하에서 잠재력-역량이 증가하거나 감소하여 한 상태에서 다른 상태로 이행하는 것"이다[29](QP 145~146). 그리고 의견은 이 양자를 변수로 하는 체험의 함수다. 수학에서 함수가 그러하듯, 의견 또한 일단 확립되고 나면 특정한 지각상태가 주어지는 데 따라 그에 상응하는 정서상태가 자동적으로 산출되기 때문이다. 예컨대, 특정한 상황(누군가 식탁으로 치즈를 가

---

29) 이러한 정의에 따라, 위의 인용문에도 정서상태가 신체의 역량과 관련된다는 점을 명시했다. 인용문에 뒤이어 들뢰즈는 'perception'과 'affection'이 스피노자의 'affectio'와 'affectus'에 해당한다고 언급한다. 그런데 여기에는 미묘한 변화가 있다. 앞서 4장 5절에서 살펴보았듯이, 『스피노자. 실천철학』에서 "affectio[affection]는 변용되는 신체 [역량의] 상태"로, "affectus[affect]는 [신체 역량의] 한 상태에서 다른 상태로의 이행"으로 규정된다(SPP 69/77). 그런데 위의 인용문에서 들뢰즈는 이 개념들 간의 관계를 다음과 같이 조정한다. 먼저, 그는 ('신체 역량의 상태'와 구별되는) '신체의 상태'를 도입하여 perception이라고 부르면서, 이것이 affectio에 해당한다고 말한다. 다음으로, 그는 (앞서 affect라고 불렀던) '신체 역량의 상태들 간의 이행'을 affection이라고 부르면서, 이것이 affectus에 해당한다고 말한다(이후 살펴보겠지만, 이러한 변화는 『시네마』의 affect 개념, 즉 '사건으로서의 정서'와 관련해서 이해될 수 있다). 결론적으로, 『철학이란 무엇인가?』에서 이 개념들에 일어난 변화는 다음과 같이 요약된다. ① affectio는 '신체 역량의 상태'가 아니라 '신체의 상태'라는 의미에서 perception으로 번역된다. ② affectus는 '신체 역량의 상태들 간의 이행'이라는 의미를 유지하지만 affect가 아니라 affection으로 번역된다. ③ 결과적으로, affection과 affect의 개념쌍은 '신체 역량의 상태'와 '신체 역량의 상태들 간의 이행'이 아니라 '신체 역량의 상태들 간의 이행'과 '사건으로서의 정서'라는 의미를 갖게 된다. 다음 표를 참조하라.

	『스피노자. 실천철학』	『철학이란 무엇인가?』
affectio	affection	perception (percept와 구별)
affectus	affect	affection (affect와 구별)

져온다)에서 추출된 특정한 성질(독특한 냄새가 난다)은 주체에게 특정한 신체의 상태(식욕이 당긴다)와 그에 상응하는 신체 역량의 이행(활력이 살아나는 등 신체 역량이 증가한다)을 야기한다(QP 138). 그런데 문제는 우리가 흔히 다수의 상황으로부터 "그 성질을 추상화하는 동시에 스스로를 공통의 정서상태를 경험하는 어떤 주체 일반$^{sujet\ générique}$과 동일시"(QP 138)한다는 데 있다. 이제 추상화된 성질은 복수의 대상, 이를테면 치즈 일반에 적용되며, '나'는 개인의 자격으로 주장하는 것이 아니라 동일한 신체 역량의 증가를 경험한 다수의 이름으로 치즈에 긍정적인 입장을 취하게 된다. 이 지점에 이르면, 의견은 정치적인 성격을 띠게 된다.

> 당신은 자신의 의견을 말해야 한다. 하지만 [서로 다른 의견들 간의] 경쟁에 참여한 사람들 중 다수와 동일한 의견을 말했다면, 당신은 '이긴' 것이다(당신의 말은 참이다). 의견은 본질상 다수를 향한 의지이며, 이미 다수의 이름으로 말한다. [……] 그러나 이것은 아직 의견의 지배로 향하는 첫걸음에 불과하다. 선택된 성질이 더 이상 어떤 집단을 구성하는 조건이 아니라 그 자체로 각자가 획득해야 할 지각적·정서적 모델, 성질과 정서상태를 규정하는 이미 구성된 그룹의 이미지나 '지표'에 불과한 것이 될 때, 의견은 승리를 거두게 된다. (QP 139)

로렌스의 비유를 빌려 말하자면, 여기서 들뢰즈가 묘사하는 것은 카오스의 보호막이던 미약한 '우산'이 숨막히는 돔으로 변질되는 지점이다. 이 지점에 이르면, 사람들은 개인의 생각이나 취향에서 출발해서 그것을 의견으로 일반화하는 것이 아니라 이미 확립된 의견을 모델이나 지표로 삼아 다른 주장들을 규제하기에 이른다. '의견의 승리'는 카오스와의 완전한 단절을 의미하며, 따라서 의견에 맞선 사유의 과제는 카오스와의 접촉을 회복하는 데 있다. 다시 말해, 이미 확립된 의견에 기대어 사물이나 사태를 재단하는 것이 아니라 카오스에서 기인하는 발생의 논리를 포착하는 데 있다. 들뢰즈가 보기에 철학·과학·예술은 저마다 나름의 방식으로 발생의 논리를 포착하는 데서 성립한다. 그중에서도 예술은 지각상태와 정서상태로 구성된 의견을 지각과 정서로 구성된 감각으로 대체하며, 이를 통해 의견이 발생의 한 국면을 절대화한 것에 불과하다는 사실을 보여 준다.

3. 감각존재로서의 예술작품

1) 감각의 두 요소: 지각과 정서

> 예술의 목적은 재료의 매개를 통해 대상에 대한 지각작용과 지각하는 주체의 상태[지각상태]로부터 지각을 떼어 내는 것이며, [신체 역량의] 한 상태에서 다른 상태로의 이행인 정서상태로부터 정서를 떼어 내는 것이다. (QP 158)

위의 인용문은 세 가지 논점을 담고 있다. 첫째, 지각과 정서란 무엇이며 지각상태 및 정서상태와는 어떻게 구별되는가? 둘째, 예술가는 어떻게 지각상태 및 정서상태에서 벗어나 지각과 정서에 도달할 수 있는가? 셋째, 예술가는 어떻게 지각과 정서를 '떼어 내어' 작품으로 구성할 수 있는가? 이제 이상의 세 논점을 차례대로 살펴보기로 하자.

첫 번째 논점과 관련해서, 앞서 5장 1절에서 우리는 발생론적 지각론의 문제의식이 두 번째 시기는 물론 세 번째 시기에도 지속되고 있음을 지적한 바 있다. 잠시 돌이켜 보자면, 『시네마』에서 들뢰즈는 지각작용에 대한 "발생론적 정의"(IM 123)에 따라 기체적 지각에서 (액체적 지각을 거쳐) 고체적 지각으로 나아가는 관계를 기술하는데, 여기서 전자는 후자의 발생적 요소 혹은 미분적 요소로 간주된다. 이러한 발생론적 논리는 『철학이란 무엇인가?』에 3년 앞서 출간된 『주름』에서도 발견된다(PLB 116~119/159~162). 이 저작을 잠시 우회하여 예술이 제공하는 지각의 문제에 접근해 보자.

> 만약 이전 거시 지각의 균형을 무너뜨리고 다음 거시 지각을 예비하는 무수히 많은 미시 지각들의 집합을 의식적 지각이 통합하지 않는다면, 그 의식적 지각은 결코 일어나지 않을 것이다. [……] 무언가를 먹고 있는 개를 몽둥이로 아무리 빨리 내려친다 하더라도, 그 개는 내가 은밀히 다가오는 것, 나의 적대적인 분위기, 내가 몽둥이를 들어올리는 것에 대한 미시 지각들을 가질 것이며, 이 미시 지각들이 기쁨에서 고통으로의 전환을 떠받치는 것이다. (PLB 115/158)

인용문에서 사용된 거시 지각이라는 표현은 의식적 지각과 동일한 위상을 갖는다. 여기서 중요한 것은 의식적 지각이 그 자체로 주어지는 것이 아니라 아직 의식되지 않은 여러 미시 지각들이 맺은 관계의 결과로 주어진다는 사실이다. 의식적 지각의 성립 여부와는 별개로 미시 지각들은 연속적으로 주어지고 있으며, 기쁨에서 고통으로 또 고통에서 안도로 이어지는 전환은 바로 이 연속성에서 기인한다. 이어지는 대목에서 들뢰즈는 『차이와 반복』에서의 설명을 간략히 되풀이한다. 요컨대, 의식적 지각은 그것을 구성하는 최소한 두 개의 발생적 요소들이 미분적 관계(미분율)를 맺을 때 생겨난다는 것이다. 파란색과 노란색을 섞어 초록색을 만든다고 해보자. 그 색들은 미분적 관계 속에서 점차 고유의 성질을 잃어버리면서 새로운 값에 도달할 것이며, 그때 비로소 초록색으로 의식될 것이다. 이러한 사례가 분명하게 보여 주듯이, "모든 의식은 문턱이다"(PLB 117/161). 그리고 특정한 관계하에서 이 문턱을 넘어설 때에만 우리 의식에 도달하는 미시 지각들은 의식적 지각의 "발생적 요소들"(PLB 118/162)이다.

앞서 2장 2절의 2)에서 시몽동의 변조 개념과 관련하여 살펴보았듯이, 『천 개의 고원』에서 이러한 논리는 '질료의 흐름을 따라가기'로 변주된다. 요약하자면, 예술은 질료를 변형시키는 힘을 따라가면서 그 힘에 따라 질료가 취하는 이러저러한 시각적·청각적·촉각적 형태를 드러내는 데서 성립한다는 것이다. 『감각의 논리』에서 이러한 논리는 '힘의 포착'으로 다시 한 번 변주된다. 그 정식에 따라 말하자면, 미시 지각의 대상은 힘이고 의식적 지각의 대상은 구상적 소여이지만, 회화의 과제는 발생의 결과물인 구상적 소여를 제시하는 데 있는 것이 아니라 (힘에 고유한 형태인 형상을 통해) 힘에 의한 질료의 변형을 포착하는 데 있다. 『철학이란 무엇인가?』에서 들뢰즈는 이와 동일한 발생론적 논리를 현대회화의 주된 경향들 중 하나인 단색화 혹은 색면화를 논하는 데 적용한다. 이 대목에서 예술이 제공하는 지각은 다음과 같이 설명된다.

그림 2
몬드리안,
「빨강, 파랑, 노랑의 구성」, 1935~1942

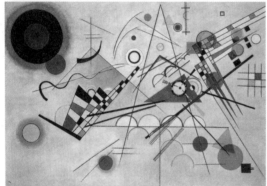

그림 3
칸딘스키,
「구성 8」, 1923

그림 4
쿠프카,
「뉴턴의 원반(두 가지 색의 푸가에 대한 연구)」, 1911

채색된 공백, 혹은 차라리 채색하는 공백은 이미 힘이다. 현대회화의 위대한 단색화 대부분은 [……] 지각될 수 없는 (그럼에도 어떤 지각을 구축하는) 미묘한 변이를 보여 준다. [……] 요컨대 색면이 진동하고, 결합하거나 갈라지는 것은 그것이 어렴풋이 예감되는 힘들의 담지자이기 때문이다. 그리고 추상화를 성립케 했던 것은 다른 무엇보다 바로 다음과 같은 것들이다. 힘들을 불러오기, 색면을 그것이 담지하고 있는 힘들로 채우기, 비가시적인 힘들을 그 자체로 가시화하기, 기하학적인 형태를 세우기, 그러나 [여기서 말하는] 형태는 중력·무게·회전·소용돌이·폭발·확장·발아의 힘, 시간의 힘과 같은 힘들과 다르지 않을 것이다. [……] 세계를 가득 채우는 감각되지 않는 힘들, 우리를 변용케 하고 우리를 생성[되기]케 하는 감각되지 않는 힘들을 감각될 수 있게 하는 것, 그것이 바로 지각 자체의 정의가 아닌가? (QP 172)

색면이 '채색되는' 공백이 아니라 '채색하는' 공백이라면, 들뢰즈가 보기에 채색이란 색면이 담지한 힘들 고유의 방향성(진동·결합·분리)을 따르는 일이기 때문이다. 이런 관점에서, 그는 색면화 계열의 작품에 흔히 등장하는 기하학적 형태를 그것을 야기하는 힘들의 표현으로 간주한다. 그 사례로는 피트 몬드리안Piet Mondrian에게서 사각형 모서리들 간의 차이, 바실리 칸딘스키Wassily Kandinsky에게서 선의 형태로 나타나는 긴장, 프란티셰크 쿠프카František Kupka에게서 점을 휘감는 곡면 등이 언급된다(QP 172. 그림 2~4 참조). 이 점은 구상화에도 마찬가지로 적용되는데, 『감각의 논리』에서는 무게의 힘을 그려 낸 장-프랑수아 밀레Jean-François Millet, 확장의 힘을 그려 낸 세잔, 발아의 힘을 그려 낸 빈센트 반 고흐Vincent van Gogh

그림 5
밀레,
「만종」, 1857~1859

그림 6
세잔,
「생빅투아르 산」, 1895

그림 7
고흐,
「해바라기」,1888

가 언급된다(그림 5~7 참조).[30] 이러한 사례들이 보여 주듯이, 들뢰즈에게 중요한 것은 기하학적이거나 구상적인 형태가 존재하는지의 여부가 아니라 그런 형태가 힘의 포착을 통해 얻어진 것인지의 여부에 있다(즉 형상인가 아닌가). 예술이 지각상태가 아니라 지각의 문제라면, 이는 지각이 형태의 발생적 요소인 힘을 포착한다는 의미에서다.

이제 두 번째 논점으로 넘어가 보자. 예술가는 어떻게 지각에 도달하는 것일까? 이와 관련해서 들뢰즈는 버지니아 울프의 '각각의 원자를 충족시키기', 베르그손의 '이야기 만들기', 세잔의 '흘러가는 순간 자체가 되기' 등의 방법론을 언급한다. 버지니아 울프는 앞서 4장 5절에서 다룬 바 있으므로, 여기서는 베르그손과 세잔의 사례를 주로 살펴보도록 하자. 들뢰즈는 다음 대목에서 지각과 관련하여 베르그손의 이야기 만들기 개념을 언급한다.

---

30) "농부들이 들고 있는 봉헌물이 감자 자루처럼 보인다고 신앙심이 지나친 비평가들이 비난했을 때, 실제로 이미 밀레는 봉헌물과 감자 자루에 공통적인 무게가 그 두 대상 간의 구상적인 구별보다 더 심층적인 것이라고 답했다. 화가로서, 그는 봉헌물이나 감자 자루를 그리는 게 아니라 무게의 힘을 그리고자 했던 것이다. 세잔의 천재성이라는 것도 회화의 모든 수단을 다음의 임무에, 다시 말해 산이 펼쳐지는 힘, 사과가 싹트는 힘, 풍경의 열기 등을 가시적이게 하는 임무에 종속시킨 것이 아니었던가? 그리고 고흐는 해바라기 씨앗의 상상을 초월하는 힘과 같은 미지의 힘들을 발견하기도 했다"(FB 58). 고흐와 관련해서, 재현에 대한 힘의 우위를 주장하는 아르토의 다음 구절도 함께 보라. "그는 회화, 즉 자연을 재현하는 부동의 행위를 완전히 넘어선 단 한 사람, 그야말로 단 하나뿐인 화가였다. 이는 마음 한가운데서 떨어져 나온 요소인 소용돌이치는 힘을 그것과 양립할 수 없는 자연의 재현 속으로 터져 나오게 하려는 것이었다. 그는 재현의 껍질 아래에서 대기를 솟아나게 하고, 그 껍질 아래에다 신경을 파묻었다. 그것들은 자연에는 존재하지 않지만, 실제 자연의 대기와 신경보다 더 실제적인 자연과 대기에 속한다"(Antonin Artaud, *Van Gogh, le suicidé de la société*, Œuvres, éd. Évelyne Grossman, Paris: Gallimard, 2004, p. 1455).

지각은 망원경적이거나 현미경적일 수도 있으며, 어떠한 체험된 지각상
태도 도달할 수 없을 어떤 삶이 부풀려 놓기라도 한듯이 인물과 풍경에
다 거인과 같은 크기를 부여한다. [……] 모든 이야기 만들기는 거인 만
들기fabrication de géant다. (QP 162)

들뢰즈가 위의 인용문에 붙인 주석에서 명시하고 있듯이, 이야기 만
들기는 원래 베르그손의 『도덕과 종교의 두 원천』(1932)에 등장하는 개념
이다. 여기서 베르그손은 상상력이 지나치게 광범위한 개념이라고 지적
하면서, 이야기 만들기를 상상력으로부터 분리할 것을 주장한다.[31] 그것
은 신화·종교·드라마·소설 등의 원천에 해당하는 능력으로서, 경험의 생
생한 위조물을 만들어 개인이나 종족을 이로운 방향으로 인도하려는 본
능에서 생겨난 것이다. 그는 이야기 만들기를 "사람들이 우리에게 그의
이야기를 들려주는 인물을 창조하는 능력"[32]으로 정의하는데, 이러한 능
력은 물론 예술가들에게서 두드러지게 나타나지만 평범한 아이들에게서
도 쉽게 발견된다. 아이들은 스스로 어떤 가상의 인물을 꾸며 내고서는 그
와 지속적으로 교류하면서 부모나 친구에게 그의 이름이며 일상생활을
들려주기도 하는 것이다. 베르그손에 따르면, 사람들이 자신이 꾸며 내지
도 않은 가상의 인물로 인해 극장에서 눈물을 흘리는 것 또한 이러한 능
력의 발현으로 볼 수 있다.

---

31) Henri Bergson, *Les deux sources de la morale et de la religion*, *Œuvres*, Paris: PUF,
     1984, pp. 1066~1144.
32) *Ibid.*, p. 1141.

들뢰즈가 이야기 만들기를 '거인 만들기'라고 부르는 것은 이야기에 등장하는 인물이 반드시 위대한 존재이기 때문만은 아니다. 어떤 인물을 거인으로 그려 낼 때, 그것은 오히려 그의 "평범함, 어리석음, 비열함"(QP 162) 때문일 수도 있다. 이와 관련해서, 들뢰즈는 특히 오노레 드 발자크 Honoré de Balzac의 위대함을 상기시킨다. '인간희극La comédie humaine' 연작을 채우고 있는 수많은 인물들, 이를테면 『외제니 그랑데』(1976)의 구두쇠 아버지를 한 번 떠올려 보자.[33] 그의 경우가 잘 보여 주듯이, 어떤 인물을 거인으로 만드는 것은 그의 삶에 거대한 규모를 부여하여 세세하게 들여다보기 위한 것이며, 이를 통해 그것의 미묘한 국면들을 포착하기 위한 것이다. 이와 동일한 관점에서, 프루스트는 문학을 확대경과 같은 '광학장치'로 간주한 바 있다. 그에 따르면, "작가의 작품이란 일종의 광학장치에 지나지 않는 것"으로, 작가는 그것을 통해 "그 책 없이 독자가 스스로 파악할 수는 없을 무언가를 가려낼 수 있게" 해준다.[34] 요컨대 거인 만들기는 어떤 인물의 삶을 거대한 규모로 확대하여 이러한 광학적 효과를 불러

---

33) 외제니의 아버지 그랑데 영감은 수전노의 전형으로, 딸의 사랑과 결혼을 이윤 추구의 수단으로 활용하는 것은 물론이고 임종의 순간까지도 황금에 집착하는 우스꽝스러운 모습을 보인다. "남아 있는 모든 생명이 깃들어 있는 눈만 떴다 하면, 그는 즉시 자기의 보물이 간직된 사무실 문 쪽으로 눈을 돌리고는 딸에게 묻곤 하는 것이었다. '있어? 있지?' 그의 목소리는 온통 겁에 질려 공포로 떨려 나왔다. '그럼요, 아버지.' '금화를 잘 지키거라. 내게 금화를 좀 보여다오.' [……] '아버지, 저를 축복해 주세요…….' 외제니가 말했다. '모든 것을 잘 간수해야 한다. 저승에 와서 내게 보고해야 돼.' 그가 남긴 이 마지막 말로 미루어 보건대 기독교는 수전노들의 종교임에 틀림없다"(오노레 드 발자크, 『외제니 그랑데』, 조명원 옮김, 지식을만드는지식, 2012, 146~147쪽).

34) Proust, "Le temps retrouvé", p. 911. 다음의 언급도 함께 참조하라. "내가 쓴 책이란 콩브레 안경점 주인이 손님에게 내놓는 일종의 확대경 같은 것에 지나지 않으며, 그 책 덕분에 나는 독자에게 그들 스스로 읽을 수 있는 수단을 제공해 주는 것이다"(Ibid., p. 1033).

일으키는 기법인 것이다.

지금까지 살펴본 베르그손의 이야기 만들기 개념이 주로 인물과 관련해서 지각을 해명한다면, 세잔의 '흘러가는 순간 자체가 되기'는 주로 자연과 관련해서 동일한 논의를 제공한다. 세잔은 한 젊은 시인과 대화를 나누면서 자신의 회화적 방법론을 다음과 같이 설명한다.

우리가 보는 모든 것은 흩어져 사라져 버린다네, 그렇지 않은가? 자연은 항상 같은 모습이지만, 자연의 그 무엇도, 우리가 보는 그 무엇도 머물러 있지 못하지. 우리의 예술은 지속하는 떨림과 그 요소들, 겉으로 드러나는 모든 변화를 자연에 빚지고 있다네. 우리는 자연을 영원히 맛볼 수 있게 만들어야 하는 걸세. [……] 나는 오른쪽, 왼쪽, 여기, 저기, 곳곳에서 자연의 색조, 빛깔, 뉘앙스를 붙잡아 고정시키고 또 서로 연결한다네……. 그것들은 선을 이루지. 내 의도와는 상관없이 대상, 바위, 나무가 된다네.[35]

여기서는 문학과 회화, 버지니아 울프와 세잔을 가로지르는 공통의 문제의식이 확인된다. ① 지각작용으로는 포착하기 힘든 발생의 미묘한 변화가 끝없이 이어지고 있다. ② 이러한 변화를 포착하기 위해서는 대상의 형태에서 출발할 것이 아니라 그 형태를 빚어내는 자연의 흐름 자체를 따라가야 한다. 세잔이 보기에 예술의 문제는 대상, 바위, 나무를 재현하는 데 있는 것이 아니다. 위의 인용문을 빌려 말하자면, 그것은 오히려 자

---

35) Émile Bernard et al., *Conversations avec Cézanne*, Paris: Les Éditions Macula, 1978, p. 109.

연이 내보이는 색조, 빛깔, 뉘앙스에서 출발하여 그것들이 대상, 바위, 나무로 나타나는 방식을 드러내는 데 있다. 세잔이 말하듯, 세상은 "한순간 흘러가 버리는" 방식으로 존재하며, 이를 포착하기 위해서는 "모든 것을 잊어버린 채 [······] 인화지plaque sensible"처럼 "그 순간 자체가 되어야" 하는 것이다.[36] 이러한 과제는 『시네마』에서 들뢰즈가 세잔을 원용하여 "인간 이전의 세계"(IM 117)라고 불렀던 것에 다름 아니다. 『철학이란 무엇인가?』의 표현에 따르자면, 그것은 "인간이 부재하는 인간 이전의 풍경"(QP 159)이다. 이는 다음을 의미한다. 예컨대 화가는 자신이 그리고 있는 '대상'과 무관한 상태에서, '지각작용의 문턱 위에서' 그 대상을 보고 그것의 변화를 그리는 것이 아니다. 오히려 그는 자신이 그리고 있는 '생성'의 일부로서, '지각작용의 문턱 아래에서' 그 생성을 보고 그것이 대상으로 나타나는 방식을 그린다. 즉 그는 "세계 속에 있는 것이 아니라 세계와 더불어 생성하고 있으며, 세계를 관조하면서 생성하고 있는 것이다"(QP 160). 주체와 대상의 구별이 희미해지는 이러한 생성 속에서 예술가는 비로소 세잔이 말하는 '인화지와 같은' 상태, 베르그손이 말하는 '특권적인 이미지를 전제하지 않은' 상태에 도달한다. '인간 이전의 풍경'이란 바로 이 지점에서 얻어지는 지각을 말한다.

지각이 지각상태를 넘어서듯이, 정서는 정서상태를 넘어선다. 정서는 어떤 체험된 [신체 역량의] 상태에서 다른 상태로의 이행이 아니라 인간의

---

36) *Ibid.*, p. 113. 들뢰즈는 『철학이란 무엇인가?』에서 바로 이 대목을 인용하고 있다(QP 160).

비인간적인 되기다. 에이해브 선장은 모비 딕을 모방하는 것이 아니며, 펜테질레아는 개 '역할을 하는' 것이 아니다. 되기는 모방도, 체험된 공감도, 심지어는 상상적 동일시도 아니다. 되기에 유사성이 있다 하더라도, 되기가 유사성은 아니다. 정확히 말하자면, 그것은 만들어진 유사성일 뿐이다. 차라리 되기는 유사성 없는 두 감각의 결합 속에서 드러나는 극단적인 인접성이다. [······] 되기는 하나가 다른 하나로 형태를 바꾸는 것이 아니라 무언가가 하나에서 다른 하나로 이행하는 것이다. 이 무언가를 분명히 하자면, 그건 감각이라고 할 수밖에 없다. (QP 163~164)

지각이 "비인간적인 풍경"으로 규정된다면, 정서는 "비인간적인 되기"로 규정된다(QP 160). 인용문에서 들뢰즈는 정서가 "어떤 체험된 [신체 역량의] 상태에서 다른 상태로의 이행"이 아니라고 말하는데, 이는 앞서 정서상태를 규정하기 위해 사용되었던 표현에 다름 아니다. 따라서 여기서 말하는 되기는 신체 역량의 한 상태에서 다른 상태로 가는 일상적인 이행에서 성립하는 것이 아니다. 그것은 오히려 그러한 이행의 진폭을 넘어서면서 신체 역량을 그 한계까지 끌어올리는 정서의 초월적 실행에서 성립한다. 들뢰즈는 이러한 되기를 모방, 공감, 동일시가 아니라 감각의 인접성으로 정의한다. 이러한 인접성은 되기에 돌입하는 두 대상(에이해브 선장과 모비 딕, 펜테질레아와 개)의 정서가 "자연적인 분화에 직접적으로 선행하는" 것과 같은 "규정 불가능성의 지대, 식별 불가능성의 지대"(QP 164)에 도달할 때 비로소 발견된다. 예컨대 에이해브 선장의 정서가 모비 딕에 한없이 가까워져 더 이상 구별되지 않는 지점에 이를 때, 그의 되기는 '비인간적인' 것이 된다. 거기서 양자는 결과적으로 어떤 유사성을 띠게 되지만, 그것은 양자의 인접성에서 귀결되는 부수적인 것으로서, 일종의 '만들어진 유사성'에 불과하다.

들뢰즈가 "그 누구보다 정서로 글을 쓰는 작가"(QP 160)로 평가하는 클라이스트의 사례를 통해 이 마지막 논점, 즉 되기와 유사성의 문제를 좀 더 살펴보자. 그의 희곡 『펜테질레아』(1808)에서, 아마존의 여왕 펜테질레아는 트로이 전쟁 한가운데 질풍처럼 나타나 양쪽 군대를 모두 공격하면서 전장을 혼란에 빠뜨린다. 그녀는 그 과정에서 마주친 아킬레우스에게 운명적인 사랑을 느끼지만, 부족의 비극적인 역사로 인해 생겨난 풍습, 즉 전장에서 정복한 남성만을 취할 수 있다는 풍습에 따라 그와 목숨을 건 싸움에 나선다. 그 싸움의 와중에 펜테질레아는 정신을 잃고 쓰러지지만, 아킬레우스는 그 사실을 숨기고 자신이 패했노라는 거짓말로 두 사람의 사랑을 성사시키고자 한다. 뒤늦게 그 사실을 알게 된 펜테질레아는 참을 수 없는 모멸감에 휩싸인다. 그녀는 아킬레우스를 공격하는 사냥개들 속에 합류하는데, 이때 그녀의 폭발적인 분노는 그를 잔인하게 물어뜯는 개들의 걷잡을 수 없는 공격성과 공명한다.[37] 그로 인해 그녀의 변용능력

---

37) "그녀가 활을 들어서 겨누고 쏘자, 화살이 그의 목을 뚫고 지나갑니다. 그는 쓰러집니다. 승리의 함성이 백성들 사이에서 거칠게 일어납니다. 사람들 중에서 가장 가련한 자는 아직 살아서, 멀리 튀어나온 화살이 목덜미에 꽂힌 채로, 그르렁거리면서 일어나다가 쓰러집니다. 그는 다시 일어나서 도망치려고 합니다. 하지만 벌써 그녀가 외칩니다. '쫓아가라, 티그리스! 쫓아가라, 레네! 쫓아라, 스핑크스! 멜람푸스! 디르케! 쫓아가라, 히르카온!' 그리고 그에게 달려듭니다. 개 떼를 전부 몰아치며 달려듭니다. 오, 디아나! 그리고 그의 철모 장식을 잡고서 그를 쓰러트립니다. 개들에게 동조하는 개처럼, 이놈은 그의 가슴을 잡고, 저놈은 목덜미를 잡습니다. 그가 추락하자 땅이 진동했습니다! 그는 자기의 자색 피에 허우적대며, 그녀의 부드러운 뺨을 어루만져요. 그리고 외쳐요. '펜테질레아! 나의 신부여! 무엇을 하는 거요? 이것이 당신이 약속했던 장미 축제인가?' 하지만 그녀는——배가 고파 눈 덮인 황야에서 먹잇감을 찾아 울부짖으며 헤매는 암사자라도 그의 말을 들었을 겁니다. 그녀는 그의 갑옷을 찢어

은 일상적인 한계를 넘어 초월적으로 실행되면서 그 개들의 움직임, 속도, 잔혹성에 한없이 가까워진다. 이처럼 펜테질레아의 '비인간적인' 개 되기는 임계점을 돌파한 극도의 역량, 극단적인 정서의 표현으로 나타난다. 여기서도 문제는 개들과 펜테질레아 사이의 유사성이 아니라 개들의 정서와 펜테질레아가 도달한 정서의 인접성이며, 유사성은 그러한 인접성이 외적으로 드러난 결과물에 불과하다.

이제 예술가가 어떻게 정서에 도달하는지의 문제로 초점을 돌려 보자. 들뢰즈는 다음과 같은 베르그손의 통찰을 언급하면서, 의견이 정서를 이해하는 그릇된 방식을 지적한다. 즉 의견은 "정서적 상태들을 오해하며, 무리 짓거나 나누지 않아야 마땅한 정서적 상태들을 무리 짓거나 나눈다"(QP 165)는 것이다. 들뢰즈가 주석에서 제시한 한 텍스트에서, 베르그손은 사물의 실제 분절에 부합하지 않는 일반 개념의 폐해를 비판하면서 그 사례로 감정의 문제를 언급한다.

쾌락이라는 명칭으로 무리 지어진 상태들을 검토해 본 결과, 인간이 추구하는 상태라는 것 외에는 아무런 공통점도 발견하지 못했다고 해보자. [그럼에도] 그 지극히 상이한 사태들에서 동일한 실천적 관심을 발견하고 또 그 모든 사태들에 동일한 방식으로 반응한다는 이유에서, 인류는 그것들을 하나의 동일한 종류로 분류할 것이다. [……] 쾌락과 행복이

버리고, 그의 흰 가슴을 물어뜯습니다. 그녀와 개들은 앞을 다툽니다. 옥수스와 스핑크스는 오른쪽 가슴을, 그녀는 왼쪽 가슴을 물어뜯습니다. 내가 나타나자, 그녀의 입과 손에서는 피가 뚝뚝 흘러내립니다"(하인리히 폰 클라이스트, 『펜테질레아』, 이원양 옮김, 지식을만드는지식, 2016, 212~213쪽).

라는 일반 개념을 형성하고자 사회는 인간 행위에 기반해서 외부로부터 인위적인 관점을 취했을 것이다. [하지만] 우리는 인간 행위를 그 자체로 연구[해야 한다.][38]

여기서 베르그손이 지적하는 것은 일반 개념이 인간 행위를 '외부에서' 관찰하면서, '인위적인' 관점에서 분류하고 있다는 사실이다. 그 결과 예컨대 '쾌락'은 '인간이 추구하는 상태들'이라는 지나치게 광범위한 규정을 얻게 되며, 따라서 그 속에 포함된 상이한 인간 행위들 각각의 독특성은 제대로 포착되지 못한다. 요컨대 베르그손이 말하듯이, 일반 개념이란 결국 "동일한 명칭으로 무한히 많은 수의 사물을 무리 지어 놓은 하나의 표상"[39]에 불과한 것이다. 그에 맞서, 인간 행위의 독특성을 탐구하기 위해서는 다음의 두 과제가 요구된다. 첫째, 이미 성립된 일반 개념에서 출발할 것이 아니라 그러한 일반화 자체를 가능케 했던 인간 행위의 지평으로 돌아가야 한다. 둘째, 그 지평에서 "실재를 그 고유의 경향성들에 따라 분절"[40]해야 한다.

예술가가 어떻게 정서에 도달할 수 있는지의 문제로 돌아가자면, 들뢰즈가 예술가에게 요구하는 것도 이러한 이중의 작업에 다름 아니다. 한편으로, 정서상태는 여러 정서적 경험을 묶어 낸 일반 개념에 불과하다. 따라서 예술가는 이러한 정서상태에 만족할 것이 아니라 그것들이 산출

---

38) Bergson, *La pensée et le mouvant*, pp. 1293~1294. 강조는 원문.
39) *Ibid.*, p. 1294.
40) *Ibid.*

되는 정서적 경험의 지평 자체로 돌아가야 한다. 다른 한편으로, 예술가는 그러한 지평 속에서 자신이 다루는 인물과 상황에 부합하는 독특한 정서를 분절해야 한다.

위대한 소설가는 무엇보다도 알려지지 않았거나 잘못 알려진 정서를 발명하고, 그것을 자기 인물의 되기로 발현시키는 예술가다. (QP 165)

들뢰즈가 지적하듯이, 이렇게 정서를 분절하는 작업은 미지의 정서를 발굴하거나 잘못 알려진 정서를 교정하거나 새로운 정서를 창조하는 일 등을 포괄한다. 예술가의 과제는 이를 통해 특정한 정서를 '자기 인물의 되기'로 발현시키는 데 있으며, 그 결과 감상자가 그 정서에 도달하게 만드는(감상자에게 되기를 야기하는) 데 있다. 들뢰즈는 이러한 과제를 성취한 여러 예술적 사례를 언급하는데,[41] 여기에는 에밀리 브론테^Emily Brontë의 『폭풍의 언덕』(1847)도 포함된다. 영국 요크셔 지방 어느 농장주의 딸인 캐서린은 아버지가 데려온 고아 히스클리프와 함께 자라면서 깊

---

41) 인용한 문장에 뒤이어 들뢰즈는 다음의 사례들을 제시한다. "(불확실한 기사도 개념과 관련해서) 크레티앵 드 트루아(Chrétien de Troyes)의 소설이 보여 주는 기사들의 쇠락한 상태, (정적주의quiétisme와 관련해서) 라파예트 부인(Madame de Lafayette)이 제시한바 의무와 구별되지 않는 거의 긴장병에 가까운 '정지'의 상태…… 이는 사뮈엘 베케트(Samuel Beckett)가 묘사한 상태까지 이어지는데, 그것은 정서상태로서는 빈곤한 만큼 정서로서는 더욱 거대하다. 에밀 졸라(Émile Zola)가 독자들에게 "나의 인물들이 느끼는 것이 후회가 아님에 주목하라"고 말할 때, 거기서 생리학적인 주제가 드러나고 있다고 생각할 것이 아니라 자연주의에 입각한 인물들이 창조되면서 드러나는 새로운 정서들, 즉 평범함, 사악함, 야수성(Bête)이 할당되고 있다고 생각해야 한다(그리고 졸라가 본능instinct이라고 부르는 것은 동물 되기와 구별되지 않는다)"(QP 165).

은 인연을 맺는다. 캐서린 오빠의 가혹한 학대에다 그녀의 갑작스러운 결혼에 충격을 받은 히스클리프는 어느 날 자취를 감추지만, 몇 년 뒤 부유한 신사가 되어 돌아온다. 히스클리프는 캐서린 집안과 그 남편의 집안을 몰락시키면서도 그녀에 대한 미련을 놓지 못하는데, 두 사람의 기묘한 관계는 예컨대 다음의 대화에서 잘 드러난다.

히스클리프 씨가 아씨를 껴안으려고 무릎을 꿇고 있던 한쪽 다리로 일어서려고 하자, 아씨는 그의 머리를 붙잡고 일어나지 못하게 했어요.

"우리가 둘 다 죽을 때까지 이렇게 붙잡고 있을 수만 있다면." 아씨는 분한 듯이 말을 계속했습니다. "당신이 얼마나 괴롭든 나는 상관하지 않을 거야. 당신의 괴로움 같은 건 아무것도 아니야. 당신이라고 괴롭지 말라는 법 있어? 나도 이렇게 괴로운데! 당신은 나를 잊겠지? 당신은 내가 땅에 묻히면 행복하겠어? 이십 년 뒤에 당신은 이렇게 말할 거야? '저것은 캐서린 언쇼의 무덤이야. 오래전에 나는 그녀를 잃고 슬퍼했지. 그러나 지난 일이야. 그 뒤로 나는 그 밖에 여러 사람을 사랑했고 내 아이들이 그녀보다도 더 소중하지. 죽을 때도 그녀에게 가는 게 좋기보다는 아이들을 두고 떠나는 것이 슬플 거야!' 그렇게 말하겠지, 히스클리프?"

"내가 당신처럼 미치기 전까지는 나를 괴롭히지 말아 줘." 히스클리프 씨는 잡힌 머리를 잡아채며 이를 갈면서 외쳤어요.

두 사람의 모습을 옆에서 냉정하게 바라보는 사람에게는 이상하고도 무서운 광경이었지요. 캐서린 아씨가 육신과 함께 생시의 성격을 버리지 않는 한, 설사 천국에 가더라도 귀향 간 것으로밖에는 생각지 않을 것 같았어요.[42]

들뢰즈는 우선 이 두 사람의 관계가 "결코 사랑과 혼동되어서는 안 되는"(QP 165) 것임을 주지시킨다. 두 사람 사이의 정서는 사랑이라는 일반 개념으로 이해될 수 없을 뿐만 아니라, 사랑이자 증오라는 식으로 일반 개념들을 중첩시킨다고 해서 이해될 수 있는 것도 아니기 때문이다. 들뢰즈에 따르면, 그들의 정서는 으르렁대며 서로를 위협하는 가운데 느껴지는 "두 마리 늑대 사이의 유대감"(QP 165)과 같다. 서로가 동일한 영혼을 공유하고 있다는 굳건한 확신,[43] 어린 시절 가족들의 적대적인 분위기에 맞서 두 사람이 구축했던 강고한 연대, 자신을 모욕하고 떠나 버린 캐서린에게 히스클리프가 느끼는 지독한 배신감, 그런 캐서린에게서 모든 것을 빼앗으려는 히스클리프의 강렬한 의지, 히스클리프의 복수에 맞서 남편과 아이를 지키려는 캐서린의 끈질긴 투쟁, 그 투쟁 속에서 죽음에 이르면서도 끝내 히스클리프를 놓지 못하는 캐서린의 집착. 에밀리 브론테가 창조한 이 정서, 즉 '두 마리 늑대 사이의 유대감'은 두 사람이 겪어 왔던 이

---

42) 에밀리 브론테, 『폭풍의 언덕』, 김종길 옮김, 민음사, 2005(2010), 258~259쪽.

43) "'그런 게 아니야. 한번은 내가 천국에 간 꿈을 꾸었어.' '꿈 이야기는 듣지 않겠어요, 캐서린 아가씨! 그만 가서 잘래요.' 저는 다시 말을 가로막았어요. 아가씨는 깔깔 웃고, 제가 의자에서 일어서려고 하자 저를 붙잡았어요. '이건 아무것도 아니야.' 아가씨는 외쳤어요. '천국은 내가 갈 곳이 아닌 것 같다고 말하려 했을 뿐이야. 나는 지상으로 돌아오려고 가슴이 터질 만큼 울었어. 그러자 천사들이 몹시 화를 내며 나를 워더링 하이츠의 꼭대기에 있는 벌판 한복판에 내던졌어. 거기서 나는 기뻐서 울다가 잠이 깼지. 이것이 다른 것과 마찬가지로 내 비밀을 설명해 줄 거야. 나는 천국에 가지 않아도 되는 것처럼, 에드거 린튼과 꼭 결혼할 필요도 없는 거지. 저 방에 있는 저 고약한 사람이 히스클리프를 저렇게 천한 인간으로 만들지 않았던들 내가 에드거와 결혼하는 일 같은 것은 생각지도 않았을 거야. 그러나 지금 히스클리프와 결혼한다면 격이 떨어지지. 그래서 내가 얼마나 그를 사랑하고 있는가 하는 것을 그에게 알릴 수 없어. 히스클리프가 잘생겼기 때문이 아니라, 넬리, 그가 나보다 더 나 자신이기 때문이야. 우리의 영혼이 무엇으로 되어 있든 그의 영혼과 내 영혼은 같은 거고, 린튼의 영혼은 달빛과 번개, 서리와 불같이 전혀 다른 거야'"(앞의 책, 113쪽).

러한 삶의 궤적을 정확히 관통한다. 이 소설에는 어린 시절 흙바닥을 뒹굴며 히스클리프의 거친 말과 행동을 배우던 캐서린의 히스클리프 되기와 캐서린이 죽은 뒤 그녀의 유령에 이끌려 밤마다 황야를 배회하는 히스클리프의 캐서린 되기가 있다. 하지만 들뢰즈 식으로 말하자면, 이런 되기들 모두 일종의 늑대 되기인 셈이다.

이제 이 장의 마지막 논점, 즉 예술가가 어떻게 지각과 정서를 '떼어내는지'의 문제를 살펴보자. 들뢰즈는 '비인간적인 풍경'으로서의 지각과 '비인간적인 되기'로서의 정서 모두가 "그것을 체험하거나 체험했던 누군가에게 의존하지 않는 자율적이고 자족적인 존재"(QP 158)라고 말한다. 이는 다음을 의미한다. 일차적으로 지각과 정서에 도달하는 것은 물론 예술가다. 하지만 예술가는 자신이 도달한 지각과 정서를 자신에게서 '떼어내어' 예술작품으로 만든다. 이때 예술작품 속의 지각과 정서는 더 이상 예술가에게 의존하지 않는 자율적이고 자족적인 것이 된다. 그런데 이 논점과 관련해서, 들뢰즈는 놀랍게도 예술가의 기억이 예술작품의 창조를 규명하는 데 거의 도움이 되지 않는다고 말한다.

체험된 지각상태에서 벗어나려면, 과거의 지각작용을 불러올 뿐인 [자발적인] 기억도, 상기réminiscence를 덧붙여 현재를 보존하는 요인으로 삼는 비자발적인 기억도 충분하지 않다는 것은 분명하다. (QP 158)

들뢰즈가 보기에, 예술가의 자발적 기억은 예술작품을 그가 체험했던 지각상태에 머물게 할 뿐이다. 더 나아가, 들뢰즈는 앞서 『프루스트와 기호들』에서 새로운 사유 모델을 제공하는 것으로 높이 평가했던 비자발적 기억도 예술작품을 창조하기에는 충분하지 못하다고 말한다. 엄밀히 말하자면, 사실 『프루스트와 기호들』에서도 감각적 기호(비자발적인 기억)는 예술의 기호(순수 사유)에 비해 열등한 것으로 간주되고 있었다. "비자발적 기억에 의해 전개되는 감각적 기호들은 사교계의 기호들보다 우월하고 사랑의 기호들보다도 우월하다. 하지만 예술의 기호보다는 열등하다"(PS 69/90). 이는 감각적 기호가 "여전히 삶의 기호"일 뿐 아직 "예술 자체의 기호"는 아니기 때문이다(PS 69/90). 마들렌의 사례에서 보듯, 감각적 기호는 때로 과거의 진실과 경이로운 기쁨을 가져다주지만, 필사적인 노력에도 불구하고 그것들은 한순간 머물고는 이내 사라져 버린다.[44] 자발적인 기억은 물론, 비자발적인 기억도 예술작품을 예술가로부터 자율적이고 자족적인 존재로 만들어 주지 못하는 것은 바로 그런 이유 때문이다. 이 문제를 해결하기 위해서는 예술가가 도달한 지각과 정서가 사라져 버리지 않도록 예술작품으로 옮겨 보존해야 한다. 다시 말해, 그것들을 '예술가의 지각과 정서'가 아니라 '예술작품의 지각과 정서'로, 다시 말해 예술가의 손을 떠난 이후에도 '재료 속에서 보존되는 지각과 정서'로 만들어야 한다.

캔버스가 존재하는 한 그 위의 청년은 미소 지을 것이다. 여인의 얼굴 피부 아래에서는 피가 뛰고, 바람은 가지를 흔들고, 한 무리의 사람들이 떠

---

44) 다른 한편, 감각적 기호의 중요성은 그것이 우리를 예술의 기호로 인도한다는 데 있다. "되찾은 시간에 대한 예비 지식을 제공해 주고 또 우리 머릿속에 미학적 관념들을 풍족하게 마련해 주는 이 기호들[감각적 기호들]을 따라서 배움이 진행되지 않는다면 우리의 배움은 절대로 그 종착점을 예술 속에서 찾지 못할 것이다"(PS 69/90).

나려 한다. 소설이나 영화 속의 청년은 미소 짓기를 그치겠지만, 누군가 그 페이지나 그 순간을 되돌려 본다면 그는 다시 미소 지을 것이다. (QP 154)

예술작품은 일정한 물질적 재료로 이루어지므로, 물리적인 차원에서 "예술은 석재, 캔버스, 화학적 색채 등 자신의 매체와 재료가 지속하는 한에서"(QP 154) 존재한다. 하지만 들뢰즈가 보기에, 재료는 예술작품이 '캔버스 위의 미소, 혈색, 바람, 이별'을 보존하기 위한 조건이지 그것이 보존하는 것 자체는 아니다. 즉 "이 조건이 충족되는 한에서(캔버스, 색채, 석재가 가루가 되어 버리지 않는 한에서)"(QP 157) 예술작품이 보존하는 것은 재료가 아니라 재료가 도달한 지각과 정서다. 이런 관점에서 보자면, 극단적인 경우 재료가 얼마나 오래 지속하는지는 중요하지 않을 수도 있다. 연극의 단역배우나 노래의 짧은 후렴처럼 "재료가 단 몇 초만 지속"하는 경우에도 재료는 감각에다 "이 짧은 지속과 공존하는 영원성 속에서 존재할 수 있는 능력, 그 자체로 보존될 수 있는 능력"(QP 157. 강조는 원문)을 부여하기 때문이다. 곧 살펴보겠지만, 여기서 말하는 영원성은 '현실화된 것으로서의 감각'이 아니라 '사건으로서의 감각'에 속하며, 후자인 한에서만 감각은 재료 속에 '그 자체로 보존될 수 있는 능력'을 갖는다. 바로 이 지점에서 피조물인 예술작품은 창조자인 예술가에 대해 어떤 역설적인 독립성을 갖게 되는데, 그것은 "피조물의 자기정립"(QP 154) 혹은 '예술작품의 홀로서기'다. 들뢰즈에 따르면, "창조의 유일한 법칙"은 창조의 결과물인 "[지각과 정서의] 구성물이 홀로 서야 한다"(QP 155)는 데 있다. 예술가는 재료를 가지고 작업하지만, 그 작업의 목표는 재료가 어떤 지각이나 정서에 도달해서 그것 고유의 삶을 영위하게 만드는 데 있다. 다시 말해, (더 이상 예술가의 지각이나 정서가 아니라) "재료 자체의 지각이나 정서"를, 이를테면 "유화의 미소, 테라코타의 몸짓, 금속의 도약, 로마네스크식 석재의 웅크림, 고딕식 석재의 솟구침"(QP 156)을 만들어 내는 데 있다.[45]

2) 지각과 정서의 보존: 기념비

이제 논점을 바꾸어, '떼어 낸' 지각과 정서의 존재론적 성격에 관한 문제, 그리고 그것들의 존재방식에 관한 문제를 살펴보자. 들뢰즈는 바로 이 논점과 관련해서 예술작품을 기념비라고 부른다. 그런데 본격적인 논의에 앞서, 기념비 개념에 대해 다음의 두 가지를 지적해 둘 필요가 있다. 먼저, 기념비는 의견과의 대립 속에서 제시된다. 들뢰즈에 따르면, 예술은 "지각상태, 정서상태, 의견으로 이루어진 삼중의 조직을 해체"하는데, 이는 "그 조직을 지각, 정서, [……] 감각의 블록으로 구성된 어떤 기념비로 대체하기 위함이다"(QP 166). 앞서 2절에서 살펴본 의견과 감각에 관한 논의를 고려해서 정리하자면, 기념비의 대상은 지각상태와 정서상태, 즉 의견이 아니라 지각과 정서, 즉 감각인 것이다. 다음으로, 기념비라는 용어 자체가 야기하는 오해가 있는데, 이는 그것이 문자 그대로 과거를 '기념'하는 것이라는 생각이다. 하지만 앞서 3절 1)에서 살펴본 기억에 관한 논

---

45) 들뢰즈가 보기에, 이것이야말로 예술가에게 주어지는 가장 어려운 과제다. "예술을 자처하는 많은 작품들은 한순간도 홀로 서지 못한다. 홀로 선다는 것은 [……] 창조된 감각의 구성물이 그 자체로 보존되게 만드는 바로 그 행위일 뿐이다. [……] 늙고 쇠약한 당나귀 한 마리를 그린 크로키를 두고 "얼마나 놀라운가! 선이 두 개 그어졌을 뿐이지만, 요지부동한 자세로 서 있구나"라고 말한다면, 거기서 감각은 수년간의 "부단하고 집요하며 오만하기까지 한 작업"을 보여 준다"(QP 155).

의가 시사하듯이, 기념비는 "지나간 무언가를 함께 기억하고 기념"(QP 167)하기 위한 것이 아니다. 단적으로 말해, 기념비에서 문제가 되는 것은 '과거의 기억'이 아니라 '현재의 되기'다. 이상의 두 논점을 염두에 두면서, 이제 기념비의 대상인 지각과 정서의 존재론적 성격을 본격적으로 살펴보자.

> 기념비는 [……] 사건을 구현하는 영속적인 감각을 미래의 청자에게 위탁하는 것이다. 여기서 사건이란 항상 새로워지는 인간의 고통, 항상 새롭게 창조되는 그들의 저항, 항상 다시 시작되는 그들의 투쟁을 말한다. (QP 167)

인용문에서 분명하게 드러나듯이, 기념비가 보존하는 것은 '사건을 구현하는 감각'이며, 이 감각은 '영속적'이다. 이러한 주장은 앞서 『시네마』와 관련해서 살펴보았던 구별을 상기시킨다.[46] 사건과 사물의 상태(스토아 학파), 일차성과 이차성(퍼스), 미적 선험과 미적 대상의 세계(뒤프렌)의 구별 말이다. 들뢰즈는 사건이 인간의 고통, 저항, 투쟁을 가리킨다고 말하지만, 그것이 구체적인 역사적 사건을 가리키는 것은 아니다. 그것은 오히려 잠재적이거나 이념적인 사건, 퍼스 식으로 말하자면 가능한 사건을 가리키며, 그런 이유 때문에 그것은 '항상 새로워지고, 항상 다시 창조

---

46) 이찬웅, 「들뢰즈의 기호와 정서」, 378쪽 참조. "여기에서 이 개념은 다시 한 번 일반적이고 인간적인 의미에서 '정서'라는 범위를 넘어서서 사용되는데, 바로 어떤 순수 사건을 표현한다는 것이다. [……] affection이 현실적인 변용을 말한다면, affect는 그것의 잠재적 조건, 즉 동사 원형으로 표현되는 순수 사건을 말한다"(앞의 글, 378쪽).

되며, 항상 다시 시작될' 수 있는 것이다.

　기념비 속 지각과 정서의 존재방식은 아래의 인용문에서 제시되는데, 이 대목은 난해하기로 이름난 『철학이란 무엇인가?』의 예술론에서도 특히 논란의 여지가 많은 부분이다.[47] 3장 2절에서 살펴보았듯이, 들뢰즈는 흔히 잠재성과 가능성을 대비시켜 전자를 존재론적·인식론적 발생 과정을 기술하는 참된 개념으로, 후자를 발생의 산물을 발생의 원인에다 회고적으로 투사하는 거짓 개념으로 간주한다. 그런데 여기서 들뢰즈는 기념비를 가능성 개념을 통해 설명하면서, 그것을 긍정적인 의미에서 미적 범주로 간주한다. 요컨대 기념비는 감각의 블록(프루스트의 용어로는 '우주')을 '가능성의 방식으로' 존재하게 해준다는 것이다.

　기념비는 잠재적 사건을 현실화하는 것이 아니라 그것을 신체화하거나 구현한다. 즉 기념비는 잠재적 사건에다 신체, 삶, 우주를 부여한다. [……] 이 우주는 잠재적이거나 현실적인 게 아니라 가능하며, 미적 범주로서의 가능한 것("가능한 것이 없다면, 나는 질식할 것이다"), 가능한 것의 존재다. 반면 사건은 잠재적인 것의 실재성이며, 가능한 모든 우주를 조감하는 자연-사유의 형식이다. [하지만] 이 말이 뜻하는 바가 개념이 권리상 감각에 앞선다는 것은 아니다. 감각에 대한 것이라 할지라도 개념은 개념 고유의 수단을 통해 창조되어야 하며, 개념이 자신의 절대적 형식 속에 필연적으로 존재하지는 않는다 하더라도 감각은 자신의 가능한

47) 이에 대한 상세한 논의는 다음을 보라. 안은희, 「들뢰즈에서 "가능적인 것"의 의미」, 『미학』, 80권, 한국미학회, 2014.

우주 속에 존재한다는 뜻이다. (QP 168)

이 인용문은 다음의 중요한 논점들을 담고 있다. ① 개념의 방식인 잠재적 사건의 현실화와 기념비의 방식인 잠재적 사건에 우주를 부여하기. ② 기념비의 우주가 가능적이라는 말의 이론적 근거. ③ 앞선 ②의 이론적 근거에 비추어 기념비의 우주가 가능적이라는 말의 구체적인 의미. 먼저 확인해야 할 것은 인용문의 후반부에서 드러나는 개념(철학)의 대상과 감각(예술)의 대상의 구별이다. 들뢰즈에게 잠재성이라는 용어는 흔히 존재론과 관련해서 이해되지만, 사실 그것은 사유론과 관련해서도 사용된다. 잠재성이 이 두 측면과 동시에 관계한다는 것은 필연적인데, 사유의 대상은 결국 존재이기 때문이다. 따라서 잠재적 사건은 존재의 운동이자 그것을 포착하는 사유의 운동이기도 하며, 그런 의미에서 가능한 모든 우주를 조감하는 '자연-사유의 형식'이다. 그런데 잠재적 사건은 물리적으로 혹은 개념적으로 현실화될 수 있을 뿐만 아니라, 예술가에 의해 '신체, 삶, 우주'를 부여받을 수도 있다. 이 후자의 방식과 관련해서, 기념비는 이러한 우주를 '가능성의 방식으로' 담고 있는 것을 일컫는다. 이때 '가능성의 방식'이 뜻하는 바는 조만간 살펴보기로 하고, 여기서는 우선 다음을 확인해 두자. 잠재적 사건은 개념의 방식에 따라 '조감'되거나 감각의 방식에 따라 '우주를 부여받을' 수 있지만, 이 두 방식은 서로 구별된다.

다음으로, 가능성 개념의 이론적 근거를 간략히 검토해 보자. 이 문제가 중요한 것은 (『차이와 반복』에서 들뢰즈가 주장하듯) 가능성이 거짓 개념에 불과하다면, 예술작품이 가능성의 방식으로 존재한다는 말은 그것의 가치를 폄하하는 것으로 이해될 수 있기 때문이다. 그러나 면밀히 검토해 보면, 들뢰즈가 가능성 개념을 긍정적인 의미로 활용하는 세 가지 용례가 발견된다. 첫 번째는 『시네마』에서 '사건으로서의 정서'와 관련하여 퍼스의 일차성 개념을 가능성의 범주로 제시하는 대목이고, 두 번째는 『주름』에서 라이프니츠의 가능세계 개념을 재해석하는 대목이며, 세 번째는 「미셀 투르니에와 타인 없는 세계」(이하 「타인 없는 세계」)[48]에서 미셀 투르니에[Michel Tournier]의 『방드르디, 태평양의 끝』(1967, 이하 『방드르디』)을 타인 이론으로 읽어 내는 대목이다. 그중 우리가 주목하는 것은 세 번째 용례인데, 여기에는 세 가지 이유가 있다.[49] 요약하자면, 타인 이론은 ① 투르니에와 프루스트 등 예술작품을 해석하는 과정에서 제기되었고, ② 『철학이란 무엇인가?』의 1장에도 다시 등장하고 있으며, ③ 해당 이론을 전개하는 과정에서 위의 인용문과 동일한 참조점("가능한 것이 없다면 나는 질식할 것이다"[50])을 제시하고 있다.

---

48) 들뢰즈와 투르니에는 대학 시절부터 오랜 친구 사이다. 이 글은 원래 그의 소설에 대한 서평식 논문 형태로 발표된 것으로("Une théorie d'autrui(Autrui, Robinson et le pervers)", *Critique*, no. 241, Paris: Les Éditions de Minuit, 1967), 이후 제목이 바뀌어 『의미의 논리』에 부록으로 실렸다. 여기서 개진된 타인 이론은 『프루스트와 기호들』에서도 부분적으로 활용되며, 『철학이란 무엇인가?』의 1장에도 요약된 형태로 다시 등장한다.

49) 이상의 용례들은 일맥상통하는 것으로, 앞선 두 용례에 따른 해석도 가능할 것으로 생각된다. 그럼에도 필자가 세 번째 용례를 따르는 것은 그것이 감각의 존재론적 성격을 단순히 기술하는 것을 넘어 감각의 존재방식과 작동방식에 관한 보다 풍부한 성찰을 담고 있기 때문이다.

50) 『철학이란 무엇인가?』에서 들뢰즈는 이 문장의 출처를 명시하지 않았지만, 「타인 없는 세계」에서는 쇠렌 오뷔에 키르케고르(Søren Aabye Kierkegaard)의 것임을 밝히고 있다(LS 369~370). 이 문장은 『죽음에 이르는 병』의 다음 구절에서 가져온 것으로 보인다. "인간은 가능성과 필연성의 종합이다. 그러므로 그런 인간의 존속은 들이쉬는 숨과 내쉬는 숨으로 형성된 호흡 작용에 비할 수 있으리라. 결정론자의 자아는 호흡할 수가 없다. 필연적인 것만을 호흡한다는 것은 불가능하며 만일 가능하다 하더라도 필연적인 것만을 뽑아 내어 호흡한다면 인간의 자아는 질식할 수밖에 없을 것이다"(쇠렌 오뷔에 키에르케고르, 『죽음에 이르는 병』, 박병덕 옮김, 육문사, 2015, 102~103쪽).

들뢰즈에 따르면, 『방드르디』의 주제는 "타인 없이 섬에 버려진 인간"(LS 354)이다. 이를 통해 그 소설은 먼저 타인의 부재가 야기하는 효과를 깨닫게 하고, 더 나아가 일상생활에서 타인의 현존이 야기하는 효과를 깨닫게 하며, 결과적으로 타인이란 무엇이며 또 타인의 부재는 무엇을 의미하는지를 깨닫게 한다. 그런데 주의해야 할 것은 투르니에가 말하는 타인이 "이러저러한 지각장 내에서 그 구조를 실현하는 실재적 항", 즉 "이런 타인이나 저런 타인"이 아니라는 사실이다(LS 369. 강조는 원문). 들뢰즈에 따르면, 그것은 오히려 "지각장 일반 전체의 작동을 조건 짓는 체계"로서 "선험적 타인"이라고 불려야 마땅한 것이다[51](LS 369. 강조는 원문). 요컨대 타인이란 이러저러한 구체적인 타인이 아니라 그런 타인이 하나의 항으로서 점유하게 되는 구조 자체이며, 그런 의미에서 경험적 타인에 앞서는 선험적 구조인 것이다. 이 구조는 "가능한 것의 구조"(LS 357)라고 할 수 있는데, 왜냐하면 그것은 타인의 표현(두려워하는 표정)을 통해 그의 가능세계(두려움을 야기하는 세계)를 제시하는 방식으로 작동하기 때문이다. 가능세계는 타인의 표현 외부에 현실적으로 존재하는 것은 아니지만, "표현하는 것[두려워하는 표정] 속에 표현된 것[두려움을 야기하는 세계]이 접

---

51) 들뢰즈에 따르면, 투르니에의 이러한 타인 개념은 라이프니츠와 장 폴 사르트르(Jean Paul Sartre)에게서 영향을 받았으나 양자와 모두 구별된다. 먼저, 투르니에의 타인은 라이프니츠가 말하듯 '가능세계의 표현'이지만, 그와는 달리 '그 세계가 표현될 수 있는 한에서'(그 세계를 가능한 것으로 만들어 주는 표현이 현실적으로 존재한다는 점에서) 현실세계 속에서 나름의 실재성을 부여받는다(LS 360, QP 23). 다음으로, 그것은 사르트르가 말하듯 '대상과 주체로 환원되지 않는 고유의 구조 혹은 특수성'에 해당하지만, 그와는 달리 이 구조가 응시(regard)에 종속되어 다시금 대상과 주체의 범주(응시하는 주체와 응시되는 대상)에 귀속되지는 않는다(LS 360).

혀 있게 만드는" 방식으로, 즉 전자가 후자를 "함축하고 봉인하는" 방식으로 존재하며(LS 357), 따라서 전자로 인해 일정한 현실성을 부여받는다. 요약하자면, 타인이란 결국 "봉인된 가능한 것의 존재"(LS 357)다. 『프루스트와 기호들』의 예시를 빌리면, 사랑한다는 것은 "사랑하는 사람 속에 여전히 봉인되어 있는 이 미지의 세계들을 [……] 개봉하는 것"(PS 14/29)이다. 이를테면 그것은 알베르틴의 미소 속에 봉인되어 있는 가능세계, 그녀의 미소가 다른 연인을 향하고 있을지도 모르는 가능세계를 개봉하는 것이다.[52] 들뢰즈는 『철학이란 무엇인가?』의 1장에서도 타인과 가능세계를 이와 동일한 관점에서 설명한다. 그에 따르면, "타인이란 가능한 것의 표현"으로서, "가능세계를 표현하는 얼굴 속에 존재하고 가능세계에 실재성을 부여하는 말['두려워요'] 속에서 실현된다"(QP 23). 여기서도 중요한 것은 가능세계의 존재방식인데, 그것은 표정이나 말과 같은 표현 속에만 존재하며 그 표현을 통해 개봉되는 과정에서 드러난다.

이제 앞서의 인용문으로 돌아와, 이러한 가능성 개념에 기반해서 그것의 첫 대목을 해석해 보자. 기념비는 "잠재적 사건을 현실화하는 것이

---

52) "사랑받는 존재는 하나의 기호, 하나의 '영혼'으로 나타난다. 그는 우리에게 알려지지 않은 하나의 가능세계를 표현한다"(PS 14/27). 다른 한편, 『프루스트와 기호들』의 다른 대목에서 들뢰즈는 이와 유사한 논리를 프루스트의 예술론에 적용하면서 라이프니츠를 언급한다. 프루스트에 따르면, 예술작품은 우리가 자신으로부터 벗어나 "우리의 세계와는 다른, 다른 사람의 눈에 비친 세계"를 이해할 수 있게 해주며, 이를 통해 "세계가 우리에게 드러나는 방식 속에 있는 질적인 차이(différence qualitative)"에 도달할 수 있게 해준다"(Proust, "Le temps retrouvé", p. 895). 들뢰즈는 이 질적인 차이가 바로 예술작품이 드러내는 본질이라고 말하면서 다음과 같이 덧붙인다. "이런 점에서 프루스트는 라이프니츠주의자다. 본질은 진정한 모나드이며, 각각의 모나드는 저마다 세계를 표현하는 관점에 의해 규정된다. [……] 관점은 차이 자체이며, 동일한 것으로 가정된 하나의 세계에 대한 여러 관점은 가장 멀리 떨어진 세계들만큼이나 서로 다르다"(PS 54/72).

아니라" 거기에다 "신체, 삶, 우주를 부여"하는 것인데, 이 우주는 "잠재적이거나 현실적인 것이 아니라 가능"하다(QP 168). 우리는 이 대목을 다음과 같이 설명할 수 있다. 기념비는 잠재적 사건을 잠재적인 상태 그대로 조감하거나 현실화하여 현존케 하는 것이 아니라 거기에 우주를 부여하여 가능세계로 만든다. 실제로 들뢰즈는 일찍이 프루스트가 예술-기념비를 잠재적 사건에 부여된 이러한 우주를 통해 규정했음을 상기시킨다.

> 프루스트는 예술-기념비를 '체험'보다 우월한 이런 삶, 그것의 '질적인 차이', 그것의 '우주'를 통해 규정했다. 여기서 우주는 고유의 한계, 멀고 가까움, 성좌를 구축하고 있는 것으로서, 그것들이 작동하게 만드는 감각의 블록, 즉 렘브란트-우주univers-Rembrandt나 드뷔시-우주univers-Debussy다. (QP 168)

예술-기념비가 일상적인 '체험'보다 우월한 삶을 영위한다면, 이는 그것이 영속성을 지니고 있어 개봉될 때마다 새롭게 시작되기 때문이다. 여기서 우주는 그 구성요소들의 관계('한계, 멀고 가까움, 성좌')를 통해 감각의 블록을 이루고 있는 것으로 제시된다. 그리고 어떤 예술가가 창조한 감각의 블록이 다른 예술가들과 구별되는 독창적인 우주를 보여 줄 때, 그것은 렘브란트-우주나 드뷔시-우주와 같은 이름을 얻는다. 실제로 『잃어버린 시간을 찾아서』의 한 대목에서 프루스트는 르누아르-우주univers-Renoir를 다음과 같이 묘사한 바 있다.

독창적인 화가, 독창적인 예술가는 안과의사처럼 작업한다. 그림이나 산문으로 하는 그들의 치료가 늘 쾌적한 것은 아니다. 치료가 끝나면, 의사는 '이제 한 번 보세요'라고 말한다. 그리고 이 순간 세계(한 번만이 아니라 독창적인 예술가가 나타났던 횟수만큼 자주 창조되었던 세계)는 과거의 세계와는 전혀 다른 모습으로, 그리고 완전히 밝은 모습으로 우리에게 나타난다. 여인들이 거리를 지나가는데 지난날의 여인들과 다르다면, 그건 르누아르의 여인들이기 때문이다. 예전에는 그의 그림들 속에서 그들을 여인들이라고 받아들일 수 없었지만 말이다. 마차도 르누아르의 그림이고, 물도 하늘도 마찬가지다. 처음 보았던 날 숲을 완전히 배제해 버린 것처럼 보였던 그 숲, 예를 들어 숲 특유의 뉘앙스들만 빼고 수많은 뉘앙스들이 담겨 있는 태피스트리처럼 보였던 그 숲, 그와 다르지 않은 숲속을 이제는 산책하고 싶어진다. 지금 막 창조된 새롭고도 일시적인 우주란 바로 이런 것이다. 이 우주는 독창성을 지닌 새로운 화가나 새로운 작가가 지질학적 대격변을 일으킬 때까지 존속할 것이다.[53]

기념비의 존재방식을 표현하는 것과 표현되는 것, 재료로 이루어진 물리적인 예술작품과 그것이 펼쳐 보이는 가능세계로 규정함에 따라, 들뢰즈에게서 예술가, 감상자, 예술작품의 관계도 다음과 같이 분명하게 드러난다. 먼저 예술가는 봉인하는 자, 즉 예술작품 속에 가능세계를 담아두는 자다. 다음으로 감상자는 개봉하는 자, 즉 예술작품 속에서 가능세계를 불러내는 자다. 마지막으로 예술작품은 가능세계를 봉인하고 개봉하

---

53) Proust, "Le temps retrouvé", p. 327.

면서 양자를 매개하는 기호다.

그런데 예술작품이 기호라는 이 규정은 들뢰즈 예술론의 전개 과정 속에서 엄밀하게 이해될 필요가 있다. 1964년『프루스트와 기호들』의 초판본에서 순전한 사유의 대상, 해석의 대상이었던 예술-기호는 1970년 덧붙여진 2부에 이르러 "효과를 생산하는 기계"(PS 184/240)가 된다. 즉 그것으로 인해 감상자는 "예술작품이 생산해 낼 수 있었던 것과 비슷한 효과를 자기 내부나 외부에서 발견"(PS 184/240)하게 된다. 1991년『철학이란 무엇인가?』에서 이 효과는 다음의 두 측면에서 규정된다. 그것은 한편으로는 "감각할 수 없는 힘들을 감각할 수 있게"(PS 172) 해주고, 다른 한편으로는 예술작품이 주는 "정서와 더불어 되기를 하게끔"(QP 166) 해준다. 요컨대 예술작품은 지각과 정서를 통해 '비인간적인 풍경'과 '비인간적인 되기'라는 이중적 효과를 산출하는 기호인 것이다.

들뢰즈가 예술작품을 하나의 신체로 간주한다는 사실은 널리 지적되어 왔다. 휴스에 따르면, 들뢰즈에게 "'합성/구성^{composition}'이란 나의 변용을 조직하는 방식(혹은 변용에 의해 내가 조직되는 방식), 그리고 예술작품이 구성되는 방식을 동시에 가리킨다".[54] 그가 올바르게 지적하고 있듯이, 신체를 그것의 경도와 위도를 통해 이것임으로 규정할 때, 그리고 예술작품을 지각과 정서를 통해 기념비로 규정할 때, 들뢰즈는 동일한 용어를 사용한다. 따라서 예술작품이란 '잠재적 사건에다 우주를 부여한 것'이라는 들뢰즈의 말은 '지각과 정서로 예술작품이라는 신체를 합성/구성

---

54) Joe Hughes, *Philosophy After Deleuze: Deleuze and the Genesis of Representation II*, London & Paris: Bloomsbury, 2012, p. 111.

한 것'이라는 의미로 이해될 수 있다. 이와 동일한 관점에서, 소바냐르그는 감각의 두 구성요소가 신체의 두 구성요소와 다르지 않음을 지적한다. 즉 한편으로 "지각은 이것임의 현실적 힘 관계(이것임의 '경도')를 포착"하고, 다른 한편으로 "정서는 이것임의 역량 변이(이것임의 '위도')를 포착"한다는 것이다.[55] 그렇다면 여기서도 '지각과 정서로 예술작품을 구성한다'는 들뢰즈의 말은 결국 그것을 하나의 신체로 만들어 감상자에게 이러저러한 변용을 가한다는 뜻이다. 하지만 들뢰즈의 예술작품 개념을 충분히 해명하기 위해서는 예술작품이 곧 신체라는 주장만으로는 충분하지 않다. 여기에 덧붙여져야 하는 것은 이 예술작품-신체가 앞서 규정한 엄밀한 의미에서 '타인'의 신체, 다시 말해 가능성의 방식으로 존재하는 신체라는 사실이다. 결론적으로 말하자면, 기념비는 '타인' 구조로 이루어진 신체-기호다. 그것은 한편으로는 '사건으로서의 지각과 정서'를 구현하는 하나의 가능세계를 펼쳐 보이고, 다른 한편으로는 감상자에게 이중의 효과를 불러일으켜 '비인간적인 풍경'을 제시하고 '비인격적인 되기'를 야기한다. 일찍이 프루스트는 예술작품이 펼쳐 보이는 가능세계의 의미와 가치를 다음과 같이 요약한 바 있다.

> 예술을 통해서만, 우리는 자신으로부터 벗어날 수 있다. 그리고 예술을 통해서만, 우리는 우리가 보는 것과 구별되는, 다른 사람이 보는 세계를

---

55) Anne Sauvagnargues, "Deleuze. De l'animal à l'art", François Zourabichvili, Anne Sauvagnargues et Paola Marrati, *La philosophie de Deleuze*, Paris: PUF, 2004(2011), p. 216.

알 수 있고 또 달나라의 풍경들처럼 우리에게 미지의 것으로 남아 있는 풍경들을 알 수 있다. 예술 덕분에, 우리는 단 하나의 세계, 그러니까 우리의 세계만을 보는 것이 아니라 세계가 증식하는 것을 본다. 우리는 독창적인 예술가들의 숫자만큼이나 많은 세계들을 활용할 수 있게 될 것인데, 그것들은 무한 속을 회전하는 세계들보다도 서로가 더 구별되는 모습을 하고 있을 것이다.[56]

프루스트가 지적하듯이, 예술은 가능세계를 통해 감상자에게 그가 결코 도달할 수 없었던 풍경, 즉 다른 사람들이 보는 풍경이나 심지어는 그 누구도 보지 못한 미지의 풍경을 제공한다. 이를 통해 예술은 우리 자신의 것이 아닌 다른 삶으로 우리를 이끄는데, 프루스트가 보기에 그것은 (철학이나 과학이 아니라) '예술만이' 지닌 능력에 속한다. 이 지점에 이르러 돌이켜 보자면, 들뢰즈가 예술작품을 '미적 범주로서의 가능성'을 통해 규정하면서 키르케고르의 문장, "가능한 것이 없다면, 나는 질식할 것이다"(QP 168)를 인용한 것은 바로 예술의 이러한 능력을 상기시키기 위해서였다. 예술이 제공하는 가능세계가 없다면, 우리는 자신으로 태어나 평생 자신으로서 살아가야 한다는 숨막히는 구속에서 결코 벗어날 수 없을 것이기 때문이다. 들뢰즈가 말하듯이, "키르케고르의 주인공이 "가능한 것, 가능한 것이 없다면, 나는 질식할 것이다"라고 외칠 때, 헨리 제임스[Henry James]가 '가능성의 산소'를 요구할 때, 그들은 선험적 타인[Autrui a

---

56) Proust, "Le temps retrouvé", pp. 895~896.

priori을 요청하고 있을 뿐이다"(LS 369~370). 그들이 요청하는 것은 결국 선험적 타인(혹은 타인 구조를 지닌 예술작품)이 펼쳐 보이는 가능세계와 그것이 함축하는 삶의 새로운 가능성이다. 그리고 그것은 우리, 감상자들이 요청하는 바이기도 하다.

4. 예술론적 탐구의 미학적 귀결: 형상, 감각의 실험기록/실험장치[57]

이제 우리는 들뢰즈의 예술론이 어떤 미학적 귀결을 갖는지 살펴보아야 할 지점에 도달했다. 이 장에서는 랑시에르의 들뢰즈 예술론 비판에 답하는 방식으로 이를 검토하고자 하는데, 여기에는 세 가지 이유가 있다. 첫째로, 랑시에르의 비판은 들뢰즈 예술론의 핵심적인 논점들, 즉 그의 예술론에 대한 성격규정, 그의 예술론에서 예술과 철학의 관계 및 예술과 정치의 관계 등을 포괄적으로 다루고 있다. 따라서 그것은 이렇듯 다양한 논점들과 관련해서 들뢰즈 예술론의 미학적 귀결을 검토할 수 있는 훌륭한 기회를 제공한다. 둘째로, 랑시에르는 『철학이란 무엇인가?』, 『감각의 논리』, 『비평과 진단』 등 들뢰즈의 후기 저작에서 자신의 비판을 이끌어 내는데, 이 중 뒤의 두 저작은 (지각과 정서 개념을 중심으로 논의를 전개하는 과정에서) 우리가 앞서 충분히 검토하지 못했던 것이다. 따라서 랑시에르의 비판을 경유함으로써, 지금까지의 논의를 보완하는 차원에서 이 저작들의 감각 관련 논의를 살펴볼 수 있을 것이다. 보다 구체적으로 말하자

---

57) 이 절은 성기현, 「들뢰즈의 미학은 '어떤 의미에서' 존재하는가?: 랑시에르의 「들뢰즈의 미학은 존재하는가?」에 대한 반론」의 2장과 3장 2~3절을 수정·보완하여 재구성한 것이다.

면, 이 장에서는 앞서 언급한 성격규정 문제 및 예술과 철학의 관계 문제와 관련해서 『감각의 논리』를, 이후 결론에서는 예술과 정치의 관계 문제와 관련해서 『비평과 진단』을 주로 살펴볼 것이다. 셋째로, 랑시에르는 자신의 비판을 개진하는 과정에서 들뢰즈의 예술론을 예술의 자율성 문제를 둘러싼 역사적 논쟁의 맥락 속에 위치시킨다. 이러한 맥락을 검토함으로써, 우리는 (랑시에르의 비판에 동의하는지의 여부와는 무관하게) 들뢰즈 예술론의 방향성을 통시적 관점에서 조망할 수 있을 것이다. 이상의 문제의식들을 염두에 두면서, 이제 들뢰즈 예술론의 방향성(모방적·유기적 구상화 비판), 그것에 대한 성격규정(상징주의), 그리고 이러한 성격규정이 함축하고 있는바 예술과 철학의 관계(형이상학의 예증)를 둘러싼 랑시에르의 논의를 하나씩 검토해 보기로 하자.

「들뢰즈의 미학은 존재하는가?」의 서두에서, 랑시에르는 예술작품에 대한 들뢰즈의 다음 두 정의가 서로 모순된다고 주장한다.[58] 첫째, 『철학이란 무엇인가?』에 따르면 예술작품은 지각과 정서로 구성된 감각존재이며, 그런 한에서 홀로 설 수 있어야 한다. 랑시에르는 이 홀로 선다는 말을 예술작품이 자기 고유의 법칙에 따라 자율적으로 존재한다는 의미로 이해한다. 둘째, 『감각의 논리』에 따르면, 회화는 곧 히스테리다. 랑시에르는

---

58) Rancière, "Existe-t-il une esthétique deleuzienne?", p. 526. 여기서는 이 텍스트를 중심으로 다음 두 텍스트를 함께 다룬다. Jacques Rancière, "Deleuze, Bartleby et la formule littéraire", *La chair des mots*, Paris: Les Éditions Galilée, 1998; Jacques Rancière, "D'une image à l'autre. Deleuze et les âges du cinéma", *La Fable cinématographique*, Paris: Les Éditions Galilée, 2001. 아울러, 다음의 인터뷰도 함께 참고할 것이다. Jacques Rancière, "Deleuze accomplit le destin de l'esthétique", *Magazine littéraire*, no. 406, Paris: Magazine littéraire, 2002, pp. 38~40.

이 히스테리라는 말을 회화의 '홀로서기'에 반하는 질환, 구상적 소여를 해체시켜 무제약적인 순수 감각으로 데려가는 탈구상화$^{dé-figuration}$의 경향성으로 이해한다. 그런데 들뢰즈는 왜 '홀로서기'와 홀로서기를 불가능하게 만드는 '히스테리'를 동시에 예술작품에다 귀속시키는 것일까? 이는 두 정의가 공히 (하지만 서로 다른 방식으로) 예술의 자율성을 추구하고 있기 때문이다. 이 점을 좀 더 자세히 살펴보자.[59]

랑시에르에 따르면, 예술작품의 자율성은 우선 아리스토텔레스가 『시학』에서 확립한 재현 모델을 벗어나는 데서 시작된다. 이 모델은 예술작품을 모방의 원리에 따라 유사성을 산출하는 것으로 규정한다. 이때 유사성은 때로는 형태의 모방(회화의 경우)으로, 때로는 행위의 모방(드라마의 경우)으로 나타나지만, 어느 경우든 작품 외부의 무언가를 모방한다는 점에서 또 그것과의 유사성에 따라 평가된다는 점에서 일종의 모방적 의존성을 갖는다. 다음으로, 예술작품의 자율성을 위한 고전적 모델은 모방적 의존성에 맞서 유기적 정합성을 옹호하는 데서 성립한다. 이 모델에 따르면, 예술작품은 유사성을 산출하는 것이 아니라 그 자체로 하나의 유사성이며, 자연을 모방하는 것이 아니라 그 자체로 하나의 자연이다. 여기서 예술작품은 자신의 부분들을 기능에 따라 배치함으로써 그 자체로 하나의 유기체가 되기 때문이다. 이 경우 예술작품은 외부와의 유사성이라는 외적 규범에 종속되는 것이 아니라 자신의 유기적 조직화라는 내적 규범을 따를 뿐이다. 랑시에르가 보기에, 들뢰즈의 예술론은 바로 이 두 모델

---

59) Rancière, "Existe-t-il une esthétique deleuzienne?", pp. 528~529.

그림 8
베이컨,
「남자와 아이」, 1963

과 관련해서만 그 온전한 의미를 드러낸다.

　예컨대, 들뢰즈가 프랜시스 베이컨의 작품들을 분석하면서 활용하는 윤곽^contour 개념을 보자(그림 8). 이 개념은 이중의 기능을 수행한다. 그것은 다른 두 개념, 즉 아플라(윤곽을 둘러싼 질료적 바탕) 및 형상(윤곽 가운데 세워진 이미지)과 함께 사용되는데, 여기서 윤곽은 형상의 윤곽선을 가리키는 것이 아니라 형상 주위에 나타나는 동그라미, 타원, 정육면체 등을 가리킨다. 윤곽의 첫 번째 기능은 형상을 고립시키는 데 있다('홀로서기'). 그것은 그림 속의 형상과 그 형상의 모델 간의 관계는 물론이고 하나의 형상이 그림 속의 다른 형상들과 맺는 관계까지 가로막는다. 이를 통해 윤곽은 아리스토텔레스 식 재현 모델, 즉 모방적 의존성에 기반한 구상화 및 서사 모델이 작동할 수 없게 만든다. 다른 한편, 윤곽의 두 번째 기능은 형상이 유기적 정합성 모델에 맞서는 일종의 전쟁터를 제공하는 데 있다('히스테리'). 그곳에서는 질료적 바탕의 비유기적 힘들이 형상을 몰아세우는가 하면, 형상이 탈유기화된 신체(기관 없는 신체)로 변해 물질적 바탕으로 되돌아가는 역동적인 운동이 펼쳐진다. 요컨대, 윤곽의 이중적 기능은 예술작품이 모방적 의존성에서 벗어나 '홀로서기' 위한 수단인 동시에 유기적 정합성을 휩쓸어 뭉개 버리는 '히스테리'적 운동의 장소라는 데 있다. 랑시에르에 따르면, 이 지점에서 "작품의 아폴론적인 '홀로서기'는 오히려 디오니소스적인 히스테리"인 것으로 드러나며, "작품의 '히스테리'는 이중의 대립 속에서 작품에 고유한 탈구상화의 작업을 규정"[60]하게 된다.

그런데 이러한 탈구상화의 작업은 어디로 향하는가? 이와 관련해서 랑시에르는 들뢰즈의 두 용어를 상기시키는데, 그것은 정의^{justice}와 사막(사하라^{Sahara})이다.[61] 화가가 작업을 시작하기 전, 캔버스는 텅 빈 상태로 채워지기를 기다리는 것이 아니라 그가 보았던 온갖 종류의 이미지들, 진부한 구상적 소여들로 가득 차 있다(FB 19, 83). 이 구상적 소여들은 인간 주체가 지각하고 반응하는 데 용이하도록 미리 구획해 놓은 이미지들이자 그로부터 주어진 의미를 읽어 낼 수 있도록 미리 조직해 놓은 기표들

---

60) Ibid., p. 529.
61) "고기-머리, 그것은 인간의 동물 되기(devenir-animal)다. 그리고 이 동물 되기 속에서, 신체 전체가 빠져나오려 하고 형상은 물질적 구조와 결합되려 한다. [……] 이제 색(Couleur)이나 빛(Lumière)에 불과한 어떤 정의, 사하라에 불과한 어떤 공간이 지배하기 위해서는 바로 이 지점까지 나아가야 할 것이다. 다시 말해, 그 중요성에도 불구하고 동물 되기는 형상이 사라지는 보다 심층적인 되기, 즉 지각 불가능하게 되기(devenir-imperceptible)를 위한 한 단계일 뿐이다"(FB 33).

이다. 정의는 주체의 제국주의하에서 감각을 선규정하는 이런 적들에 맞서 감각의 진정한 척도를 되찾는 데서 성립한다. 이런 의미에서 "작품은 사막을 향한 행보"이며, 여기서 사막은 "순수 감각적인 것^{le sensible pur}" 혹은 "무제약적인 감각적인 것^{le sensible inconditionné}을 가리킨다".[62] 한 인터뷰에서, 랑시에르는 들뢰즈의 이러한 관점이 청년 귀스타브 플로베르 ^{Gustav Flaubert}의 『성 앙투안느의 유혹』(1849, 1856, 1874)과 동일한 형이상학을 공유하고 있음을 지적한다.

> [『성 앙투안느의 유혹』에 등장하는] 악마는 [……] 재현의 틀을 사라지게 만듭니다. 이는 그 대신 성자로 하여금 분자적 세계, 순수 지각들로, 지각되는 것 및 지각하는 자의 순수한 동일성으로 이루어진 세계, 특히 전개체적^{pré-individuel}이거나 비개체적인^{in-individuel} 실재성의 세계를 경험하도록 하기 위함입니다. 이것이 바로 '문학의 형이상학'입니다. 원인과 결과의 연쇄에 앞선 세계, 뒤섞이는 원자들에서, 말하자면 물질의 비물질적 운동^{agitation}에서 성립하는 분자적 세계 말입니다.[63]

---

62) Rancière, "Existe-t-il une esthétique deleuzienne?", p. 530.
63) Ibid., p. 40. 예컨대 다음을 보라. "자주, 아무것도 아닌 것, 한 방울의 물, 조가비 하나, 머리카락 한 올에도 너는 멈추고, 꼼짝하지 않고, 시선을 고정한 채 마음을 열었지. 네가 꿰뚫어 보고 있는 대상에게로 기울수록, 그가 네 안에 발을 들여놓는 것 같았고, 이어 관계가 생겼지. 너희는 서로를 껴안았고, 수많은 정교한 접촉을 통해 서로에게 닿았지. 그러고는, 너무 바라보아서, 더 이상 아무것도 네게 보이지 않았어. 귀 기울여도 들려오는 것은 없었고, 너의 정신도 자신을 깨어 있게 하는 개별성의 개념을 잃어버리기에 이르렀지. 황홀한 전율이 일면서 네 영혼 안으로 거대한 조화가 흘러드는 것 같았고, 절정의 순간에, 아직 계시되지 않은 일체에 대한 형언할 수 없는 이해를 경험했지. 너와 대상 사이의 간격은, 두 심연의 가장자리가 좁혀지듯 사라져 버렸지. 둘 모두를 담고 있는 무한으로 그 차이가 사라져 버린 거지. 너희는 같은 깊이로 서로에게 빠져들었으며, 미묘한 흐름이 너에게서 물질에게로 넘어갔지. 그때, 올

청년 플로베르와 들뢰즈는 아리스토텔레스 식 재현 모델에 맞서 모방적 의존성에서 벗어날 뿐만 아니라 예술작품의 자율성을 위한 고전적 모델에 맞서 유기적 정합성에서도 벗어나고자 한다. 랑시에르가 보기에, 이러한 이중의 벗어남은 동일한 형이상학에 근거해 있다. 이 형이상학은 한편에 모방적 의존성과 유기적 정합성 모두를 근거 짓는 모방적·유기적 세계를,[64] 다른 한편에 비모방적·비유기적 세계를 상정한다는 점에서 이원론적이다. 그것은 후자를 근거 짓는 동시에, 전자와 근본적으로 단절하고 후자로 이행할 것을 문학에 요구한다.

그런데 랑시에르에 따르면, 들뢰즈 미학의 근본적인 난점은 바로 이 지점에서 발견된다. 반재현적(비모방적·비유기적) 세계, 즉 사하라에서는 "해방된 사유-물질의 원자들을 작품의 형태로 서로 연결"[65]시킬 수 없기 때문이다. 이와 관련해서 랑시에르는 성숙기의 플로베르가 앞서의 두 세계를 결합시키는 새로운 문학적 방법론을 고안해 낸 것을 상기시킨다. 『마담 보바리』의 한 장면에서, 플로베르는 "사유가 원자들로 변해 물질의 원자들과 일치"하는 지점에 도달한 뒤 이를 재현적 내러티브 속에 삽입하는데, "반재현의 원자들로 재현의 세계를 구성하는" 이런 방식을 랑시에르는 '인상주의적'이라고 일컫는다.[66] 이를 통해 문학은 재현에서 해방된 지각과 정서로 재현적 내러티브를 구성할 수 있게 되며, 다시 말해 재현적

라오는 수액처럼, 요소들의 생명이 네 안에서 천천히 퍼져 나갔지. 한 계단만 오르면, 네가 자연이 되건, 아니면 자연이 네가 되었을 거야"(귀스타브 플로베르, 『성 앙투안느의 유혹』, 김용은 옮김, 열린책들, 2010, 313~314쪽).

64) 이런 관점에서, 이하의 논의에서 재현이라는 용어는 두 모델을 동시에 가리키는 모방적·유기적 구상화라는 의미로 사용된다.

65) Rancière, "Deleuze, Bartleby et la formule littéraire", p. 183.

이지 않은 수단을 통해 재현적이게 된다. 반면 랑시에르가 보기에, 들뢰즈
는 "이러한 타협을 고발하고 무효화하고자" 하며 "사하라에 가닿을 수 있
도록 [캔버스에 미리 주어진] 이 이미지들의 머리를 쪼개"고자 한다.[67] 이
처럼 들뢰즈는 사하라로, 무제약적인 순수 감각으로 나아가려 하지만 이
는 사실 불가능한 일이다. "정의로운 사막만이 도달할 수 있는 작품의 끝
이란 곧 작품의 부재와 광기"[68]일 뿐이기 때문이다. 랑시에르에 따르면,
이 지점에서 들뢰즈는 부득이하게 재현적 특징들을 재도입하게 되며[69]
그 결과 상징주의적 예술론으로 후퇴하게 된다.[70]

---

66) Ibid., p. 183, p. 186. 랑시에르는 다음의 대목을 언급한다. "그녀는 언제나 현관의 첫 번째 계
단까지 따라 나와서 그를 전송했다. 말을 미처 대령해 놓지 못했을 때에는 그냥 거기에 서 있
었다. 헤어지는 인사는 벌써 했으므로 더 할 말이 없었다. 바깥공기가 그녀를 감싸면서 목덜
미에 늘어진 짧은 머리칼이 이리저리 쳐들리기도 하고 혹은 허리 근처에서 앞치마 끈이 한들
거리면서 마치 길고 가는 깃발들처럼 꼬이기도 했다. 언젠가 한번은 해빙기여서 뜰에 선 나
무들의 껍질에서 물기가 새어 나오고 건물마다 지붕 위로부터 눈이 녹아내리고 있었다. 그녀
는 문턱에 서 있다가 양산을 가지고 나와 펼쳐 들었다. 비둘기털처럼 광선에 따라 색이 변하
는 양산으로 햇빛이 비쳐 들면서 그녀의 하얀 얼굴 피부에 하늘거리는 그림자를 만들었다.
그녀는 그 밑에서 따뜻한 열기를 받으며 미소 짓고 있었다. 팽팽하게 펼친 비단양산 위로 물
방울이 똑똑 떨어지는 소리가 들렸다"(귀스타브 플로베르, 『마담 보바리』, 김화영 옮김, 민음사,
2000(2012), 32쪽). 랑시에르에 따르면, 여기서 플로베르는 "고전 화법의 속을 비워 내어 연애
서사를 해방된 지각과 정서의 블록으로 변형"시키는 한편, 이를 통해 "재현적인 목적 도식,
그것의 동일시 과정, 그것의 내러티브적 연쇄를 이중화"한다(Rancière, "Deleuze, Bartleby et
la formule littéraire", pp. 185~186). 랑시에르의 예술론에 대한 보다 자세한 논의는 박기순,
「랑시에르의 로댕: 미학적 사건으로서의 로댕과 그 정치성」, 『미학』, 76집, 한국미학회, 2013
을 보라.

67) Rancière, "Existe-t-il une esthétique deleuzienne?", p. 536, p. 530.

68) Ibid., p. 530.

69) "[순수 감각들의] 내재성은 항상 재현되고 알레고리화되고 장면화되어야 합니다. 이런 긴장
때문에 들뢰즈는 재현적입니다. 절대적 내재성에 대한 생각을 끝까지 밀고 나가려 하기 때문
이죠. 그런데 절대적 내재성을 형상화하기 위해 그는 항상 재현적 특질들을 다시 도입해야
합니다"(Rancière, "Deleuze accomplit le destin de l'esthétique", p. 39).

범례적인 회화가 야기하는 것은 채색된 물감 속에서 와해되는 형상이 아니라 회화의 십자가 책형, 모순적인 충동의 한가운데서 세워지는 형상이다. 그 지점에서 회화는 회화적 탈구상화라는 모순적인 작업을 뜻한다.[71]

인용문에 따르면, 베이컨의 회화작품에 대한 형식 분석('채색된 물감 속에서 와해되는 형상')처럼 보였던 들뢰즈의 논의는 결국 '회화란 무엇인가'라는 물음에 대한 상징주의적 답변('회화적 탈구상화')으로 귀결된다. 그 결과 이제 예술작품은 탈구상화의 구상화라는 모순적인 과제에 대한 알레고리가 된다. 그런데 랑시에르가 보기에 이 알레고리는 작품 분석을 시작하기도 전에 들뢰즈가 미리 써 두었을 시나리오, 일종의 형이상학적 시나리오를 예술적으로 예증하는 것에 불과하다.

지금까지 살펴본 랑시에르의 견해는 다음과 같이 요약된다. 첫째, 들뢰즈의 예술론은 예술의 자율성 문제를 둘러싼 역사적 논쟁의 맥락 속에서 재현(모방적·유기적 구상화)에 맞서 고안된 것이다. 둘째, 그것은 재현을 전적으로 거부하면서 무제약적인 순수 감각으로 나아가고자 한다. 셋째, 그러나 무제약적인 순수 감각으로는 예술적 형상화가 불가능하다는

---

70) 랑시에르는 들뢰즈의 형이상학을 범신론적 스피노자주의에 기반한 낭만주의로, 그의 예술론을 상징주의로 규정한다(Ibid., p. 40). 상징주의가 낭만주의 사상의 핵심에 있다는 것은 익히 알려진 사실이다. 이사야 벌린(Isaiah Berlin)에 따르면, 낭만주의자들이 보기에 "우리를 둘러싼 실재와 우주"에는 "어떤 무한하고 고갈되지 않는 것"이 있는데, 이것은 문자 그대로 무한한 까닭에 원칙적으로는 유한한 것 속에 담길 수 없다. 따라서 낭만주의적인 의미의 상징주의는 바로 이 무한한 것, 즉 "상징적으로만 표현될 수 있으며, [⋯⋯] 문자 그대로는 표현될 수 없는 무엇에 대해 상징을 사용하는 것이다"(이사야 벌린, 『낭만주의의 뿌리』, 강유원·나현영 옮김, 이제이북스, 2005, 164~165쪽).

71) Rancière, "Deleuze, Bartleby et la formule littéraire", p. 193.

사실로 인해 그것은 '반재현의 재현'으로, 알레고리에 기반한 상징주의적 예술론으로 후퇴한다. 넷째, 그 결과 예술은 고유의 자율성을 상실하고 형이상학적 시나리오를 예증하는 역할을 떠맡게 된다. 우리가 보기에, 랑시에르의 첫 번째 논점은 들뢰즈 예술론의 방향성을 감각을 통한 재현 비판으로 이해한다는 점에서 타당하며, 이를 통해 그의 예술론에 대한 통시적 고찰의 가능성을 제공한다는 점에서 중요하다. 그런데 문제는 두 번째 논점과 관련해서 랑시에르가 감각을 들뢰즈와는 다른 방식으로, 즉 발생론적인 것이 아니라 무제약적인 것으로 이해하고 있다는 사실이다. 그로 인해 그는 들뢰즈의 예술론을 상징주의(세 번째 논점)로, 들뢰즈에게서 예술과 철학의 관계를 형이상학의 예증(네 번째 논점)으로 오독하기에 이른다. 첫 번째와 두 번째 논점은 앞서 충분히 다루었으므로, 이제 세 번째와 네 번째 논점을 검토하기로 하자.

먼저 세 번째 논점과 관련해서, 예술작품에 대한 들뢰즈의 두 정의가 서로 모순된다는 랑시에르의 주장으로 돌아가 보자. 들뢰즈의 입장에서 보자면, 그것들은 사실 서로 모순되지 않는다. 먼저, 히스테리의 탈구상화는 구상이 다 사라져 버린 죽은 사막을 가리키는 것이 아니라 구상의 경계, 즉 수많은 구상이 생겨나고 또 사라지는 유동적인 발생의 지점을 가리킨다. 이와 마찬가지로, 작품의 홀로서기는 유기적 정합성을 따르는 것이 아니라 유기성 자체를 산출하고 또 해소하는 발생의 원리를 따른다. 이 발생의 지점에서 예술작품은 홀로 서되, 히스테리인 한에서 홀로 서는 것이다.

우리는 바로 이 지점에서 '들뢰즈의 미학은 존재하는가?'라는 랑시에르의 물음에 대한 답변, 그것이 '어떤 의미에서 존재하는지'에 대한 구체적인 답변을 발견한다. 즉 들뢰즈의 미학은 감각 발생에 대한 학문으로서 감성론으로 존재한다. 하지만 예술작품이 예술가 개인의 주관적 감각을 넘어 감각 발생의 구조 자체에 도달하는 한에서, 그리고 그 구조로부터 야기되는 독특한 발생을 포착하는 한에서, 이러한 실험을 다루는 예술론은 곧 감성론이 된다. 요컨대, 들뢰즈의 미학은 (그것이 감각론인 한에서) 감성론이자 예술론으로 존재하는 것이다. 들뢰즈가 분석하는 예술적 사례들은 모두 감성론과 예술론이 겹쳐지는 이 지점에서 발견되는데, 이는 베이컨의 경우도 마찬가지다. 이제 이 점을 좀 더 구체적으로 살펴보자.

들뢰즈가 보기에, 베이컨 회화의 형상은 알레고리가 아니라 실험기록이자 실험장치다. 이와 관련해서, 들뢰즈가 베이컨의 작업을 "감각을 그리기peindre la sensation"라거나 세잔의 표현을 빌려 "사실을 기록하기enregistrer le fait"라고 규정하는 것은 매우 의미심장하다(FB 40). 그런데 이두 용어는 어떤 점에서 동일시되는 것일까?

힘은 감각과 밀접한 관계에 있다. 감각이 있기 위해서는 힘이 신체에, 즉파동의 장소에 가해져야 하기 때문이다. 하지만 힘이 감각의 조건이라하더라도, 느껴지는 것은 힘이 아니다. 왜냐하면 감각은 그것을 조건 짓는 힘으로부터 출발해서 전혀 다른 것을 '부여하기' 때문이다. (FB 57)

감각을 그린다는 말이 결과물로서의 감각, 즉 힘이 신체에 부여한 '전혀 다른 것'을 그린다는 뜻은 아니다. 오히려 중요한 것은 감각의 발생, 즉감각을 조건 짓는 힘과 신체가 만날 때 그 만남이 빚어내는 '사실'을 그려내는 일이다.[72] 다시 말해, 문제는 감각의 발생적 요소인 힘이 신체에 가

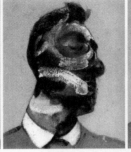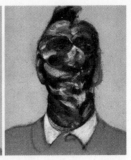

그림 9　베이컨, 「조지 다이어의 초상화를 위한 세 연구(밝은 색 배경)」, 1964

하는 작용을 포착하는 데 있다. 들뢰즈가 보기에, 베이컨의 회화는 이 '힘의 포착' 문제에 대한 가장 뛰어난 해결책 가운데 하나다. 예컨대, 「조지 다이어George Dyer의 초상화를 위한 세 연구(밝은 색 배경)」(그림 9)와 「자화상을 위한 네 연구」(그림 10)에서 형상은 "움직이지 않는 머리에 가해지는 여러 힘들, 즉 압력을 가하는 힘, 팽창시키는 힘, 수축시키는 힘, 납작하게 만드는 힘, 늘어나게 만드는 힘"(FB 59)으로 인해 일그러지게 된다. 따라서 이 일그러진 지점들, 즉 구상적 소여 속에 도입된 사하라 혹은 다이어그램diagramme[73]은 바로 이런 힘들이 가해지는 영역을 표시하며, 하나의 형태에서 다른 하나의 형태로 가는 변형變形, transformation, trans-forme-ation이

---

72) "신체가 고립, 탈형태, 해체의 힘을 따르는 것으로 드러날 때, 형상의 사실이 존재한다"(FB 81).

73) "예컨대 입이 있다. 그 입을 길게 늘여서 머리의 한쪽 끝에서 다른 쪽 끝까지 가게 만든다. 예컨대 머리가 있다. 솔, 비, 스펀지 또는 헝겊으로 그 머리의 한 부분을 지워 버린다. 이것이 바로 베이컨이 다이어그램이라고 부르는 것이다. 이것은 머릿속에 갑자기 사하라를, 사하라의 한 지역을 들여오는 것과 같다. [……] 이것은 개연적이고 구상적인 소여들 속에서, 캔버스를 엄습한 대재난과 같다"(FB 93~94).

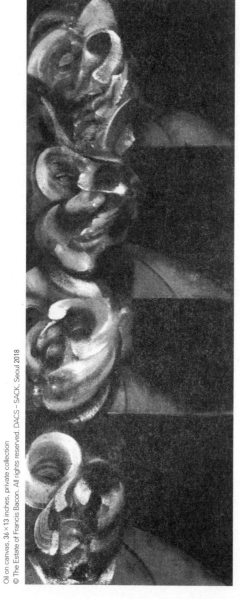

그림 10
베이컨,
「자화상을 위한 네 연구」, 1967

아니라 하나의 형태에서 벗어나는 탈형^{脫形, déformation, dé-forme-ation}을 보여준다.

그런데 여기서 주의해야 할 것은 "다이어그램이 사실의 가능성이지 사실 자체는 아니"(FB 102)라는 점이다. 따라서 다이어그램으로 캔버스를 가득 채운다고 해서 '사실'을, 즉 감각의 발생을 기록할 수는 없다. 들뢰즈가 분명하게 지적하듯이, "모든 구상적 소여가 사라져서는 안 되며", "다이어그램은 작용하되 통제되어야" 한다(FB 103). 형상이란 다이어그램과 구상적 소여 사이에서, 발생하는 감각을 엄밀하게 규정할 때 비로소 나타나는 것이기 때문이다. 이것이 바로 들뢰즈가, 그리고 그에 앞서 베이컨이 '사실'을 기록하는 작업과 관련해서 추상표현주의에 동의할 수 없었던 이유다.

> 베이컨은 추상표현주의에도, 윤곽이 배제된 선의 역량과 신비에도 흥미를 느끼지 못한다. 그에 따르면, 이는 다이어그램이 그림 전체를 차지하기 때문이고, 창궐하는 다이어그램이 그야말로 '뒤죽박죽'이 되기 때문이다. 막대기, 솔, 비, 헝겊, 과자점에서 크림을 바를 때 쓰는 주사기 모양 도구까지 액션페인팅의 모든 수단이 대재난이 벌어진 회화^{peinture-catastrophe} 속에서 맹위를 떨친다. 이 경우 감각은 잘 전달되지만, 돌이킬 수 없이 혼란한 상태로 남는다. (FB 102)

들뢰즈의 이러한 입장은 '재현(모방적·유기적 구상화)에 대한 전적인 거부', '무제약적인 순수 감각으로의 회귀'라는 랑시에르의 해석이 다소 지나친 것임을 잘 보여 준다. 베이컨의 회화 속에는 구상적 소여들이 남아 있지만, 그것이 들뢰즈 예술론의 실패를 증명해 주는 것은 아니다. 들뢰즈의 문제의식은 반재현이 아니라 감각의 발생이라는 '사실'에 있으며, 베이컨의 회화에 남아 있는 구상적 소여들은 바로 이 '사실'을 기록하고 전달하기 위한 조건에 해당한다.

다음으로 앞서 언급했던 랑시에르의 네 번째 논점, 즉 들뢰즈의 예술론에서 예술과 철학의 관계 문제를 살펴보자. 철학자가 예컨대 한 편의 소설을 다룰 때, 우리는 흔히 그가 그 소설에서 출발하되 그것의 범위를 넘어서는 어떤 담론을 구성하고 있다는 인상을 받는다.[74] 이는 그가 자신이 전제한 논리로 그 소설을 억지로 재단한다고 여기기 때문이다. 이런 관점에서 보자면, (랑시에르 자신을 포함해서) 예술작품을 알레고리적으로 해석한다는 비판에서 벗어날 수 있는 철학자는 거의 없다. 하지만 그럴수록 더욱 중요한 것은 오히려 철학과 예술이 맺을 수 있는 새로운 관계, 이를테면 알레고리와는 전혀 무관한 관계를 탐색해 보는 일이 아닐까? 우리가 보기에, 들뢰즈의 예술론은 (랑시에르의 주장과는 달리) 바로 이런 방향으로 나아간다.

들뢰즈에게 중요한 것은 예술에 철학적 가르침을 주거나 예술을 통해 철학의 주장을 예증하는 일이 아니다. 그것은 오히려 예술로부터 배우는 일이며 예술이 제기한 물음에 새로운 개념의 창조로 응답하는 일이다. 들뢰즈가 되기 개념과 관련하여 사용한 표현을 빌리면, 이러한 관계는 단순한 "모방이나 동화가 아니라 [……] 비평행적 진화, 두 계 사이의 결

---

74) 소바냐르그, 『들뢰즈, 초월론적 경험론』, 177쪽. 이하의 논의는 같은 책, 174~186쪽 참조.

혼"(D 8)이다. 『감각의 논리』의 경우, 철학에 앞서 감각의 한계를 실험하고 그것의 새로운 가능성을 타진했던 것은 예술이다. 따라서 문제는 예술이 수행한 감각의 실험을 이어받아 개념적으로 재구성하면서 그것이 제시하는 가능한 귀결들을 철학적으로 탐색하는 일이다. 이 점은 『감각의 논리』의 구성방식에서 분명하게 드러난다. 들뢰즈는 90여 점에 이르는 베이컨의 작품을 연대기별, 주제별, 형식별로 나누어 분석할 뿐만 아니라, 베이컨의 대담집을 참고하면서 그의 발언을 자신의 논리전개 속에 직접 포함시킨다.

제 생각에, 여러 인물이 관련되는 순간 당신은 곧 인물들 간의 이야기 전달story-telling이라는 측면에 대해 말하게 됩니다. 그리고 그것은 곧 일종의 서사를 구성하게 되죠. 저는 늘 서사 없이 여러 인물을 그려 낼 수 있기를 바라고 있습니다.[75]

왜 어떤 그림은 신경계에 직접 작용하는 데 반해 다른 그림은 두뇌를 경유하는 긴 평가의 과정diatribe을 거쳐 이야기를 전달하게 되는지를 아는 것은 아주, 아주 은밀하고 어려운 문제입니다.[76]

아시다시피, 제가 원하는 건 저절로 생겨나는 그림, 그래서 [스펀지나 헝

---

75) David Sylvester, *Interviews with Francis Bacon 1962-1979*, Oxford: Alden Press, 1975(1980), p. 63.
76) *Ibid.*, p. 18.

겹으로 문질러 만들어 낸] 자국들이 일종의 필연성을 지닌 것처럼 보이는 그림입니다. 저는 다소 엉성한 중앙 유럽의 회화작품을 싫어합니다. 그게 제가 추상표현주의를 별로 좋아하지 않는 이유들 중 하나이기도 하죠.[77]

인용한 베이컨의 발언에서 분명하게 드러나듯이, '이야기 전달'과 '서사'를 피해 '신경계에 직접 작용'하는 감각을 그리고자 하는 이, 그리고 이 과제와 관련하여 '추상표현주의를 별로 좋아하지 않는' 이는 들뢰즈 이전에 바로 베이컨 자신이다. 여기서 한발 더 나아가, 심지어 들뢰즈는 '다이어그램'이라는 베이컨의 용어를 철학적 개념으로 발전시키기도 한다.[78] 결론적으로 말하자면, 『감각의 논리』는 개념과는 다른 방식으로 이른바 초월론적 경험에 도달한 한 예술가에 대한 사례연구다. 여기서 들뢰즈는

---

77) *Ibid.*, p. 94.
78) 다이어그램은 푸코 및 베이컨과 관련하여 다소 구별되는 두 용례를 갖는다(Robert Sasso et Arnaud Villani éds., *Le vocabulaire de Gilles Deleuze*, Paris: Vrin, 2003, p. 107 참조). 이 용어가 처음 등장한 것은 1975년 푸코에 관한 논문("Écrivain, non: un nouveau cartographe", *Critique*, no. 343, 1975, pp. 1207~1227)에서다. 우리가 다루고 있는 두 번째 용례는 1981년 『감각의 논리』에서 처음 등장하는데, 이는 다음과 같은 대목에서 베이컨이 사용하는 영어 표현('graph')을 프랑스어로 옮긴 것이다. "글쎄요, 아주 흔한 일이지만, 제가 의도치 않은 (involuntary) 자국들이 다른 자국들보다 훨씬 더 암시적이죠. 그리고 그건 무슨 일인가 일어날 수 있다고 당신이 느끼는 순간입니다." "그 자국들을 남길 때 그렇게 느끼시는 건가요?" "아니요, 그 자국들은 [제가 남기는 게 아니라] 남겨지는 겁니다. 그리고 아시다시피, 다이어그램(graph) 속에서는 모든 종류의 사실을 발현시킬 수 있는 가능성이 자라나고 있습니다. [……] 예컨대, 언젠가 당신이 초상화 한 점에 대해 생각하다 입을 어딘가에 위치시켰다 하더라도, 갑자기 다이어그램을 통해 그 입이 얼굴을 가로질러 갈 수 있음을 알게 될 겁니다. 어떤 점에서, 당신은 초상화 속에 사하라가 나타나게 하고 싶어질지도 모릅니다"(Sylvester, *Interviews with Francis Bacon 1962-1979*, p. 63).

베이컨의 예술적 실험을 감각 발생 일반의 논리와 그 논리가 현실화되는 독특한 양상을 개념적으로 포착하기 위한 계기로, 다시 말해 새로운 개념의 창조를 위한 계기로 삼는다.

들뢰즈는 언어, 감각, 무의식 등과 관련하여 때로 예술이 이론에 앞서, 이론보다 정확하게 초월론적 경험에 도달할 수 있음을 지적한다. 예컨대, 무의식과 관련하여 프로이트나 라캉 같은 이론가들이 아니라 문학작품에 의존한다는 비난에 맞서 그는 다음과 같이 말한다. "사람들은 우리가 쓴 책이 지나치게 문학적이라고 비난할지도 모릅니다. [하지만] 로렌스, 밀러, 케루악Jack Kerouac, 버로스Edgar Rice Burroughs, 아르토, 베케트가 정신과 의사들과 정신분석가들보다 분열증에 대해 더 많이 알고 있다면, 그게 우리의 잘못인가요?"(PP 37) 들뢰즈에 따르면, 생성의 무한한 가변성은 일시적인 질서들을 끊임없이 낳고 또 거두어 간다. 철학·과학·예술은 저마다의 방식으로 이러한 생성을, 다시 말해 일시적인 질서들의 발생과 와해를 포착하며, 동시에 우리가 재현이라는 가상에 빠져 그 질서들을 영속적인 것으로 오해하는 일을 막아 준다. 이러한 작업은 철학의 개념, 과학의 함수, 예술의 감각이라는 상이한 수단을 통해 때로는 수렴하고, 때로는 하나가 다른 하나를 촉발하며, 때로는 하나가 다른 하나를 이어 가는 방식으로 진행된다. 그러나 이 세 영역은 서로 환원될 수 없는 것으로, 하나의 영역이 다른 영역들을 지배하거나 예속시키는 것은 아니다.

사실『천 개의 고원』에는 과학과 공명하거나 심지어는 그에 상응하는 개념이 많이 사용됩니다. [……] 사람들이 원하는 거짓된 통일성을 만들어 내는 것은 전혀 문제가 되지 않습니다. 여기서도 문제는 예기치 못했던 수렴점, 새로운 귀결점, 서로를 위한 중계점을 산출하게 해주는 저마다의 작업입니다. 이 점과 관련해서는 어느 쪽도 특권을 가질 수 없을 것입니다. 철학도 과학도 예술이나 문학도 말입니다. (PP 44~45)

결론

느껴라, 우리에게 일어나는 일을 느껴라[1]
Sentez, sentez à quoi on en arrive

들뢰즈의 미학이란 무엇인가? 그것은 감각론이다. 들뢰즈의 미학은 감각과 감각능력인 감성에 대한 탐구라는 미학 본연의 문제의식으로 돌아가는 한편, 감각을 표상과 감정의 틀 속에서 고찰하는 근대 미학의 감각 이해를 넘어서고자 하기 때문이다. 들뢰즈는 칸트에게서 발견한 발생론적 영감을 무기 삼아 칸트 미학의 이중성 속으로 뛰어든다. 여기서 그는 표상에 기반한 감성론과 감정에 기반한 예술론 모두를 혁신하여 양자를 통일하고자 하는데, 이러한 시도는 발생론적 지각론과 행동학적 정서론의 두 측면에서 나타난다. 이를 통해 얻어지는 감성론과 예술론의 통일로서의 미학, 그것은 다시 한 번 감각론이다. 발생론적 지각과 행동학적 정서를 예술의 두 구성요소로 삼는 한에서, 들뢰즈의 예술론은 그의 감성론과 동일한 원리를 따르기 때문이다. 양자를 통일하는 단 하나의 원리, 그것은

---

1) Gilles Deleuze, "Cours vincennes 20/1/1981", Les cours de Gilles Deleuze(http://www.webdeleuze.com/textes/35). 이 사이트는 들뢰즈의 다양한 강의록을 제공하고 있다. 아울러, 파리8대학도 '들뢰즈의 목소리'라는 제목으로 강의 음성파일과 텍스트를 인터넷으로 제공하고 있다(http://www2.univ-paris8.fr/deleuze/).

감각의 논리다. '감각의 실제적 발생에 대한 탐구'라는 의미에서 들뢰즈의 미학을 '초월론적'이라고 부른다면, 그것은 다음과 같이 요약될 것이다. 감각의 논리를 따르는 감각론인 한에서, 그의 미학은 초월론적 감성론인 동시에 초월론적 예술론이다.

들뢰즈 미학의 첫 시기에 감각론은 발생론적 지각론으로 나타난다. 표상의 발생을 설명하기 위해 들뢰즈는 라이프니츠, 칸트, 마이몬으로 이어지는 지각론의 계보를 새롭게 구성한다. 그들에게서 발견되는 것은 쉼 없이 우리의 오감을 가로지르는 미세한 지각들, 산출되는가 하면 이내 산산이 부서지는 현기증 나는 표상들이다. 이렇듯 표상이 새롭게, 발생론적으로 분할되는 지점에서 감성 또한 칸트의 그것과는 사뭇 다른 모습으로 나타난다. 감성은 균일한 시공간적 주형으로서 자신에게 주어지는 감각 질료를 이러저러한 모양으로 찍어 내는 것이 아니라, 오히려 감각 질료가 가하는 힘에 의해 이러저러한 모양으로 변조된다. 따라서 감성에 제기되는 것은 다음과 같은 물음이다. '어떻게 의식과 표상의 문턱 아래로 내려가 이 섬세한 변형을 포착할 것인가?' 이를 위해서는 감성이 자신의 일상적인 활동영역 너머에 도달할 수 있어야 할 것이다. 발생론적 지각론이 감성에 부여하는 이러한 과제와 관련해서, 들뢰즈는 칸트의 숭고를 초월적 실행을 야기하는 감성적 기호 일반의 논리로 확대한다. 여기서 예술은 우리의 감성과 사유를 지고의 역량으로 인도하는 가장 탁월한 기호로 간주된다. 이런 관점에 따르면, 예술은 기호를 통해 감성의 초월적 실행을 가르치고 훈련하는 감각교육학에 다름 아니다. 예컨대 『잃어버린 시간을 찾아서』는 하나의 예술작품-기호로서, 감각교육학을 위한 매뉴얼 혹은 그런 매뉴얼에 따른 배움과 훈련의 기록/장치인 것이다.

들뢰즈 미학의 두 번째 시기에 감각론은 행동학적 정서론으로 나타난다. 들뢰즈는 신체의 합성과 변용을 매개로 정서를 신체 역량의 증가와 감소로 이해하는 한편, 이러한 신체 역량을 증가시키는 다양한 행위와 관계를 탐색한다. 이 시기에 이르면, 들뢰즈에게 예술은 (미와 형식의 문제가 아니라) 그것이 우리 신체에 가하는 실재적 효과의 문제가 된다.[2] 세 번째 시기의 구별을 빌려 말하자면, 여기서 말하는 예술의 효과는 지각이 주는 광학적 효과와 정서가 주는 변용적 효과를 포괄한다. 전자는 (시각에 국한된 것이 아니라) 동원되는 모든 감각기관을 통해 감각적 사태를 현미경적이거나 망원경적인 방식으로 포착한다는 뜻이다. 그리고 후자는 감상자의 변용능력을 확장시켜 그를 미지의 삶으로, 다채로운 되기로 인도한다는 뜻이다. 이런 관점에서 보자면, 예술이 다루는 것은 발생론적 '사실'(감각교육학)과 행동학적 '변용'(신체행동학)이다. 따라서 예술작품을 평가하기 위한 들뢰즈의 물음은 다음과 같을 것이다. 첫째, 그것이 담고 있는 지각이 얼마나 발생론적 '사실'에 부응하는가? 그리고 둘째, 그것이 담고 있는 정서가 얼마나 풍부한 행동학적 '변용'의 가능성을 제공하는가? 예술은 실험이지만, 단순한 예술형식상의 실험은 아니다. 스피노자와 윅스퀼이 가르쳐 주듯이, 그것은 오히려 삶의 실험, 보고 듣고 행동하는 방식 자체의 실험이다. 르 클레지오의 표현을 빌려, 들뢰즈

---

2) 다음의 두 연구자는 이 점을 정확하게 지적했다. "예술과 글쓰기는 [……] 형식미에 사로잡힌 평가에 의해서가 아니라 그것들이 지닌 탈영토화의 역량, 그것들이 지닌 생명의 선을 그리는 능력에 따라 평가될 것이다(작품은 어떻게, 어떤 힘으로 창조자와 감상자를 사로잡는가?)"(Buydens, *Sahara: l'esthétique de Gilles Deleuze*, p. 204). "예술은 실제적 효과를 생산하는 신체"이며, 예술론(기호론)은 "물질적 효과론"이다(Sauvagnargues, *Deleuze et l'art*, p. 254. 강조는 원문).

는 '예술은 곧 의술^{médecine}'이라고 말한다. 생성하는 삶의 실상을 파악하고(지각, 풍경) 신체의 변용능력을 활용하여 삶의 새로운 가능성을 타진한다(정서, 되기)는 점에서, 예술이 다루는 것은 다름 아닌 우리의 '건강'이기 때문이다.[3]

들뢰즈 미학의 세 번째 시기에 감각론은 예술작품의 존재론으로 나타난다. 여기서 들뢰즈는 앞서의 발생론적·행동학적 탐구를 계승하는 한편, 여타의 감성적 대상과 구별되는 예술작품의 독특한 존재방식을 탐구한다. 그런데 들뢰즈가 말하듯 감성론과 예술론이 통일된다면, 따라서 감성론의 영역과 예술론의 영역을 가르는 경계가 사라진다면, 일상적인 감성적 대상과 예술작품의 구별은 무의미해지는 것이 아닐까? 이러한 물음에 대한 들뢰즈의 답변은 다음과 같을 것이다. 한편으로, 예술작품은 비인간적 풍경(지각)을 제시하고 비인간적 되기(정서)를 야기한다. 다른 한편으로, 그것은 사건의 형태로 창조된 지각과 정서를 가능성의 방식으로 보존한다. 지각과 정서에 영속성을 부여하는 이 놀라운 능력과 더불어, 예술

---

3) "그들[예술가들]은 종종 병약하여 건강이 나빠지기 쉬운데, 이는 그들에게 질병이나 신경증이 있기 때문이 아니라 그들은 물론 그 누구라도 감당하기 힘든 무언가를 삶 속에서 보았기 때문이고 또 그것이 그들에게 죽음의 비밀스러운 징표를 달아 주었기 때문이다. 그러나 이 감당하기 힘든 무언가는 체험이라는 질병을 가로질러 그들이 살아갈 수 있게 해주는 원천 혹은 숨결(souffle, 니체가 건강이라고 부르는 것)이기도 하다"(QP 163). 이어서 들뢰즈는 르 클레지오의 다음 문장을 인용한다. "언젠가 우리는 예술이 아니라 의술만 존재했다는 걸 알게 될 것이다"(Jean-Marie Gustave Le Clézio, *Haï*, Paris: Flammarion, 1987, p. 7). 『비평과 진단』의 다음 구절도 함께 참조하라. "문학은 건강을 위한 시도로 나타난다. 이는 꼭 작가의 건강이 훌륭하기 때문이 아니라 [······] 오히려 불가항력적으로 너무나 허약하기 때문이다. 이는 감당하기에는 너무나 크고 강력한 무언가, 숨조차 쉴 수 없게 만드는 무언가를 작가가 보고 들었다는 사실에서 기인한다. 그 무언가를 거쳐 가면서 작가는 탈진 상태에 이르지만, 그럼에도 그것은 지배적인 훌륭한 건강으로는 불가능했던 되기를 가능하게 해준다"(CC 14). 요컨대, 들뢰즈가 말하는 건강은 '지각과 정서, 풍경과 되기를 감당할 수 있는 능력'에 다름 아니다.

작품은 삶의 가장 심층적인 문제로 나아간다. 그것은 생성, 발생, 감각보다 존재, 표상, 재현을 앞세우는 사유로부터 삶을 해방시키는 일이다. "문제는 항상 삶을 그것이 가두어진 곳으로부터 해방시키거나 삶을 불확실한 투쟁으로 이끌어 내는 데 있다"(QP 162). 이러한 굴레로부터 벗어나 삶을 새롭게 시작하는 것이야말로 버지니아 울프나 잭 케루악과 같은 예술가들의 꿈이었다(MP 343). 말하자면, 그것은 한국인이자 여성이자 30대이자 회사원이면서도, 그 모든 규정들의 합으로 결코 환원되지 않는 '어떤' 나를 발견하려는 꿈이다. 버지니아 울프는 말한다. 그 꿈을 실현하려면 세상과 삶을 이끌어 가는 생성의 한순간, 존재하는 모든 '원자들을 충족'시키고 그 순간에 포함되지 않는 헛된 규정들을 모두 제거해야 한다. 케루악은 자신이 글로 세운 기념비 속에 그 순간을 다음과 같이 기록해 두었는데, 이는 그 실험기록/실험장치를 활용해서 언젠가는 우리도 그 순간에 도달하기를 바랐기 때문이다.

노을이 붉게 물들 무렵 나는 잠에서 깨어났다. 그 순간은 내 평생 단 한 번밖에 없었던, 아주 독특하고도 묘한 순간이었다. 나 자신이 누군지 알 수 없었다. 나는 집에서 아주 멀리 떨어져 있었고 여독에 지쳐 뭔가에 홀린 상태였는데, 한 번도 본 적 없는 싸구려 호텔방 안에서, 밖에서 들려오는 증기기관의 씩씩거리는 소리, 호텔의 오래된 나무 바닥이 삐걱거리는 소리, 위층의 발소리, 그리고 온갖 종류의 슬픈 소리들을 들으며 금이 간 높은 천장을 바라보고 있노라니, 이상하게도 한 십오 초 동안 내가 누군지 정말로 알 수가 없었던 것이다. 겁이 나진 않았다. 나는 그저 다른 누군가, 어떤 낯선 사람이 되었고, 나의 삶 전체는 뭔가에 홀린 유령의 삶이

되었다. 내가 미국을 반쯤 가로질러 와서 과거의 공간인 동부와 미래의 공간인 서부 사이의 경계선 위에 있었다는 사실, 아마도 그 때문에 바로 그 자리에서 이상한 붉은 오후의 그 순간에 그런 일이 벌어진 것이리라.[4]

들뢰즈의 예술론이 목표로 하는 '비인간적' 지각과 정서는 예술의 정치성 문제와 관련해서, 특히 이 문제를 둘러싼 프랑스 현대 미학의 논쟁 속에서 이해될 필요가 있다. 첫째로, 이 논쟁은 칸트 미학을 현대적으로 계승하는 서로 다른 해석의 방향성(랑시에르의 '미의 분석학', 리오타르의 '숭고의 분석학', 후자에서 전자로 나아가는 들뢰즈의 발생론적 독해)과 관련된다. 앞서 2장 1절의 3)에서 살펴보았듯이, 이러한 해석들은 저마다 나름의 정치적 입장을 함축한다(랑시에르의 감성의 분할로서의 정치, 리오타르의 타자성의 윤리, 들뢰즈의 감각교육학과 신체행동학). 둘째로, 랑시에르와 들뢰즈로 범위를 좁혀 말하자면 이 논쟁의 또 다른 쟁점은 존재론과 정치의 관계, 그리고 존재론과 정치 사이에서 예술이 수행하는 역할에 있다. 앞서 5장 4절에서 살펴본 랑시에르의 들뢰즈 예술론 비판도 궁극적으로는 바로 이 문제를 겨냥하고 있다. 들뢰즈가 말하는 '비인간적' 지각과 정서가 어떤 의미에서 나름의 정치성을 갖는지를 확인하기 위해, 마지막으로 이 문제를 잠시 검토해 보자.

랑시에르에 따르면, "존재론과 정치 사이", "사막의 정의와 우애로운 인류의 정의" 사이에는 벽이 있다.[5] 그것은 "원자들, 원자의 무리들, 우발

---

4) 잭 케루악, 『길 위에서 1』, 이만식 옮김, 민음사, 2009, 32~33쪽.
5) Rancière, "Deleuze, Bartleby et la formule littéraire", p. 202.

258 들뢰즈의 미학

성들, 그리고 그 끊임없는 변양들"[6]을 한편으로, 인간의 정치적 공동체를 다른 한편으로 갈라 세우는 벽이다. 재현과 공통감의 세계 속에 몸을 숨긴 채, 랑시에르는 그 세계가 제공하는 이러저러한 일치에 비추어 그 벽 너머의 세계를 재단한다(이른바 '인상주의적' 예술론에서 재현적 내러티브에 기반한 순수 감각의 도입). 하지만 들뢰즈가 보기에, 예술은 존재론과 정치 사이에 있는 것이 아니다. 그것은 오히려 존재를 단죄하는 정치(심판의 도덕)와 존재를 실험으로 이끄는 정치(실험의 윤리) 사이에 있다. 이러한 관점은 존재론과 정치의 관계에 대한 들뢰즈의 새로운 구상을 분명하게 보여 주는데, 그것은 다음과 같이 요약된다. "존재 이전에 정치가 있다"(D 24. 강조는 원문).

그런데 이 문장은 '어떻게 존재할 것인가'의 문제와 관련해서, '이렇게 존재해야 하며, 저렇게 존재해서는 안 된다'라는 존재론적 명법과 관련해서 아주 엄밀하게 이해되어야 한다. 들뢰즈와 과타리의 자연철학에 따르면, 이러한 명법은 좁은 의미의 자연과 인간 공동체를 가로지른다. 욕망의 존재론에서 욕망의 보편사로 나아갈 때(『안티 오이디푸스』), 물리적·생물학적·인류학적·사회정치적 (탈)영토화를 동일한 지평에서 고찰할 때(『천 개의 고원』), 그들은 이러한 가로지름을 명시적으로 보여 준다.[7] 『스

---

6) Ibid., p. 200.

7) 『천 개의 고원』에서 자연은 지층의 체계, 즉 순수 변이의 미분적 지층화로 제시된다. 말하자면, 이 지층들은 분화되고 공존하는 변이의 리듬들인 동시에 중첩되고 공-현전하는 실재의 층들이다. 들뢰즈와 과타리는 문화 혹은 인간의 역사를 다른 지층들 사이에 있는 하나의 단순한 지층으로, 물리-화학적 지층과 생물학적 지층 사이에 놓인 한 무리의 지층으로 간주한다. 그것은 [……] 언급된 다른 두 지층에 의해 횡단되고 그것들과 더불어 구성된다. 어떤 점에서 보더라도, 호모 사피엔스는 대지(Terre)의 물리-화학적·지질학적·생물학적 변형들의 필연적

피노자. 실천철학』의 구별을 빌려 말하자면, 이러한 정치는 수준과 영역을 막론하고 심판의 도덕과 실험의 윤리가 교차하는 모든 지점에서 발견되는 것이다. 그들이 말하는 정치는 국가권력을 쟁취하는 데 국한된 것이 아닐 뿐만 아니라, 인간 공동체에 고유한 것도 아니다. 즉 그것은 일군의 사람들이 남성이나 여성으로 환원되지 않는 고유의 성적 존재방식을 선언할 때만큼이나, 일군의 어류가 바다를 떠나 폐의 사용을 실험할 때에도 발견된다. 이것이 바로 존재론적 명법과 관련된 정치, 그 명법을 거슬러 다른 존재방식을 탐색하는 도주선으로서의 정치다.

도주선이란 탈영토화입니다. 프랑스인들은 도주선이 무엇인지 잘 알지 못합니다. 그들도 다른 사람들처럼 도주하는 것은 분명하지만, 도주를 세상을 떠나는 것, 즉 신비주의나 예술로 생각합니다. 아니면 사회참여를 회피하거나 책임을 저버린다는 이유로 그것을 무언가 비겁한 일로 생각하죠. 도주는 결코 행동을 포기하는 것이 아니며, 도주보다 더 능동적인 것은 없습니다. [……] 도주란 또한 도주하게 만드는 것입니다. 꼭 다른 이들이 아니라 하더라도 무언가를 도주하게 만드는 것, 파이프에 구멍을 내듯이 어떤 시스템을 도주하게 만드는 것입니다. (D 47)

그럼에도 인간 공동체의 정치를 구획해 주는 중요한 차이점을 간과해서는 안 될 것이다. 다른 존재자와의 우연한 만남, 그 만남이 가져다주

인 목적지가 아니다"(Jérome Rosanvallon et Benoît Preteseille, *Deleuze & Guattari à vitesse infinie*, vol. 2, Paris: Ollendorff & Desseins, 2016, p. 20. 강조는 원문).

는 수동적 기쁨에 전적으로 의존하는 여타의 존재자들과는 달리, 인간은 우연한 만남을 통해 배움을 얻는 존재(기호의 배움), 더욱 효율적인 배움을 위해 감각을 훈련하는 존재(감각교육학), 이 훈련을 통해 수동적 기쁨을 조직하는 존재(신체행동학)다. 들뢰즈가 보기에, 인간의 고유성은 수동적 변용에서 전적으로 벗어나는 데 있는 것이 아니라(이는 불가능하다) 수동적 변용을 배우고, 훈련하며, 조직하는 데 있다.

랑시에르는 들뢰즈의 "미학적 사유방식이 지닌 근원적인 모순"이 "자율성과 타율성의 통합"에 있다고 말한다.[8] 이때 그가 염두에 두고 있는 것은 사유의 자율성과 감각에 의한 사유의 타율성, 보다 구체적으로 말하자면 예술의 자율성과 감각에 의한 예술의 타율성이다. 리오타르를 비판했던 것과 동일한 맥락에서, 랑시에르는 들뢰즈가 감각에 의한 타율성에 전적으로 의존한 결과 사유의 자율성 혹은 예술의 자율성을 잃어버리지 않을까 우려한다. 하지만 들뢰즈가 보여 주는 것은 자율성과 타율성의 양립 불가능성도 아니고, 자율성의 포기와 타율성에 대한 전적인 의존도 아니다. 그것은 오히려 자율성과 타율성에 대한 새로운 이해다. 들뢰즈의 입장에서 보자면, 사유의 자율성이란 결국 감각에 의한 사유의 타율성을

---

8) Rancière, "Deleuze, Bartleby et la formule littéraire", p. 199. 랑시에르는 들뢰즈 사유의 이러한 모순을 보여 주는 이미지를 『비평과 진단』에서 발견하는데, 그것은 '시멘트 없이 자유롭게 쌓아 올린 돌들로 이루어진 벽'이다(CC 76~77). 그는 들뢰즈에게서 존재론과 정치 사이의 이행, 보다 정확히 말하자면 그러한 이행의 어려움이 바로 이 이미지로 형상화되고 있다고 말한다. 하지만 사실 그 이미지는 월트 휘트먼(Walt Whitman)의 글쓰기 방식을 설명하기 위해 고안된 것이다. 이를 통해 들뢰즈는 휘트먼의 파편적 글쓰기('시멘트 없이 자유롭게 쌓아 올린 돌들로 이루어진 벽')를 미리 구상된 전체에서 부분으로 가는 글쓰기('시멘트를 바른 벽' 혹은 '퍼즐의 조각')에 대립시킨다.

배우고, 훈련하고, 조직하는 정도에 따라 상이하게 얻어지는 것이기 때문이다. 예술이란 이러한 배움, 훈련, 조직화의 일환으로서, (랑시에르와 다른 의미에서이긴 하지만) 예술인 한에서 이미 정치다.

그런데 이러한 정치는 인간의 다른 고유성을 뛰어넘는 데서 성립한다. 랑시에르의 표현을 빌려 말하자면, 들뢰즈에게서 '예술의 정치' 혹은 '미적 교육'의 과제는 인간적인 지각과 정서를 넘어서는 데 있다.

되기는 다른 방향으로 나아가지 않으며, 우리가 인간이 되는 것은 아니다. 인간이라는 것이 주장컨대 모든 질료에 부여되는 지배적인 표현의 형식으로 나타나는 한에서는 말이다. 반면 여성, 동물, 분자는 그들 고유의 형식화로부터 벗어나는 도주의 구성요소를 항상 지니고 있다. 인간이라는 수치심, 글을 쓰는 데 이보다 더 좋은 이유가 있는가? (CC 11)

칸트의 숭고를 감성의 초월적 실행과 결부시키면서 들뢰즈가 기대했던 것은 바로 이러한 도주일 것이다. 초월적 실행은 감성을 그 한계까지 데려가는 일이지만, 그것의 궁극적인 목표는 이를 통해 우리의 인간적인 지각과 정서를 확장하는 데 있다. 이런 의미에서 보자면, 진정으로 중요한 것은 초월적 실행 자체가 아니라 그러한 실행의 관점에서 일상적 삶을 새롭게 조직하는 일이다. 들뢰즈가 말하듯이, 예술가는 "눈이 붉어지고 고막이 찢어진 채 그가 보고 들은 것으로부터"(CC 14) 돌아와야 한다. "생명이 인간에 의해, 인간 속에, 그리고 유기체와 종에 의해, 유기체와 종 속에 갇혀 있는"(CC 14) 곳은 바로 우리의 일상적 삶이기 때문이다. 예술과 일상적 삶의 연관, 보다 구체적으로 말하자면 예술이 일상적 삶에 기여할 수 있는 바는 바로 이 지점에서 발견된다.

사실 미학의 모든 문제는 예술을 일상적 삶으로 끌어들이는 데 있다. 우리의 일상적 삶이 표준화되고 천편일률화되면 될수록, 또 점점 더 소비 대상들의 가속적 재생산에 굴복하고 있는 것처럼 보일수록, 그만큼 예술은 더욱더 일상적 삶에 집착해야 한다. (DR 375/612)

예술이 제공하는 지각과 정서를 통해, 월등히 예민해진 눈과 귀로 또 새로운 변용의 가능성을 품은 채로 우리는 일상적 삶으로 돌아온다. 미학의 궁극적인 과제가 예술을 일상적 삶으로 끌어들이는 데 있다고 말할 때, 들뢰즈가 뜻하는 바는 다음과 같을 것이다. 진부하고 예속적인 일상적 삶에 저항하는 최후의 보루로서, 예술은 그러한 삶의 실상을 파악하고 그것에 저항하며 그것을 변형시키는 수단을 제공한다.

책을 마무리하면서, 이제 칸트 미학의 현대적 계승을 둘러싼 논쟁의 맥락 속에서 예술과 정치의 관계 문제를 간략히 정리해 보자. 한편으로, 랑시에르는 '미의 분석학'에서 지성과 상상력의 자유로운 유희를 통한 미적 교육의 가능성을 발견한다. 그것은 반성판단을 통한 지성능력의 중지와 무관심성을 통한 욕구능력의 중지에서 기인하는 교육, 이중의 수동성을 통한 교육이다. 이러한 미적 교육을 통해, 그는 언젠가 국가권력의 쟁취보다 심층적인 감각적 실존의 혁명이 일어날 것을 기대한다. 다른 한편, 리오타르는 '숭고의 분석학'을 자연과 이성의 영역에서 예술과 감성의 영역으로 이전시킨다. 이 과정에서 그는 포착하되 재생하지 못하는 상상력의 무능력을 감성적 현존 앞에서 침묵하는 정신의 무능력으로 바꿔 놓는다. 이러한 변형을 통해, 그는 숭고의 예술이 인간 정신의 폭력성을 고발하는 동시에 타자에 대한 존중이라는 윤리적 가르침을 제공할 것을 기대한다. 마지막으로, 들뢰즈는 숭고를 감성의 초월적 실행과 결부시켜 지각과 정서의 두 측면에서 그러한 실행의 가능성을 탐색한다. 이를 통해, 들뢰즈의 감각론은 감각교육학(감성의 훈련)과 신체행동학(실험의 윤리)으로 나아간다. 이 두 영역이 다루는 것은 랑시에르와 리오타르가 제기했던 다음과 같은 물음들이다. '어떻게 새로운 방식으로 보고, 듣고, 행동할 것인가?' '타자와의 관계 속에서 어떻게 삶의 새로운 가능성을 타진할 것인가?' 들뢰즈의 감각론은 이 두 물음에 대한 현대 미학의 가장 정교하고 체계적인 답변에 해당한다.

참고문헌

강미정, 『퍼스의 기호학과 미술사: 신미술사의 철학을 위하여』, 이학사, 2011.

기다 겐·노에 게이이치·무라타 준이치·와시다 기요카즈 엮음, 『현상학사전』, 이신철 옮김, 도서출판b, 2011.

고쿠분 고이치로, 『고쿠분 고이치로의 들뢰즈 제대로 읽기』, 박철은 옮김, 동아시아, 2015.

김상환, 「데리다의 글쓰기와 들뢰즈의 사건: 구조주의 수용의 두 양상」, 『기호학 연구』, 29집, 한국기호학회, 2011.

_____, 「들뢰즈의 CsO론」, 『안과밖: 영미문학연구』, 22호, 영미문학연구회, 2007.

_____, 「헤겔과 구조주의」, 『헤겔연구』, 23권, 한국헤겔학회, 2008.

김수현, 「바움가르텐」, 『미학대계 제1권: 미학의 역사』, 서울대학교 출판부, 2007.

김재인, 「들뢰즈의 미학에서 "감각들의 블록으로서의 예술작품"」, 『미학』, 76권, 한국미학회, 2013.

_____, 「들뢰즈의 비인간주의 존재론」, 서울대학교 철학과 박사학위 논문, 서울대학교 대학원, 2013.

_____, 「들뢰즈의 스피노자 연구에서 윅스퀼의 위상」, 『철학논구』, 36집, 서울대학교 철학과, 2008.

_____, 「여성-생성, n개의 성 또는 생성의 정치학: 들뢰즈와 과타리의 경우」, 『철학사상』, 56권, 서울대학교 철학사상연구소, 2015.

김재희, 「물질과 생성: 질베르 시몽동의 개체화론을 중심으로」, 『철학연구』, 93집, 철학연구회, 2011.

데카르트, 르네, 『철학의 원리』, 원석영 옮김, 아카넷, 2002.

로장발롱, 제롬·브누아 프레트세이, 『들뢰즈와 가타리의 무한 속도 1』, 성기현 옮김, 열린책들, 2012.

르 클레지오, J. M. G., 『조서』, 김윤진 옮김, 민음사, 2001(2004).

바디우, 알랭, 『들뢰즈: 존재의 함성』, 박정태 옮김, 이학사, 2001(2003).

_____, 『비미학』, 장태순 옮김, 이학사, 2010.

바이저, 프레더릭, 『낭만주의의 명령, 세계를 낭만화하라』, 김주휘 옮김, 그린비, 2011.

박기순, 「들뢰즈와 낭만주의 문제」, 『미학』, 52집, 한국미학회, 2007.

_____, 「랑시에르의 로댕: 미학적 사건으로서의 로댕과 그 정치성」, 『미학』, 76집, 한국
미학회, 2013.

박민수, 『바움가르텐의 『미학』 읽기』, 세창미디어, 2015.

박정태, 『철학자 들뢰즈, 화가 베이컨을 말하다: 들뢰즈의 회화 존재론』, 이학사, 2012.

발자크, 오노레 드, 『외제니 그랑데』, 조명원 옮김, 지식을만드는지식, 2012.

벌린, 이사야, 『낭만주의의 뿌리』, 강유원·나현영 옮김, 이제이북스, 2005.

베르그손, 앙리, 『물질과 기억』, 박종원 옮김, 아카넷, 2005.

_____, 『창조적 진화』, 황수영 옮김, 아카넷, 2005.

브론테, 에밀리, 『폭풍의 언덕』, 김종길 옮김, 민음사, 2005(2010).

사카베 메구미·아리후쿠 고가쿠 엮음, 『칸트사전』, 이신철 옮김, 도서출판b, 2009.

성기현, 「들뢰즈의 미학은 '어떤 의미에서' 존재하는가?: 랑시에르의 「들뢰즈의 미학은
존재하는가?」에 대한 반론」, 『미학』, 83권 3호, 한국미학회, 2017.

_____, 「'미학의 정치'에 있어 유희의 역할: 랑시에르의 칸트 이해를 중심으로」, 『탈경계
인문학』, 4권 3호, 이화인문과학원, 2011.

_____, 「신체론으로서의 감각론: 스피노자의 물음 '신체는 무엇을 할 수 있는가'에 대한
들뢰즈의 답변」, 『탈경계인문학』, 6권 2호, 이화인문과학원, 2013.

_____, 「지각에 대한 발생론적 이해와 그 미학적 귀결들」, 『미학』, 82권 4호, 한국미학회,
2016.

_____, 「질 들뢰즈 예술론의 전개 과정에 대한 연구」, 서울대학교 미학과 석사학위 논문,
서울대학교 대학원, 2008.

셰어, 브리기테, 『미와 예술』, 박정훈 옮김, 미술문화, 2016.

소바냐르그, 안, 『들뢰즈, 초월론적 경험론』, 성기현 옮김, 그린비, 2016.

시몽동, 질베르, 『형태와 정보 개념에 비추어 본 개체화』, 황수영 옮김, 그린비, 2017.

신지영, 「들뢰즈에게 있어서 개체화의 문제에 관한 연구: 둔스 스코투스의 〈이것임〉과 관
련한 맥락에서」, 『대동철학』, 74집, 대동철학회, 2016.

_____, 「들뢰즈의 차이 개념에 관련한 여성주의 재정립 가능성」, 『한국여성철학』, 7권,
한국여성철학회, 2007.

아리스토텔레스, 『형이상학』, 김진성 역주, 이제이북스, 2007.

안소현, 「질 들뢰즈의 초월적 감성론에 대한 연구: 실재적 경험의 조건인 강도 개념을 중

심으로」, 서울대학교 미학과 석사학위 논문, 서울대학교 대학원, 2003.

안은희, 「들뢰즈에서 "가능적인 것"의 의미」, 『미학』, 80권, 한국미학회, 2014.

윅스퀼, 야콥 폰, 『동물들의 세계와 인간의 세계』, 정지은 옮김, 도서출판b, 2012.

이찬웅, 「들뢰즈에서 창조의 세 전선(戰線): 철학, 과학, 예술」, 『철학』, 127집, 한국철학회, 2016.

_____, 「들뢰즈와 시몽동: 변조, 지층, 환경」, 『철학』, 131집, 한국철학회, 2017.

_____, 「들뢰즈의 감성론과 예술론: 내포적 강도와 이미지」, 『미학』, 66권, 한국미학회, 2011.

_____, 「들뢰즈의 기호와 정서」, 『기호학 연구』, 29권, 한국기호학회, 2011.

_____, 「들뢰즈의 영화 미학에서 정서의 문제: 변용에서 시간으로」, 『미학』, 69권, 한국미학회, 2012.

_____, 「들뢰즈의 회화론: 감각의 논리란 무엇인가」, 『미학』, 71권, 한국미학회, 2012.

진태원, 「스피노자 철학에 대한 관계론적 해석」, 서울대학교 철학과 박사학위 논문, 서울대학교 대학원, 2006.

_____, 「정신적 자동장치란 무엇인가?」, 『철학논집』, 28집, 서강대학교 철학연구소, 2012.

질송, 에티엔느, 『중세 철학사』, 김기찬 옮김, 현대지성사, 1997.

차민철, 『다큐멘터리』, 커뮤니케이션북스, 2014.

칸트, 임마누엘, 『순수이성비판 1·2』, 백종현 옮김, 아카넷, 2006.

_____, 『판단력비판』, 백종현 옮김, 아카넷, 2009.

케루악, 잭, 『길 위에서 1·2』, 이만식 옮김, 민음사, 2009.

케인즈, 하워드 P., 『헤겔 근대 철학사 강의: 근대 철학의 문제와 흐름』, 강유원·박수민 옮김, 이제이북스, 2005.

클라이스트, 하인리히 폰, 『펜테질레아』, 이원양 옮김, 지식을만드는지식, 2016.

키에르케고르, 쇠렌 오뷔에, 『죽음에 이르는 병』, 박병덕 옮김, 육문사, 2015.

플로베르, 귀스타브, 『마담 보바리』, 김화영 옮김, 민음사, 2000(2012).

_____, 『성 앙투안느의 유혹』, 김용은 옮김, 열린책들, 2010.

하선규, 「미감적 경험의 본질적 계기에 대한 분석: 칸트 미학의 현재성에 대한 시론」, 『미학』, 44권, 한국미학회, 2005.

_____, 「칸트」, 『미학대계 제1권: 미학의 역사』, 서울대학교 출판부, 2007.

하이데거, 마르틴, 『사유란 무엇인가』, 권순홍 옮김, 도서출판 길, 2005.

함머마이스터, 카이, 『독일미학전통』, 신혜경 옮김, 이학사, 2013.

황수영, 『베르그손, 생성으로 생명을 사유하기』, 갈무리, 2014.

Aristotle, *Metaphysica*, trans. W. D. Ross, New York: Random House, 19-.

Aron, Max, Robert Courrier, et Étienne Wolff éds., *Entretiens sur la sexualité: Centre culturel international de Cerisy-la-Salle, 10 juillet-17 juillet 1965*, Paris: Librairie Plon, 1969.

Artaud, Antonin, *Van Gogh, le suicidé de la société*, *Œuvres*, éd. Évelyne Grossman, Paris: Gallimard, 2004.

Badiou, Alain, *Deleuze: "La clameur de l'Être"*, Paris: Hachette, 1997.

_____, *Petit manuel d'inesthétique*, Paris: Les Éditions du Seuil, 1998.

Baumgarten, Alexander Gottlieb, trans. Alexander G. Cooper and Matthew Thomas McAndrew, "Alexander Gottlieb Baumgarten, Aesthetica", eds. Joseph Tanke and Colin McQuillan, *The Bloomsbury Anthology of Aesthetics*, New York: Bloomsbury Academic, 2012.

Bellour, Raymond et François Ewald, "Signes et événements: un entretien avec Gilles Deleuze", *Magazine littéraire*, no. 257, Paris: Magazine littéraire, 1998.

Bergson, Henri, *La pensée et le mouvant*, *Œuvres*, Paris: PUF, 1959(2001).

_____, "le possible et le réel", *La pensée et le mouvant*, *Œuvres*, Paris: PUF, 1959(2001).

_____, *Les deux sources de la morale et de la religion*, *Œuvres*, Paris: PUF, 1984.

Bernard, Émile, et al., *Conversations avec Cézanne*, Paris: Les Éditions Macula, 1978.

Buchanan, Ian, ed., *A Deleuzian Century?*, Durham & London: Duke University Press, 1999.

Buydens, Mireille, *Sahara: l'esthétique de Gilles Deleuze*, Paris: Vrin, 1990.

Colebrook, Claire, *Deleuze: A Guide for the Perplexed*, London & New York: Continuum, 2006.

Deleuze, Gilles, "Cours vincennes 20/1/1981", Les cours de Gilles Deleuze(http://www.webdeleuze.com/textes/35).

_____, "L'idée de genèse dans l'esthétique de Kant", *Revue d'esthétique*, vol. 16, no. 2, Paris: PUF, 1963.

_____, "L'immanence: une vie...", *Philosophie*, no. 47, Paris: Les Éditions de Minuit, 1995.

_____, "Preface", Félix Guattari, *Psychanalyse et transversalité: Essai d'analyse institutionnelle*, Paris: Maspero, 1972.

_____ , "Preface: On Four Poetic Formulas Which Might Summarize the Kantian Philosophy", trans. Hugh Tomlinson and Barbara Habberjam, *Kant's Critical Philosophy: The Doctrine of the Faculties*, London: The Athlon Press, 1984.

_____ , "Renverser le platonisme(Les simulacres)", *Revue de Métaphysique et de Morale*, vol. 71, no. 4, Paris: A. Colin, 1966.

_____ , "Spinoza et nous", *Revue de synthèse*, vol. 99, Paris: Les Éditions A. Michel, 1978.

_____ , "Une théorie d'autrui(Autrui, Robinson et le pervers)", *Critique*, no. 241, Paris: Les Éditions de Minuit, 1967.

Descartes, René, *Œuvres de Descartes*, éds. Charles Adam and Paul Tannery, Paris: Vrin, 1973.

_____ , *Passions de l'âme, Œuvres de Descartes XI*, éds. Charles Adam et Paul Tannery, Paris: Vrin, 1984.

Dosse, François, *Gilles Deleuze et Félix Guattari: Biographie croisée*, Paris: Les Éditions La Découverte, 2007(2009).

Dufrenne, Mikel, *Phénoménologie de l'expérience esthétique*, Paris: PUF, 1953(1992).

Faulkner, Keith W., *Deleuze and the Three Syntheses of Time*, New York: Peter Lang Publishing, 2006.

Ferry, Luc, *Homo Aestheticus: L'invention du goût à l'âge démocratique*, Paris: Les Éditions Grasset & Fasquelle, 1990.

Foucault, Michel, "Preface", Gilles Deleuze and Félix Guattari, *Anti-Oedipus: Capitalism and Schizophrenia 1*, trans. Robert Hurley, Mark Seem, and Helen R. Lane, Minneapolis: University of Minnesota Press, 1983(2000).

_____ , "Theatrum philosophicum", *Critique*, no. 282, Paris: Les Éditions de Minuit, 1970.

Freud, Sigmund, "Beyond the Pleasure Principle", *The Standard Edition of the Complete Psychological Works of Sigmund Freud*, trans. James Strachey, London: Hogarth Press and Institute of Psycho-Analysis, 1953-1974.

Guattari, Félix, "Machine et structure", *Psychanalyse et transversalité: Essai d'analyse institutionnelle*, Paris: Maspero, 1972.

_____ , *Psychanalyse et transversalité: Essai d'analyse institutionnelle*, Paris: Maspero, 1972.

Hardt, Michael, *Gilles Deleuze: An Apprenticeship in Philosophy*, Minneapolis & London: University of Minnesota Press, 1993(2002).

Hughes, Joe, *Deleuze and the Genesis of Representation*, London & New York: Continuum, 2008.

_____, *Philosophy After Deleuze: Deleuze and the Genesis of Representation II*, London & Paris: Bloomsbury, 2012.

Hume, David, *Traité de la nature humaine*, trad. André Leroy, vol. 1, Paris: Les Éditions Aubier-Montaigne, 1946.

Kant, Immanuel, "To Carl Leonhard Reinhold, December 28 and 31, 1787", ed. Arnulf Zweig, *Correspondence*, Cambridge: Cambridge University Press, 1999.

Kiéfer, Audrey, "Michel Foucault: Le GIP, l'histoire et l'action", doctoral dissertation of Philosophy, Université de Picardie Jules Verne-Amiens, 2006.

Kroll, Jack, "De Niro: A Star for the '70's", *Newsweek*(United States Edition), 16 May 1977.

Lawrence, David Herbert, "Chaos in Poetry", *Selected Critical Writings*, ed. Michael Herbert, Oxford & New York: Oxford University Press, 1998.

Le Clézio, Jean-Marie Gustave, *Haï*, Paris: Flammarion, 1987.

Leibniz, Gottfried Wilhelm, *Leibniz's Monadology: A New Translation and Guide*, trans. Lloyd Strickland, Edinburgh: Edinburgh University Press, 2014.

_____, "Méditations sur la connaissance, la vérité et les idées", trad. Paul Schrecker, *Opuscules philosophiques choisis*, Paris: Vrin, 2001.

_____, "Monadologie", éd. Christiane Frémont, *Principes de la nature et de la grâce, monadologie et autres textes 1703-1716*, Paris: Flammarion, 1996.

_____, *Nouveaux essais sur l'entendement humain*, éd. Jacques Brunschwig, Paris: Flammarion, 1996.

Lyotard, Jean-François, *Le postmoderne expliqué aux enfants: Correspondance 1982-1985*, Paris: Les Éditions Galilée, 1988.

_____, *L'inhumain: Causeries sur le temps*, Paris: Klincksieck, 2014.

_____, *Moralités postmodernes*, Paris: Les Éditions Galilée, 1993.

Macherey, Pierre, *À quoi pense la littérature?*, Paris: PUF, 1990.

_____, "Présentation", *Michel Foucault, Raymond Roussel*, Paris: Gallimard, 1992.

_____, "The Encounter with Spinoza", ed. Paul Patton, *Deleuze: A Critical Reader*, Oxford & Cambridge: Blackwell, 1996.

Maïmon, Salomon, *Essay on Transcendental Philosophy*, trans. Nick Midgley, Henry Somers-Hall, Alistair Welchman and Merten Reglitz, London & New York: Continuum, 2010.

Parr, Adrian, *The Deleuze Dictionary*, Edinburgh: Edinburgh University Press, 2010.

Proust, Marcel, *À la recherche du temps perdu*. éds. Pierre Clarac et André Ferré, 3 vols., Paris: Gallimard, 1954.

Rancière, Jacques, *Aisthesis, Scènes du régime esthétique de l'art*, Paris: Les Éditions Galilée, 2011.

_____ , "Deleuze accomplit le destin de l'esthétique", *Magazine littéraire*, no. 406, Paris: Magazine littéraire, 2002.

_____ , "Deleuze, Bartleby et la formule littéraire", *La chair des mots*, Paris: Les Éditions Galilée, 1998.

_____ , "D'une image à l'autre. Deleuze et les âges du cinéma", *La Fable cinématographique*, Paris: Les Éditions Galilée, 2001.

_____ , "Existe-t-il une esthétique deleuzienne?", éd. Eric Alliez, *Gilles Deleuze: une vie philosophique: Rencontres internationales Rio de Janeiro-São Paulo, 10-14 juin 1996*, Le-Plessis-Robinson: Institut Synthéabo, 1998.

_____ , *Le partage du sensible*, Paris: La Fabrique-Édition, 2002.

_____ , *Malaise dans l'esthétique*, Paris: Les Éditions Galilée, 2004.

_____ , *The Nights of Labors: The Workers' Dream in Nineteenth-Century France*, trans. John Drury, Philadelphia: Temple University Press, 1989.

_____ , "La subversion esthétique", lecture at Hongik University(Seoul, Korea) on 3 December 2008, unpublished.

Rosanvallon, Jérome, et Benoît Preteseille, *Deleuze & Guattari à vitesse infinie*, vol. 2, Paris: Ollendorff & Desseins, 2016.

Sasso, Robert, et Arnaud Villani éds., *Le vocabulaire de Gilles Deleuze*, Paris: Vrin, 2003.

Sauvagnargues, Anne, *Deleuze et l'art*, Paris: PUF, 2005.

_____ , "Le concept de modulation chez Gilles Deleuze et l'apport de Simondon à l'esthétique deleuzienne", *Concepts, hors série Gilles Deleuze,* Mons: Les Éditions Sils Maria, 2002.

Simondon, Gilbert, *L'individuation à la lumière des notions de forme et d'information*, Paris: Les Éditions Jerôme Millon, 2005.

Simont, Juliette, *Essai sur la quantité, la qualité, la relation chez Kant, Hegel, Deleuze: Les "fleurs noires" de la logique philosophique*, Paris: Les Éditions Harmattan, 1997.

Smith, Daniel W., *Essays on Deleuze*, Edinburgh: Edinburgh University Press, 2012.

Spinoza, Benedictus de, "À monsieur Henri Olenburg(Lettre XXXII)", éd. et trad. Charles Appuhn, *Traité politique et lettres, Œuvres IV*, Paris: Frammarion, 1966(2010).

_____ , *Éthique*, éd. et trad. Charles Appuhn, *Œuvres de Spinoza III*, Paris: Frammarion, 1965(1998).

_____, *Éthique*, éd. Bernard Pautrat, Paris: Les Éditions du Seuil, 2010.

_____ , *Traité politique et lettres*, éd. et trad. Charles Appuhn, *Œuvres de Spinoza IV*, Paris: Frammarion, 1966(1998).

Sylvester, David, *Interviews with Francis Bacon 1962-1979*, Oxford: Alden Press, 1975(1980).

Uexküll, Jakob von, *Mondes animaux et monde humain*, Paris: Gonthier, 1965.

Vertov, Dziga, *Articles, journaux, projets*, Paris: Broché, 1972.

Voss, Daniela, "Maimon and Deleuze: The Viewpoint of Internal Genesis and the Concept of Differentials", *Parrhesia*, no. 11, Melbourne: Melbourne School of Continental Philosophy, 2011.

Vuillemin, Jules, *L'héritage kantien et la révolution copernicienne*, Paris: PUF, 1954.

Williams, James, *Gilles Deleuze's Difference and Repetition: A Critical Introduction and Guide*, Edinburgh: Edinburgh University Press, 2013.

Woolf, Virginia, *The Diary of Virginia Woolf*, ed. Anne Olivier Bell, Orland: Harcourt, 1977(1984).

_____ , *The Common Reader First Series*(Kindle Edition), Montreal: Green Light Press, 1925(2012).

Zourabichvili, François, Anne Sauvagnargues et Paola Marrati, *La philosophie de Deleuze*, Paris: PUF, 2004(2011).

찾아보기